Heinrich Missalla

Rundbriefe und Predigtskizzen für die deutsche katholische Wehrmachtseelsorge

Kirche & Weltkrieg
Band 14

Heinrich Missalla

Rundbriefe und Predigtskizzen für die deutsche katholische Wehrmachtseelsorge

Eine Dokumentation zu Angeboten der „Kirchlichen Kriegshilfe" 1940-1944

Neuedition nach dem Band
„Für Gott, Führer und Vaterland" von 1999,
herausgegeben im Auftrag von pax christi
durch Peter Bürger

edition *kirche & weltkrieg*

Fotomotiv auf dem Umschlag: Kriegspfarrer Lotz hält einen Feldgottesdienst für Soldaten der 170. Infanterie-Division am 9.8.1941 in der Ukraine unter Teilnahme der Zivilbevölkerung. Quelle: Archiv des Katholischen Militärbischofs (Berlin), Fotograf: Jakob Altenhofer

Die Erstauflage dieser Dokumentation erschien 1999 im Kösel-Verlag unter dem abweichenden Titel: *Für Gott, Führer und Vaterland.* Die Verstrickung der katholischen Seelsorge in Hitlers Krieg

Heinrich Missalla
RUNDBRIEFE UND PREDIGTSKIZZEN FÜR DIE DEUTSCHE KATHOLISCHE WEHRMACHTSEELSORGE
Eine Dokumentation zu Angeboten der „Kirchlichen Kriegshilfe" 1940-1944

Kirche & Weltkrieg, Band 14
(Buchreihe zur Digitalbibliothek https://kircheundweltkrieg.wordpress.com)

Herausgeber, Satz & Buchgestaltung: Peter Bürger.

Herstellung und Verlag: BoD – Books on Demand, Norderstedt
ISBN: 978-3-7562-3596-4

Inhalt

Vorbemerkungen zur Neuedition dieser Dokumentation

Die vorliegende Publikation erschließt Rundbriefe und Predigtskizzen, die Heinrich Höfler[1] (1897-1963) als Leiter der Propaganda- und Presseabteilung des Deutschen Caritas-Verbandes (DCV) für die 1939 begründete „Kirchliche Kriegshilfe" (Abteilung „Schrifttum") zur Unterstützung der deutschen katholischen Wehrmachtseelsorge im Zweiten Weltkrieg zusammengestellt und versandt hat.

Die kommentierte Dokumentation dieser Quellentexte zur Arbeit der Militärseelsorge 1940-1944 erschien unter abweichendem Titel zuerst im Jahr 1999 bei Kösel in München[2] und ermöglicht heute – neben dem Zugang zu Textzeugnissen der Kriegstheologie in NS-Deutschland – Einblicke in den Stand einer kritischen Forschung aus katholischer Perspektive (Minderheitenposition) vor einem Vierteljahrhundert.

Nachdem der Verlag 2020 mitgeteilt hatte, dass eine Neuauflage des schon lange vergriffenen Werks von Heinrich Missalla nicht beabsichtigt ist[3], eröffnete sich die Möglichkeit, die Arbeit im Rahmen unseres Editionsprojekts „Kirche & Weltkrieg" in digitaler Form und auch als preiswertes Taschenbuch wieder zugänglich zu machen. Die neue Titelgebung soll den Leserinnen und Lesern vorab den Gegenstand der Dokumentation genauer vor Augen führen.

Ein herzlicher Dank gilt Dr. Magdalene Bußmann, die unser Projekt fördert und unkompliziert die Erlaubnis zur hier vorliegenden Neuedition der Arbeit ihres verstorbenen Mannes erteilt hat.

Düsseldorf, im Juli 2022 Peter Bürger

---

[1] Vgl. zu seinen Nachkriegsaktivitäten jetzt: Felix BOHR: Die Kriegsverbrecherlobby. Bundesdeutsche Hilfe für im Ausland inhaftierte NS-Täter. bpb-Lizenzausgabe. Bonn: Bundeszentrale für politische Bildung 2019.

[2] Heinrich MISSALLA: Für Gott, Führer und Vaterland. Die Verstrickung der katholischen Seelsorge in Hitlers Krieg. München: Kösel 1999.

[3] Email von Frau Sabine Kohl (Penguin Random House Verlagsgruppe – München, Lizenzen Inland) an Peter Bürger und Dr. M. Bußmann, 28.10.2020.

Bislang liegen im Editionsprojekt
„Kirche & Weltkrieg“
folgende Publikationen zur Militärseelsorge vor:

Band 8
Heinrich Missalla
Die Kirchliche Kriegshilfe im Zweiten Weltkrieg.
Eine Organisation des Deutschen Caritasverbandes
Norderstedt 2021 – ISBN: 978-3-7534-9221-6

Band 9
Kriegsworte von Feldbischof Franziskus Justus Rarkowski.
Edition der Hirtenschreiben und anderer Schriften 1917-1944
Norderstedt 2021 – ISBN: 978-3-7543-2454-7
(Fester Einband ISBN: 978-3-7543-2143-0)

Band 14
Heinrich Missalla
Rundbriefe und Predigtskizzen für die
deutsche katholische Wehrmachtseelsorge.
Eine Dokumentation zu Angeboten der
„Kirchlichen Kriegshilfe“ 1940-1944
Norderstedt 2022 – ISBN: 978-3-7562-3596-4

I.
Einleitung

(Zur Erstveröffentlichung
des Quellenbandes 1999)

*In Erinnerung an
meinen Freund Hubert B.,
der nicht leben durfte,
sondern 18-jährig sein Leben lassen musste –
angeblich fürs Vaterland.*

Mehr als 50 Jahre nach Beendigung der NS-Diktatur und des Zweiten Weltkrieges gibt es immer noch neue Enthüllungen von Verstrickungen in das Unrecht und über die Beteiligung an Verbrechen, die in jenen Jahren von Deutschen begangen worden sind. Renommierte deutsche Firmen haben an Zwangsarbeitern verdient; in Frankreich ist nach vielen Jahren der Verdrängung die Debatte über die Vorgänge während der deutschen Besatzungszeit entbrannt; Schweden hat als neutrales Land mit einer vermeintlich makellosen Vergangenheit im Zweiten Weltkrieg seine Geschäfte mit Nazi-Deutschland gemacht; in der Schweiz profitierten sowohl die Nationalbank als auch Privatbanken von ihrem Handel mit dem Raubgold der Reichsbank; Beamte des niederländischen Finanzministeriums haben Ende der 1960er-Jahre Schmuckstücke u.a. verkauft, die die Nazis während des Krieges jüdischen Niederländern geraubt hatten …

In Deutschland lassen die überraschenden öffentlichen Reaktionen auf das Buch von Daniel Jonah Goldhagen „Hitlers willige Vollstrecker“ und auf die Ausstellung des Hamburger Instituts für Sozialforschung „Verbrechen der Wehrmacht“ wieder einmal erkennen, dass Vergangenheit sich mit dem Ablauf der physikalischen Zeit nicht verflüchtigt. Sie kann im Gegenteil auch nach Jahrzehnten auf ungeahnte Weise wirksam werden: Sie kann Gemüter erhitzen, erbitterte Kontroversen provozieren und zu neuen Feindschaften führen, sie kann aber auch Wahrheiten zum Durchbruch verhelfen, zu neuen Fragen anregen und nicht mehr erwartete Klärungen bewirken.

Über den genannten mehr oder weniger spektakulären Enthüllungen droht in Vergessenheit zu geraten, was sich an mehr unauffälliger, jedoch realer und nachhaltiger alltäglicher Unterstützung der Herrschaftsmaschinerie des Faschismus besonders während des Krieges vollzog. Dazu zählt auch die normale seelsorgliche Wirksamkeit der katholischen Kirche, insofern sie in Predigt und religiöser Unterweisung von den Gläubigen Ergebenheit und Gehorsam gegenüber jeglicher Obrigkeit, Verlässlichkeit und Gewissenhaftigkeit in der Erfüllung ihrer Anordnungen sowie Wehrwillen und Einsatzbereitschaft bis zum Tod forderte und damit zum Funktionieren des NS-Systems beigetragen hat.

Nach der Veröffentlichung der Rundschreiben und Hirtenbriefe des Feldbischofs Franz Justus Rarkowski[1], der als vom Papst ernannter Armeebischof die Stimme der Amtskirche im Bereich der Militärseelsorge repräsentierte, soll mit den im Folgenden publizierten Texten ein weiterer Beitrag zur Aufhellung der Verflechtung deutscher Katholiken in den Zweiten Weltkrieg geboten werden. Bei den hier herausgegebenen Schriften handelt es sich jedoch nicht um Dokumente aus den Führungsetagen der Kirche, sondern um (bisher lediglich in kurzen Auszügen veröffentlichte) Briefe von katholischen Theologen und Predigttexte von Kriegspfarrern aus den Jahren 1940 bis 1944[2], die Aufschluss darüber geben, was zahlreiche Priester und Studierende der Theologie zur Zeit des Krieges gefühlt und erhofft, gedacht und gepredigt haben. Während in den meisten historischen Studien die Verlautbarungen und Stellungnahmen der Entscheidungsträger bzw. der Amtskirche zitiert werden, stehen hier die Äußerungen von Menschen auf der „unteren" Ebene im Mittelpunkt, die als Seelsorger durch ihre Tätigkeit in den pastoralen Arbeitsfeldern von Verkündigung und Unterweisung als Multiplikatoren

---

[1] Vgl. Heinrich MISSALLA, Wie der Krieg zur Schule Gottes wurde. Hitlers Feldbischof Rarkowski. Eine notwendige Erinnerung, Oberursel 1997 (Publik-Forum-Buch).

[2] Textauszüge veröffentlicht in: Heinrich MISSALLA, Für Volk und Vaterland. Die Kirchliche Kriegshilfe im Zweiten Weltkrieg, Königstein 1978, 145-169.

tätig waren. Insofern verstehe ich diese Veröffentlichung als Beitrag zur Mentalitätsgeschichte des deutschen Katholizismus im „Dritten Reich". Weil sowohl in meiner Arbeit über den Feldbischof Rarkowski als auch in den Ausführungen dieses Buches die Militärseelsorge eine wichtige Rolle spielt, ließen sich gewisse Überschneidungen in den beiden Veröffentlichungen nicht vermeiden. –

Die Erfahrung zeigt, dass gerade bei der Erörterung von Problemen aus der Zeit des Nationalsozialismus die Gefahr sowohl von Verletzungen als auch von Missverständnissen besonders groß ist. Darum sei eigens betont: Auch mit dieser Veröffentlichung soll einer Forderung der Bischöfe entsprochen werden, die katholische Kirche müsse „vor Gott, vor sich selbst und vor der Allgemeinheit Rechenschaft über das Verhalten von Gläubigen, Priestern und Bischöfen während der nationalsozialistischen Zeit geben"[3]. Sie beabsichtigt weder Verteidigung oder Rechtfertigung noch Bloßstellung oder Anklage, es geht nicht um Schuldzuweisung – über Schuld, Mitschuld oder Unschuld der einzelnen Beteiligten vermag kein Mensch zu befinden! – und erst recht nicht um Verurteilung. Hier wird kein „moralischer Zeigefinger" erhoben oder aus der größeren Einsicht einer späteren Zeit Zensur erteilt. Es geht zum einen schlicht um Kenntnisgabe dessen, worüber hinwegzugehen die Geschichtsschreibung oft versucht ist, weil es als zu unbedeutend für das Gesamtgeschehen angesehen wird, was jedoch ebenso zu unserer Geschichte gehört wie die Ereignisse auf der vermeintlich größeren politischen oder militärischen Bühne. Es geht ferner um den Versuch, Ansätze zu einem Verstehen von Verhaltensweisen auch von Priestern und Theologen während des Krieges zu finden, die mit dem wachsenden zeitlichen Abstand nicht nur für die jüngere Generation immer unverständlicher werden. Nicht zuletzt soll deutlich werden, mit welchem – oft fast verzweifelten Bemühen – Katholiken versucht haben, ihren Dienst in Hitlers Wehrmacht zu rechtfertigen und einem verbrecherisch inszenierten Krieg dennoch einen Sinn abzugewinnen. Es mag für einige Leser und Leserinnen schmerzlich sein, diese Texte als Realität zu akzeptieren – schlimmer wäre es, durch Verschweigen Wirklichkeit zu verfälschen

[3] *„Wir ermutigen alle zur Wachsamkeit"*. Die deutschen Bischöfe zum Gedenken an das Ende des Zweiten Weltkrieges vor 50 Jahren, in: Herder-Korrespondenz 1995, 312-316, hier 313.

oder zum Vergessen beizutragen. Auch hier gilt: „Die Wahrheit wird euch befreien“ (Johannes 8,32).

1968 hat der Kösel-Verlag meine erste Studie über die Verstrickung der katholischen Kirche in den Krieg „‚Gott mit uns.‘ Die deutsche katholische Kriegspredigt 1914-1918“ veröffentlicht. Ich bin dem Verlag dankbar dafür, dass er nun dreißig Jahre später auch meine Untersuchung über die Verflechtung der Kirche in den Zweiten Weltkrieg in sein Programm aufgenommen hat.

Insbesondere bin ich dem Lektor des Kösel-Verlags, Herrn Winfried Nonhoff, dankbar für seine Begleitung in der letzten Phase der Arbeit.

II.
Zur Entstehung dieses Buchs

1.
Der „blinde Fleck“ in der katholischen Zeitgeschichte

Der Umfang der Veröffentlichungen, der Quelleneditionen und Monographien über die Zeit der nationalsozialistischen Herrschaft und zu Einzelfragen des Verhältnisses zwischen der katholischen Kirche und dem Nationalsozialismus ist kaum noch überschaubar. Fast alle Bereiche der Beziehungen und Konflikte zwischen Katholizismus und dem NS-Regime sind dargestellt worden, vom Reichskonkordat bis zum Ausschuss für Ordensangelegenheiten, von den Devisen- und Sittlichkeitsprozessen bis zum Schulkampf, vom Kampf gegen die katholischen Jugendverbände bis hin zur Reglementierung und Unterdrückung des Pressewesens. Vor allem die Kommission für Zeitgeschichte hat mit ihren Veröffentlichungen – bis heute wurden 45 hervorragend bearbeitete Quellenbände und 76 Bände in der Reihe „Forschungen“ herausgegeben – ausgezeichnete Arbeit geleistet. Sie alle belegen: An der ideologischen Gegnerschaft von katholischer Kirche als Institution wie auch der meisten Kirchenmitglieder und NS-Partei kann es ebenso wenig Zweifel geben wie daran, dass der NS-Staat und die Partei die Kirche insgesamt wie auch ihre Einrichtungen und Organisationen trotz der Zusicherungen Hitlers in seiner Regierungserklärung vom 23. März 1933 und des Reichskonkordats zunehmend und systematisch behindert, unterdrückt und verfolgt haben.

Doch sobald es um die Frage des Verhältnisses der katholischen Kirche zum und um das Verhalten der deutschen Katholiken im Zweiten Weltkrieg geht, zeigen Amtsträger und Kirchenhistoriker bis zum heutigen Tag eine bemerkenswerte Zurückhaltung. Zwar hat erst kürzlich der Vorsitzende der Deutschen Bischofskonferenz, Bischof Dr. Karl Lehmann, gefordert, dass die katholische Kirche ihre Rolle in der Zeit des Nationalsozialismus mit „voller Offenheit und Wahrhaftigkeit" aufarbeiten müsse.[4] Es gibt auch – wie gesagt –in der Tat zahlreiche Dokumentationen und Untersuchungen zu vielen Vorgängen und Einzelproblemen dieser Periode deutscher katholischer Kirchengeschichte. Vereinzelt werden auch in jüngeren Arbeiten einige Aspekte kirchlichen Lebens und Verhaltens in der Kriegszeit dargestellt.[5] Dass jedoch bisher eine umfassende Untersuchung dieses Problems aussteht, ist einigermaßen rätselhaft; handelt es sich doch um ein außerordentlich wichtiges und zugleich hochinteressantes Forschungsthema. Selbst im Wort der deutschen Bischöfe zum Gedenken an das Ende des Zweiten Weltkrieges vor fünfzig Jahren, in dem die Fragen nach „Schuld und Verantwortung" und nach „Zeugnis, Widerstand und Versagen der Kirche" während der Herrschaftszeit der Nationalsozialisten angesprochen werden, wird das Problem „Kirche und Zweiter Weltkrieg" ausgeklammert.

Wie sind diese Zurückhaltung und diese Lücke zu erklären? Scheuen sich die katholischen Kirchenhistoriker und die Zeitgeschichtler, dieses schwerwiegende und drängende Kapitel unserer jüngeren Geschichte zu bearbeiten, weil es zu heikel und beschämend ist? Sind es die komplexe Problematik und die unübersichtliche Quellenlage, die vor diesem Thema zurückschrecken lassen? Wird der durch die kirchlichen Autoritäten geforderte und der von den Gläubigen geleistete Gehorsam gegenüber der nationalsozialistischen Regierung nicht als Problem erkannt? Oder fürchten junge Wissenschaftler vielleicht – und angesichts der Erfahrungen mit Berufungsverfahren auf theologische Lehrstühle während der letzten Jahre wäre diese Sorge nicht unbegründet –, sich durch kirchenamtlich missliebige – weil unangenehme Wahrheiten aufdeckende – Arbeiten ihre wissenschaftliche oder kirchliche Karriere zu ver-

---

[4] KNA Inland 57, 22. März 1997, S. 10.

[5] Vgl. z.B. Heinz HÜRTEN, „Deutsche Katholiken 1918-1945", Paderborn 1992, mit einem Kapitel über die Kriegszeit auf gut 18 (von insgesamt 545) Seiten; Gottfried BECK, Die Bistumspresse in Hessen und der Nationalsozialismus 1930-1941 (VKZG, Reihe B, Bd. 72), Paderborn 1996, 366-386.

derben, weil ihnen das für ihre Lehrtätigkeit erforderliche „Nihil obstat" kirchlicher Behörden verweigert werden könnte? –

Das Wort der deutschen Bischöfe vom 23. Januar 1995 aus Anlass des 50. Jahrestages der Befreiung des Vernichtungslagers Auschwitz war von erfreulicher und befreiender Klarheit.[6] Das unbemäntelte Eingeständnis, dass auch Christen und Kirchen an der Entstehung des Antisemitismus und seinen grauenhaften Auswirkungen eine Mitschuld tragen, und die Erklärung der „ Bereitschaft, aus dieser Schuldgeschichte unseres Landes und auch unserer Kirche schmerzlich zu lernen", hatten bei vielen Menschen die Hoffnung geweckt, dass das Wort der Bischöfe zum Gedenken an das Ende des Zweiten Weltkriegs ähnlich eindeutig und ungeschminkt ausfallen würde. Doch diese Hoffnung hat sich nicht erfüllt. Die Bischöfe haben sogar jeden Hinweis auf das Verhältnis der Kirche zu diesem Krieg vermieden. Über die Gründe für das außergewöhnliche Schweigen zu diesem Thema selbst anlässlich eines so wichtigen Gedenktages kann ein Außenstehender nur Vermutungen anstellen. Konnte die Bischofskonferenz sich wegen allzu divergierender Positionen in ihren eigenen Reihen nicht auf eine Stellungnahme verständigen? Wollten die Bischöfe nicht als Richter über ihre Vorgänger auftreten oder als solche erscheinen? Hatten sie Sorge, das Ansehen des kirchlichen Amtes könnte bei einem Eingeständnis von Fehlern (noch mehr) beschädigt werden? Fürchteten sie angesichts der ohnehin vorhandenen Autoritätskrise eine Verschärfung dieses Problems, wenn sie offen legen würden, dass ihre Vorgänger sich bei der Ausübung ihres Hirtenamtes nicht nur als Individuen über mehrere Jahre hin schwer geirrt haben, sondern dass sie auch die Gläubigen unter Berufung auf ihre Amtsautorität im Gewissen zur Teilnahme am Krieg Hitlers verpflichtet haben? Haben sie vielleicht auch Angst vor der (im Übrigen schon längst fälligen) schwierigen theologischen Diskussion über die Frage der Begründung und der Reichweite der Kompetenz amtskirchlicher Äußerungen und Weisungen? –

Ganz anders als das Wort der deutschen Bischöfe ist die „Resolution für den Frieden am 50. Jahrestag des Kriegsendes" der japanischen

[6] Vgl. *„Symbol für die Vernichtung"*. Deutschlands und Polens Bischöfe zu Auschwitz, in: Herder-Korrespondenz 1995, 133-136.

Bischofskonferenz ausgefallen.[7] Im Unterschied zu den deutschen Bischöfen legten die japanischen Amtsträger folgendes Bekenntnis ab: „Als Japaner und als Angehörige der Kirche in Japan erbitten wir, die japanischen Bischöfe, die Verzeihung Gottes und unserer Brüder in Asien und im Pazifikraum für die Tragödie, die im Zweiten Weltkrieg über sie gebracht wurde. In diesem Krieg waren wir verantwortlich für den Tod von mehr als 20 Millionen Menschen in Asien und in der Pazifikregion …

Es ist unsere Pflicht, diese Tatsachen offen anzuerkennen und um Entschuldigung zu bitten." Wir müssen „gestehen – während Japan damals ganz oben in der Strömung des Nationalismus schwamm und fest vereint seine Armeen über den asiatischen Kontinent marschieren ließ – , dass die katholische Kirche Japans zu erkennen versäumte, wie unmenschlich und ohne jegliche Übereinstimmung mit dem Evangelium die beteiligten Kräfte waren. Es fehlte ein Bewusstsein der prophetischen Rolle, die sie hätte übernehmen müssen, um das menschliche Leben zu schützen und den Willen Gottes auszuführen.

Lasst uns nun diese Tatsachen offen zugeben ..." –

Das Kriegs-Kapitel der jüngeren Vergangenheit der katholischen Kirche in Deutschland harrt jedenfalls noch der Bearbeitung. Vielleicht können junge Wissenschaftler oder Wissenschaftlerinnen auch – trotz der oben genannten Bedenken – unbefangener an dieses Problem herangehen als Angehörige der älteren Generation, die möglicherweise auch durch die Verletzungen und Traumata aus jenen Jahren gehindert sind, sich unvoreingenommen mit dieser Frage auseinander zu setzen.

[7] Vgl. Weltkirche 3/1995, 82-86.

2.
Die Sprache der Dokumente

Mit dieser Veröffentlichung komme ich auch einem schon 1964 geäußerten Wunsch von Georg Werthmann nach, der von 1936 bis 1945 Feldgeneralvikar der Deutschen Wehrmacht und von 1956 bis 1962 Generalvikar für die Deutsche Bundeswehr gewesen ist. Angesichts so mancher Fehlurteile und „Gerüchte" über die Militärseelsorge im Zweiten Weltkrieg hatte er gefordert, dass „die Dokumentation an die Stelle von Kombination und Vermutung treten" müsse. „Dokumente" – so meinte er – „übernehmen die Rolle von schlechthin idealen Zeugen. Sie sind keinem Erinnerungsverlust unterworfen und erliegen keiner Selbsttäuschung; sie sind sinnlich und geistig unbestechliche Zeugen der Zeit."[8]

Das Katholische Militärbischofsamt hat 1991 und 1994 zwei Bände mit Erinnerungen von noch lebenden Priestern, Ordensleuten und Theologen herausgegeben, die während des Zweiten Weltkriegs als Feldseelsorger oder als Sanitäter bei der Deutschen Wehrmacht gewesen sind.[9] Diese Aufzeichnungen lassen einiges erkennen von der Not und den Leiden, der Hilf- und Ratlosigkeit, dem Glauben und den Zweifeln der damaligen Priester- und Theologengeneration. Aber es sind Erinnerungen, die mehr als vier Jahrzehnte nach den in Frage stehenden Ereignissen aufgeschrieben wurden, und es darf wohl gefragt werden, ob diese Erinnerungen immer vollständig oder ungetrübt sind, ob nicht

---

[8] Georg WERTHMANN, Kombination oder Dokumentation, in: Akte Werthmann im Archiv des Katholischen Militärbischofsamtes, Bonn (im Folgenden AW), III,5. Georg Werthmann hat mir am 1. Februar 1977 die Erlaubnis gegeben, seine persönlichen Aufzeichnungen in den damals noch nicht archivierten Materialien im Militärbischofsamt einzusehen und zu verwerten. Die hier verwendeten Nummerierungen der „Akte Werthmann" halten sich an die von Werthmann selbst gebrauchten Kennzeichnungen, die von ihm unter dem Aspekt einer seit langem geplanten Arbeit zur Geschichte der Militärseelsorge vorgenommen wurden. Alle in dieser Arbeit vorgelegten Aussagen Georg Werthmanns, seien es Zitate aus seinem Briefwechsel mit Heinrich Höfler oder seine Aufzeichnungen aus der Zeit seiner Internierung 1945, sind, sofern nichts anderes vermerkt wird, dieser Akte entnommen.

[9] KATHOLISCHES MILITÄRBISCHOFSAMT (Hg.), Mensch, was wollt ihr denen sagen? Katholische Feldseelsorge im Zweiten Weltkrieg, Augsburg 1991. KATHOLISCHES MILITÄRBISCHOFSAMT und HANS JÜRGEN BRANDT (Hg), Priester in Uniform. Seelsorger, Ordensleute und Theologen als Soldaten im Zweiten Weltkrieg, Augsburg 1994.

doch im einen oder anderen Fall eine Differenz besteht zwischen dem damaligen Geschehen und der Erinnerung von heute.

Als Christel Beilmann – zur Zeit des „Dritten Reiches" Mitglied einer katholischen Jugendgruppe im Ruhrgebiet – vor einigen Jahren Tagebuchnotizen, Briefe, Berichte, Programme, Bücher und Zeitschriften aus den Jahren 1933 bis 1945, die viele Jahre im Keller gelagert hatten, hervorholte, um ihre Erinnerung aufzufrischen, stellte sie fest: „Je mehr ich las, umso erschrockener wurde ich, erschrocken über die Art und Weise, wie wir beteiligt und doch nicht beteiligt waren. Manchmal wollte ich nicht weiterlesen, am liebsten hätte ich mich versteckt, aber wohin? Es gibt kein Ausweichen: Die sich hier äußern, das waren wir, das war ich. Das ist auszuhalten.

Ich hatte uns etwas anders in Erinnerung, stärker dem Nationalsozialismus die Stirn bietend, nicht so sehr im katholischen Milieu Gefangene. Ich merkte, wie Erinnerung sich färbt in den Wünschen von heute ..."[10]

Durch Vorlage dessen, was in den Jahren des Krieges von katholischen Priestern und Theologen wirklich gedacht, geschrieben und gesagt wurde, soll einer Verfärbung oder gar Verfälschung der Erinnerung entgegengewirkt werden. Es handelt sich um Texte, die die Gedanken und Betrachtungsweise, die Bewusstseinslage und Vorstellungen jener Männer widerspiegeln, die häufig während der 1930er-Jahre als Jugendführer oder Jugendseelsorger gewirkt und einen nicht unerheblichen Einfluss auf das Fühlen und Denken der heranwachsenden jungen Katholiken ausgeübt hatten und die bei Beginn des Krieges als Kriegspfarrer überwiegend zwischen 25 und 30 und als Sanitätssoldaten meistens zwischen 20 und 25 Jahre alt waren.[11]

---

[10] Christel BEILMANN, Eine katholische Jugend in Gottes und dem Dritten Reich. Briefe, Berichte, Gedrucktes 1930-1945. Kommentare 1988/89. Mit einem Nachwort von Arno Klönne, Wuppertal 1989, 9. Zum Problem und Verständnis von „Erinnerungsarbeit" vgl. Josef STEMMRICH, Katholische Jugend 1933. Im Gedenken an Hans Niermann, in: Sie hielten stand. Sturmschar im Katholischen Jungmännerverband Deutschlands, hg. von Bernd Börger/Hans Schroer, Düsseldorf 1989, 254-256.

[11] Vgl. die (nicht repräsentativen) Angaben der Geburtsdaten der Autoren in: *Priester in Uniform*, a.a.O., und: *Mensch, was wollt ihr denen sagen?*, a.a.O.

Hinsichtlich der vermeintlichen Unbestechlichkeit von Dokumenten und ihrer Zeugenschaft sind jedoch einige Anmerkungen zu machen. So unverzichtbar Aufzeichnungen, Tagebücher, Briefe und Dokumente jeder Art zur „Rekonstruktion" vergangener Zeiten auch sind, so muss doch die Meinung oder Hoffnung, über den bloßen Wortlaut der Texte einen unverfälschten Zugang zu den vergangenen Ereignissen erhalten zu können, korrigiert werden. Auch die Authentizität schriftlicher Unterlagen eröffnet nur bedingt einen Zugang zu ihrer „Wahrheit". Texte einer vergangenen Zeit müssen erschlossen werden; sie werden fast zwangsläufig missverstanden, wenn nicht die Bedingungen und Umstände ihrer Entstehung berücksichtigt werden, wenn man also sowohl die geschichtliche Situation als auch die persönlichen Befindlichkeiten der jeweiligen Autoren außer Acht lässt. Selbst die beste und lauterste Absicht sowie die Berücksichtigung des historischen Bedingungsgeflechts ihrer Entstehung erlaubt nur Annäherungen an das volle Verständnis sowohl der Texte als auch jener Menschen und Ereignisse, über die wir uns Auskunft erhoffen.

Zum Verständnis von Texten aus der Zeit der NS-Herrschaft genügt nicht die bloße Berücksichtigung der Tatsache, dass sie zwischen 1933 und 1945 entstanden sind, denn auch während dieser zwölf Jahre gab es entscheidende Veränderungen, die nicht nur jeweils andere Erkenntnisse und Beurteilungen, sondern auch andere Handlungs(un)möglichkeiten zur Folge hatten. Was für Katholiken vor dem Abschluss des Reichskonkordats möglich und notwendig gewesen ist, konnte nach dem 20. Juli 1933 nicht mehr realisiert werden. Die Mordaktion gegen politische Gegner mit Hilfe von SS und Gestapo anlässlich des so genannten „Röhm-Putsches", für die Hitler in seiner Reichstagsrede vom 3. Juli 1934 vor aller Welt die Verantwortung übernahm, oder die Pogromnacht 1938 waren entscheidende Ereignisse, die es nicht mehr erlaubten, weiterhin unreflektiert vom pflichtschuldigen Gehorsam gegenüber der konkreten staatlichen Obrigkeit zu reden und der Staatsführung immer noch jenes Vertrauen zu schenken, das man ihr in der ersten Hälfte des Jahres 1933 aufgrund der gegebenen Zusicherungen oder – oft gegen besseres Wissen – als Vorleistung in der Hoffnung auf eine mit der Zeit sich ergebende Normalisierung der Verhältnisse entgegengebracht hatte. Wieder anders war die Lage zur Zeit des Krieges; und auch hier sind die Situation und die Erkenntnislage vom September 1939 nicht gleichzusetzen mit der nach Stalingrad und nach der Rede von Dr. Goebbels am 18. Februar 1943 im Berliner Sportpalast mit der berühmt-berüchtigten Frage: „Wollt ihr den totalen Krieg?"

Ein angemessenes Verständnis der Dokumente setzt also eine Klärung darüber voraus, wann und wo und unter welchen Umständen dieser oder jener Text entstanden ist, welche Voraussetzungen der jeweilige Autor mitbrachte und an welchen Adressatenkreis das Schreiben gerichtet war. Darüber hinaus hat Konrad Repgen schon vor 30 Jahren darauf aufmerksam gemacht, dass sich hinter dem Wort „Katholizismus" eine „ganz komplexe Wirklichkeit" verbirgt; der „Verbandskatholizismus mit seinen damals (d.h. Januar 1933; H.M.) circa 280 großen und kleinen Organisationen und Organisatiönchen"[12] mit ihrem oft in Spannung zueinander stehenden Sonderbewusstsein – lässt die Vielfalt von Vor- und Einstellungen auch unter den im katholischen Glauben geeinten Menschen erahnen. Und was er über das bunte „Kaleidoskop von Motiven" für die Brückenbauversuche zwischen Katholizismus und Nationalsozialismus im Sommer 1933 befindet – „ehrliche Illusion und durchsichtiger Opportunismus, Verblendung und Überzeugung, Aktualitätshascherei und Geltungsdrang und noch sehr viele andere Gründe, die nur biographisch fassbar wären"[13] –, gilt prinzipiell auch für spätere Phasen der Nazi-Herrschaft, wobei nicht vergessen werden darf, dass mit der Stabilisierung der NS-Herrschaft auch die Angst vor zunehmend verschärften Strafmaßnahmen immer mehr das Verhalten der Menschen mitbestimmte. –

Es darf ferner nicht vergessen werden, dass die Informationsmöglichkeiten in jenen Jahren außerordentlich beschränkt waren. Die Presse wurde schon 1933 gleichgeschaltet, mit Kriegsbeginn erfolgte das Verbot des Abhörens ausländischer Rundfunksender. Wer in jenen Jahren verantwortlich publizieren wollte, musste zwischen drei Möglichkeiten wählen: Er konnte emigrieren; er konnte schweigen; oder er musste in

[12] Konrad REPGEN, Hitlers Machtergreifung und der deutsche Katholizismus. Versuch einer Bilanz, in: Dieter Albrecht (Hg.), Katholische Kirche im Dritten Reich. Eine Aufsatzsammlung zum Verhältnis von Papsttum, Episkopat und deutschen Katholiken zum Nationalsozialismus, Mainz 1976, 1-34, hier 14; 16.

[13] Ebd., 32.

einer Art Schwejk-Taktik seine Texte so formulieren, dass die Kontrollorgane der Partei keinen Anlass zum Eingreifen fanden und geübte Leser und Leserinnen dennoch „zwischen den Zeilen" das Gemeinte in etwa zu entdecken vermochten. Offenes Reden und Schreiben war bei der schnell sich verstärkenden Überwachung des gesamten öffentlichen Lebens und erst recht während des Krieges ohne Gefährdung des eigenen Lebens nicht möglich.

Bei jeder Präsentation von Texten aus der Zeit des Nationalsozialismus ist des Weiteren zu fragen, ob ein politischer Widerstand noch möglich und verantwortbar gewesen ist oder nicht; seit wann Menschen sich legitim darauf beschränken konnten, inmitten einer Welt von Lüge und Gewalttätigkeit ihre persönliche Integrität (im Glauben) zu bewahren; in welcher Phase oder Situation das Martyrium (vielleicht) unausweichlich war. Alle diese Umstände machen eine Verständigung über die Einschätzung der verschiedenen Ereignisse und der Handlungsmöglichkeiten während der Zeit des Nationalsozialismus so schwierig und nötigen zur Behutsamkeit bei ihrer Interpretation. – Die hier vorgelegten Texte sind nicht nur aufschlussreich für das Verständnis der Priester und Theologen als Individuen mit ihrem je eigenen Schicksal, sondern auch für den Geist, in dem sie ihre Verkündigungstätigkeit und Erziehungsarbeit während des Krieges ausübten. Darüber hinaus handelt es sich auch um Schriften jener Männer, die in den Jahren und Jahrzehnten nach dem Krieg in den verschiedenen Bereichen kirchlichen Lebens gewirkt haben – als Pfarrer und Religionslehrer, als Dozenten und Prälaten. Sie haben jenes kirchliche Leben in den 1950er und 60er-Jahren mitgeprägt, das Michael Klöcker so eindrucksvoll beschrieben hat[14] und das der heutigen jungen Generation wie eine exotische Welt erscheinen mag. Es wäre eigens der Frage nachzugehen, ob und wie sich die vielen Kriegspfarrer und Seelsorger nach dem Krieg zu dem geäußert oder gestellt haben, was sie während des Krieges gesagt und den Soldaten gepredigt haben, oder ob sie – was wahrscheinlicher ist – zumindest in öffentlichen Stellungnahmen all das ausgeblendet haben, was als belastend – und damit lästig – erscheinen konnte. –

---

[14] Michael KLÖCKER, Katholisch von der Wiege bis zur Bahre. Eine Lebensmacht im Zerfall? München 1991.

Wie mit der Veröffentlichung der Hirtenbriefe des Feldbischofs wird auch mit den hier unterbreiteten Texten lediglich ein Teilaspekt der umfassenderen Frage nach der Rolle der katholischen Kirche im Zweiten Weltkrieg behandelt, allerdings ein Aspekt, der bisher nicht in Betracht gezogen wurde, obwohl die Vermutung nicht unbegründet ist, es könnte für den Kampfes- und Durchhaltewillen eines beträchtlichen Teils des deutschen Volkes nicht unerheblich gewesen sein, was Vermittler der christlichen Botschaft und kirchenamtlich beauftragte Akteure im soldatischen Alltag gedacht und als Pfarrer während der Gottesdienste gesagt haben. In welchem Maß das Selbstverständnis von Priestern und Theologen bei der Wehrmacht auf der einen und die Deutung soldatischen Lebens und Sterbens durch Kriegspfarrer auf der anderen Seite Auswirkungen auf Urteils- und Verhaltensweise der Gläubigen gehabt haben, wird wohl kaum herauszufinden sein.[15] –

Die Lektüre der hier vorgelegten Texte mag gelegentlich schwer fallen und sogar quälend sein, traurig stimmen, in mancher Hinsicht Kopfschütteln hervorrufen oder gar zum Zorn reizen – aber alles, was hier geschrieben und gesagt wurde, sollte ebenso wenig vergessen werden wie die Haltung jener Menschen, auf die kirchlicherseits gern – und mit Recht! – verwiesen wird, weil sie Zeugen sind für den (partiellen) Widerstand der Kirche im „Dritten Reich“.

Wer sich jedoch von dem damals Geschriebenen nur mehr oder weniger empört distanzieren wollte, würde es sich wohl zu einfach machen. Um der Wahrhaftigkeit willen – und auch, um den Menschen damals in etwa gerecht zu werden – müssen die Leser und Leserinnen sich der eigenen Verflechtungen in die heutigen Probleme bewusst sein und sich fragen, ob und wie sie sich selber den verschiedenen Herausforderungen der eigenen Gegenwart stellen und ob sie die ihnen gegebenen Möglich-

---

[15] Wie Erzbischof Conrad Gröber die Auswirkungen des „Glaubens“ auf das Verhalten der Soldaten einschätzt, ist aus seinem Bericht an Pius XII. vom 14. Juni 1942 erkennbar. Dort schrieb er u.a.: „Was endlich den Krieg und die christliche Bevölkerung betrifft, so ist bemerkenswert, dass er überwiegend von christlichen Soldaten bestritten und erlitten wird, die aus ihrem christlichen Motivschatz schöpfen und namentlich durch ihr religiöses Pflichtgefühl und den Jenseitsgedanken aufrechterhalten werden.“ Akten deutscher Bischöfe über die Lage der Kirche 1933-1945, Bd. V: 1940-1942 (VKZG, Reihe A, Bd. 34), bearb. von Ludwig Volk, Mainz 1983, 770-801, hier 774.

keiten zur Einflussnahme auf das politische Geschehen wahrgenommen haben; und falls sie die Erfahrung gemacht haben sollten, dass eine Veränderung der gesellschaftlichen und politischen Verhältnisse selbst unter den Bedingungen einer Demokratie nicht nur schwierig ist, sondern auch erfolglos bleiben kann, werden sie bei der Beurteilung von Vorgängen in einer Diktatur besonders zurückhaltend sein. –

Um ein wenig von den Vorstellungen und Überzeugungen, der Stimmungslage und Mentalität der Autoren ahnen zu lassen, habe ich den Texten ein Kapitel vorangestellt, in dem skizziert wird, wie besonders die junge Generation auf jenen „Opfergang" eingestimmt wurde, für den sie nach dem Willen des „Führers" ausersehen war, und wie die verantwortlichen Männer der Kirche in Treue sowohl gegenüber der eigenen kirchlichen Tradition als auch gegenüber dem Staat und im Willen, ihren Beitrag zur erhofften nationalen und völkischen Erneuerung zu leisten, Hitler – ohne es zu wollen – zugearbeitet haben.

III.
Die Vorbereitung auf den „Opfergang“

1.
Die Einstimmung der Katholiken auf den „Dienst am Vaterland“

Im Artikel 21 des Reichskonkordats von 1933 hat sich die katholische Kirche verpflichtet, „die Erziehung zu vaterländischem, staatsbürgerlichem und sozialem Pflichtbewusstsein aus dem Geist des christlichen Glaubens- und Sittengesetzes mit besonderem Nachdruck zu pflegen“[16]. Einen Kommentar zu der übernommenen Verpflichtung, zu vaterländischem Pflichtbewusstsein zu erziehen, liefert das von Erzbischof Conrad Gröber „mit Empfehlung des Gesamtepiskopates“ 1937 (und 1940 in zweiter Auflage) herausgegebene „Handbuch der religiösen Gegenwartsfragen“, das – so Heinz Hürten – „bei Wahrung der kirchlichen Grundsätze die weitestgehende Annäherung an den herrschenden Zeitgeist versuchte“[17]. Dort ist u.a. zu lesen: „Unsere Zeit geht mit Recht darauf aus, die blutleere, entwurzelte, außerhalb der Bindungen stehende Geistigkeit des Liberalismus und Marxismus zu überwinden ... Daher wird katholische Erziehung nachdrücklich alle Bestrebungen unterstützen, die darauf abzielen, einen gesunden, starken, geschickten, leistungsfähigen Menschen heranzuziehen. Sie steht positiv zu einer gesunden Erb- und Rassenpflege ... Noch mehr als früher wird sie das Leben

[16] Alfons KUPPER, Staatliche Akten über die Reichskonkordatsverhandlungen 1933 (VKZG, Reihe A, Bd. 2), Mainz 1969, 384.

[17] Heinz HÜRTEN, Patriotismus und Friedenswille. Die Kirche in den beiden Weltkriegen des 20. Jahrhunderts, in: ... *und auch Soldaten fragten*. Zu Aufgabe und Problematik der Militärseelsorge in drei Generationen, hg. von Hans Jürgen Brandt, Paderborn 1992, 17-37, hier 32.

in den natürlichen Ordnungen zum Gegenstand ihrer Bemühungen machen: ... die Erziehung zum deutschen Menschen mit seinen Grundeigenschaften des Heldischen, des Kämpferischen, der Aufgeschlossenheit für Ehre und vor allem der opferfrohen Einsatzbereitschaft für die Gemeinschaft. Sie stellt sich damit freudig in den Dienst der nationalpolitischen Erziehung; sie sieht im Einsatz für Heimat, Volk und Staat eine zuletzt religiös begründete Verpflichtung."[18] Es gibt keinen Anlass für einen Zweifel daran, dass diese Aussagen auch nach mehrjähriger Erfahrung mit der Nazi-Herrschaft ernst gemeint waren. –

Trotz mancher Irritationen waren die Bindung der deutschen Katholiken an ihre Bischöfe selten so stark und das Vertrauen zu ihnen so groß wie zur Zeit des Nationalsozialismus; galten sie doch als „Männer, die kraft göttlicher Berufung unsere Hirten sind und unsere Lehrer und unsere Führer durch alle Zweifel und Irrtümer und Versuchungen des Erdenlebens hindurch"; die Katholiken waren „sicher, in ihnen treue Wächter unserer heiligen Kirche zu besitzen, sicher auch, dass sie uns jederzeit den Weg führen werden, der Deutschland zum Heile gereicht".[19] –

Die dreißiger Jahre galten weithin als „Zeit der Umwälzung"[20], als Zeit der „nationalen Erhebung", der „nationalen Revolution" und der „großen Entscheidungen", in der gerade von katholischen Christenmenschen die „freudige Mitarbeit an der Erneuerung unseres Volkes" gefordert war. Soweit man sich als junger, überzeugter Katholik zur Kirche bekannte, galt der Wahlspruch: „Für Christi Reich im neuen Deutschland!", ebenso die „Sturmparole: Alles für Deutschland, Deutschland für Christus!"

[18] Conrad GRÖBER (Hg.), Handbuch für religiöse Gegenwartsfragen, Freiburg im Breisgau, 2. Auflage 1940, 164.

[19] Alois Fürst zu LÖWENSTEIN im Geleitwort zu Karl SPECKNER, *Die Wächter der Kirche*. Ein Buch vom deutschen Episkopat, München 1934, 5 f.

[20] Alle im Folgenden durch Anführungszeichen gekennzeichneten Worte, Sätze oder Satzteile sind, soweit nichts anderes angegeben ist, Zitate aus kirchlichen Texten aus den Jahren 1933 bis 1945, überwiegend aus Hirtenbriefen von Diözesanbischöfen. Da hier lediglich eine kurze Skizzierung der damaligen Stimmungslage beabsichtigt ist, wird auf eine Quellenangabe der einzelnen Zitate außer bei längeren Textpassagen verzichtet.

Schon die Kinder hörten im Gottesdienst, dass „unser Vaterland unser höchstes, irdisches Gut (ist), das der gute Gott uns geschenkt hat", das wir „mehr als alles (lieben), was es auf Erden gibt, mehr als Vater, Mutter, mehr als Bruder und Schwester!" Weil Deutschland „von Neidern und von Feinden rings umgeben" sei, müsse es einig sein. „Das sind immer die Größten und Edelsten gewesen, die sich opfernd hingaben für ihr Volk! So wie der Heiland starb, damit wir leben können", wie er „täglich sein Heldenopfer auf dem Altar erneuert!" Wenn sich die Kinder den „Gotteskämpfer" Sankt Michael „mit Panzer und Schild, mit Helm und Schwert" zum Vorbild nähmen, würden sie „ auch keine Feiglinge werden, wenn das Vaterland euch ruft, das Volk zu schützen". Und die Kinder lernten im Religionsunterricht: „Deutschland muss leben, auch wenn wir sterben müssen."[21]

Abgesehen von der örtlichen Tageszeitung kamen – getreu den bischöflichen Aufrufen „Katholiken, lest katholische Zeitungen!" – bei den kirchentreuen Gläubigen nur kirchliche Blätter ins Haus, bis auch die letzten Kirchenzeitungen ihr Erscheinen 1941 einstellen mussten. Sonntags holte man sich nach dem Gottesdienst aus der Borromäus-Bücherei der Pfarrei den Lesestoff für die kommende Woche (wenngleich vermerkt werden muss, dass das Angebot vieler Pfarrbüchereien nicht gerade durch seine Qualität bestach).

Nur ein kleiner Teil der Jugend wurde über wache Seelsorger und Jugendführer mit neuerer theologischer Literatur wie z.B. den Schriften von Karl Adam und Romano Guardini, Josef Pieper und Theodor Haecker vertraut oder bekam die Romane von Werner Bergengruen und Georges Bernanos, von Gertrud von le Fort oder Sigrid Undset in die Hände. –

Im Religionsunterricht sowie in den Glaubens- und Gruppenstunden stärkten die Seelsorger und Jugendführer das weithin ungebrochene

---

[21] Karl DÖRNER (Hg.), Neue Stunde des Kindes. Kinderpredigten und Anregungen zur Gestaltung des Kindergottesdienstes, 7., neu bearbeitete Auflage des Buches „Die Stunde des Kindes" von 1924, Freiburg 1941, 226-230. Im Vorwort zur 7. (gegenüber der 6. von 1936 nur wenig veränderten) Auflage vermerkt der Verfasser: „Ein härteres aber auch froheres Geschlecht wächst heute heran. Größe und Aufschwung des Vaterlandes schaffen eine neue stolze Jugend, die allem Kleinen, Sentimentalen abhold ist ... In der Tugendlehre tritt das Kämpferische in den Vordergrund.", IX f.

katholische Selbstbewusstsein und lieferten handfeste Argumente gegen den die Einheit der Kirche zerstörenden Protestantismus, den bindungslosen Liberalismus, den gottlosen und kollektivistischen Kommunismus und den neuheidnischen Nationalsozialismus. Während den Heranwachsenden in der Schule die deutsche Geschichte als vom Germanentum und der nordischen Rasse geprägt vermittelt wurde, lernten die Jugendlichen sie vor allem in den „Heimabenden" der katholischen Jugend als Sieg des Christentums im Abendland kennen, Gestalt geworden im Heiligen Römischen Reich Deutscher Nation; das Mittelalter und die deutschen Dome am Rhein und im Osten des Reiches waren anschauliche und überzeugende Beweise für die schöpferische Kraft des katholischen Glaubens. Niemand brauchte den katholischen Jugendlichen zu sagen, was es heißt, ein guter Deutscher zu sein. Und sie wollten gute Deutsche sein, erst recht gut katholisch, nie aber „Nazis" – auch wenn zu lesen war, dass die NSDAP „als politische Bewegung auf dem Standpunkt des positiven Christentums" stehe[22] oder ein Bischof predigte: „Wir wissen, dass die neue Staatsregierung das Christentum zur unbedingten Grundlage des Staatslebens machen will."[23] Man wusste einfach, dass ein guter Katholik kein „Nazi" sein konnte, und so waren die meisten Katholiken misstrauisch gegenüber allem, was die Partei und ihre verschiedenen Organisationen propagierten.

Anderseits gab es viel Übereinstimmendes zwischen dem, was in der Schule und durch die tägliche und allgegenwärtige Propaganda vermittelt wurde, und dem, was auch in der Kirche, im Religionsunterricht und in den Gruppenstunden der katholischen Jugend zu hören war: „Neue kämpferische Zeit ist angebrochen. Neuer kämpferischer Wille ist aufgebrochen in der jungen deutschen Nation. Es geht um Freiheit und Ehre des Vaterlandes, es geht um deutsches Wesen und deutsche Seele!"[24] Ein „Zug zum Heroischen" ging durch die Zeit. Dank der unermüdlichen Arbeit des Führers, dem „Mehrer und Schirmer des Reiches", lebte man seit 1938 in Großdeutschland: „Die im Hassfrieden von Versailles uns auferlegte Fron ist zerbrochen".

---

[22] Karl SPECKNER, Die Wächter der Kirche, a.a.O., 32.

[23] So Bischof Maximilian KALLER während einer Wallfahrt im Juni 1933, ebd., 119.

[24] Ludwig WOLKER im Vorwort zu: *Das Singeschiff*, Düsseldorf 1934.

Aus der Lektüre der Kirchenzeitung und der Bücher aus der Pfarrbibliothek wussten Katholiken nicht nur von den Christenverfolgungen unter Nero und Diokletian, sondern auch von „den Schreckenstagen der französischen Revolution, die mit Terror und Guillotine gegen die katholische Kirche wütete"; sie erfuhren von der „Glaubensverfolgung in Mexiko" und von der „Vernichtung der katholischen Kirche in Russland"; sie sahen aus der Ferne „Spaniens Kirche im Glanze des Martyriums", lasen mit heißem Herzen das Buch „Die Helden des Alkazar" und hörten, dass General Francos Truppen unter dem Christus-Banner kämpften, während diejenigen, die „von den Kommunisten massakriert" wurden, als Märtyrer mutig mit dem Ruf starben „Es lebe Christus der König!".

Viele waren stolz darauf, in einer „Schicksalsstunde" leben zu dürfen. Angesichts der „Bedrohung des christlichen Abendlandes" ging es um „Sein oder Nichtsein", um den „Abwehrkampf" gegen den gottlosen Bolschewismus, der die „Fackel der Verwüstung von Russland bis Spanien getragen" hatte. Die Katholiken waren eingestimmt auf den Kampf gegen diesen Feind, in dessen Herrschaftsbereich „Kirchen und Klöster niedergebrannt, Priester und Ordenspersonen ermordet, die Werke der Kultur vernichtet" wurden; sie erfuhren durch ihre Bischöfe: „Es war ein merkwürdiges Zusammentreffen: Am Vormittag des 14. September ging der Heilige Vater … mit dem Bolschewismus ins Gericht, und am Abend des gleichen Tages hielt der Führer des Deutschen Reiches auf dem Parteitag in Nürnberg … ebenfalls Abrechnung mit dem Bolschewismus."[25] Darum hielten die meisten Katholiken es für selbstverständlich, was ein Bischof schrieb: „In der gegenwärtigen Schicksalsstunde unserer Nation stellen sich die Leiter der Kirche in besonderer Treue an die Seite der Männer des Staates, entschlossen zur Abwehr des gemeinsamen Feindes. Indem sie für das Christentum und den echten Gottesglauben im deutschen Volk kämpfen, stützen sie auf ihre Weise am wirksamsten den

[25] Hirtenwort des deutschen Episkopats vom 24. Dezember 1936, zit. nach Ludwig VOLK (Bearb.), Akten Kardinal Michael von Faulhabers 1917-1945, II: 1935-1945 (VKZG Reihe A, Bd. 26) Mainz 1978, 244-252, hier 245 und 247.

Wall, den in unserem Vaterlande der Führer gegen den Bolschewismus aufgeworfen hat."[26]

Im Kopf eines jungen Katholiken, der nur selten kritisch zu sehen und zu denken gelernt hatte, schmolzen diese Vorstellungen, Ereignisse und ihre Deutungen zusammen und führten zu einer vermeintlich klaren Frontbildung: hier die heilige katholische Kirche, die seit ihren Anfängen bis zur Gegenwart kämpfte und litt für Gottes Reich, dort ihre Feinde, die seit jeher nur ein Ziel hatten: den Kampf gegen Gott und Christus und die Vernichtung seiner Kirche. Vor diesem Hintergrund sangen die Jugendlichen mit Überzeugung: „Wir stehn im Kampfe und im Streit ..."; „Uns rufet die Stunde, uns dränget die Zeit. Zu Wächtern, zu Rittern hat Gott uns geweiht"; „Wer jetzig Zeiten leben will, muss hab'n ein tapf'res Herze ..." Die Bilder des Bamberger Reiters, des Erzengels Michael oder des heiligen Georg im Kampf mit dem Drachen, die viele junge Menschen über ihren Betten oder in ihren Zimmern hängen hatten, erinnerten Tag und Nacht daran, dass sie in einer Zeit lebten, in der Soldatentum und Kämpfergeist, Ritterlichkeit und Heldenmut geboten waren, aber auch daran, dass alle, die sich für die Sache Gottes einsetzten, seines Schutzes sicher sein durften.

Das verbreitete Familienbuch mit eben diesem Titel stellte viele „Helden und Heilige" vor, denen es nachzueifern galt. Zu diesen Vorbildern zählte auch Prinz Eugen von Savoyen, in dem „sich katholische Frömmigkeit aufs Beste paart mit heldischer Größe"; denn er stand „auf der Wacht ... gegen einen Feind, der aus dem asiatisch Endlosen herüberkommt und mit schweifender Unruhe auf das deutsche Herz zielt".[27]. Er und viele andere galten als Beweise dafür, dass die Lehre des Christentums die Widerstandskraft des deutschen Volkes nicht schwächt, sondern dass im Gegenteil „die katholischen Glaubenswerte dem jungen Menschen stärkste seelische Kraftströme für sein Soldatentum vermitteln".

Eines der Vorbilder für katholische Jungen war seit 1936 Werner Mölders, der als Flieger der Legion Condor in Spanien – so glaubte man damals weithin allen Ernstes! – gegen die Kommunisten für Christus

[26] Conrad GRÖBER im Vorwort zum *Handbuch für religiöse Gegenwartsfragen*, a.a.O., V f.

[27] Aus: Die *Kasernenstunde*. Werkblatt für die katholische Soldatenseelsorge, Mai 1936.

gekämpft hatte und der dann während des Krieges ein erfolgreicher Jagdflieger wurde. Als er im November 1941 tödlich verunglückte, ging das Gerücht um, die Gestapo oder die SS habe ihn beseitigt; weil er aus der katholischen Jugend kam und so eindrucksvoll und erfolgreich die Verbindung von Tapferkeit und Christsein demonstrierte, sei er für sie unerträglich gewesen. Was in Spanien wirklich geschehen war und was die Legion Condor u.a. in Guernica verbrochen hatte, haben viele erst Jahre nach dem Krieg erfahren. –

Die katholische Jugend der 1930er-Jahre wurde – über die damals alltägliche Propaganda und über die in den Schulen und den nationalsozialistischen Jugendorganisationen praktizierte Erziehung hinaus – zu großen Teilen geprägt von den in katholischen Kreisen geläufigen Vorstellungen, die zwar den parteiamtlich verordneten ideologisch-weltanschaulichen Erziehungszielen zuwiderliefen, sie aber in einigen –für das Funktionieren des Systems entscheidenden – Elementen unterstützten und religiös überhöhten: Gehorsam und Treue gegenüber der Obrigkeit, Zuverlässigkeit sowie Einsatz- und Opferbereitschaft. Die kirchentreuen Jugendlichen wurden durch ihre Seelsorger zwar gefeit gegen jene Propaganda, der zufolge das Christentum eine artfremde Religion sei, den germanischen Menschen lebensuntüchtig und krank mache und ihn seiner Kraft beraube. Doch weil sie im Gegenteil unter Beweis stellen wollten, dass Katholiken besonders zuverlässig, mutig und tapfer seien, wurden sie allzu willige Diener eines Systems, das sie verabscheuten und von dem sie sich innerlich distanzierten, das sie aber gleichzeitig unbeabsichtigt durch ihren „Dienst“ stabilisierten und dessen Verbrechen sie durch ihren Einsatz mit ermöglichten.

2.
Bereit für Hitlers Krieg

Der Beginn des Krieges am 1. September 1939 kam für die meisten Menschen nicht unerwartet, aber obwohl viele diesen Krieg von Anfang an für ungerecht hielten, haben nur wenige aus dieser Einsicht Konsequenzen gezogen. Es gehört zu den großen Rätseln, dass die deutschen

Bischöfe die Frage nach der Rechtmäßigkeit des Krieges „nicht gestellt" haben; es sei für sie selbstverständlich gewesen, „dass man in diesem Krieg seine Pflicht tun musste"[28]. Wenn aber schon die Bischöfe dieser Frage auswichen oder sie nicht einmal als Problem erkannten, warum sollten sich dann die einfachen Soldaten den Kopf darüber zerbrechen, ob ihr Tun in der Wehrmacht Hitlers erlaubt oder unerlaubt sei? Den meisten galt der Krieg als Kampf für das Vaterland, und dafür sich zu opfern war nicht nur patriotische, sondern nach ihrer Überzeugung auch eine sittliche Pflicht, die sich aus ihrem Glaubensverständnis ergab. Wer an der Rechtmäßigkeit dieses Krieges zweifelte und darum auch Bedenken ob des geforderten Waffendienstes hegte, wurde in seiner Ratlosigkeit allein gelassen. –

In einer der wenigen kirchlichen Zeitschriften, die zu jenem Zeitpunkt noch erscheinen konnten, lieferte der damals sehr bekannte Theologe und Schriftsteller Matthias Laros – ein Brückenbauer zwischen den Konfessionen, ein Vorkämpfer einer kirchlichen Erneuerung und nicht zuletzt ein leidenschaftlicher Gegner des Nationalsozialismus – 1939 eine Skizze zu einer Predigtreihe „Der Christ und der Krieg"[29], die eine zu dieser Zeit weit verbreitete Meinung zu dieser Frage wiedergibt, die aber auch erkennen lässt, wie schwer es damals selbst klugen Menschen gefallen ist, einen klaren Blick für die Realitäten zu behalten. In diesem Aufsatz sah Laros im Krieg „nichts anderes als das zusammengeballte Gewitter der gehäuften Sünden", der die Menschen zur Einsicht in die Schwere ihrer Sünden und in die Bedrohtheit der menschlichen Existenz sowie zur Erneuerung des Glaubens führen solle. Bei der Frage nach dem, was nun „praktisch zu tun" sei, antwortete Laros: „Wir sollen nicht grübeln und klagen. Damit wird nichts geschafft, sondern alle Kraft gelähmt."

Nach einem Hinweis auf die besinnliche Grüblernatur des Deutschen und auf die Gefahr, über allem Nachdenken das Handeln zu vergessen,

---

[28] Ulrich von Hehl, zit. nach Ludwig LEMHÖFER, Zur tapferen Pflichterfüllung aufgerufen. Die Katholiken in Adolf Hitlers Krieg, in: Katholische Kirche und NS-Staat. Aus der Vergangenheit lernen? hg. von Monika Kringels-Kemen und Ludwig Lemhöfer, Frankfurt/M. 1981, 83-99, hier 87.

[29] *Kirche und Kanzel* 22 (1939) 319-328. Zur Person von Matthias Laros (1882-1965) vgl. LThK, 3. Aufl., Bd. VI, 653.

griff Laros die – ansonsten kaum erörterte – Frage des gerechten Krieges auf und schrieb: „Darüber haben die Theologen lange Untersuchungen angestellt; aber die Frage ist für uns mangels sicherer Unterlagen gar nicht zu beantworten, und darum ist es zwecklos, darüber nachzugrübeln. Wenn die gesetzmäßige Obrigkeit zum Einsatz des Lebens aufruft, dann darf sich dem niemand entziehen, und sein Einsatz ist auf Grund des guten Glaubens und des besten Willens auf alle Fälle vor Gott wertvoll und pflichtmäßig". Statt zu fragen, zu hadern und zu klagen gelte es nun, sich sowohl an der Front als auch in der Heimat zu „bewähren". Damit wurde das entscheidende Stichwort geliefert, das uns in zahlreichen Briefen der Theologen und Predigten der Seelsorger begegnen wird.

Schließlich kam Laros zu folgendem Urteil: „So ist der Krieg nicht nur an der Front, sondern auch in der Heimat der Aufbruch heroischen Geistes, allerdings nur bei denen, die sich bewähren. Der anderen gibt es natürlich auch genug; aber wonach willst du dich ausrichten: Nach dem Abfall und den Versagern, oder nach den Edlen, die sich bewähren und in sich selber und vor Gott in Ewigkeit stehen, Während der kleine Vorteil der Drückeberger und Selbstlinge schnell vorübergeht und vergessen ist?"

Zum Schluss stellte Laros seine Leser und Hörer vor die Entscheidung, den religiösen Sinn des Krieges anzunehmen oder abzulehnen: „So ist uns auch heute der Krieg zur Entscheidung vorgelegt, wie einst Moses dem Volke das Gesetz Gottes vorgelegt hat: ‚Ich nehme heute Himmel und Erde zum Zeugen, dass ich euch Leben und Tod, Segen und Fluch vorgelegt habe. So wählet denn das Leben, auf dass ihr lebet, ihr und eure Nachkommen!' (Deuteronomium 30,19) Benützet den Krieg, dass er den Frieden Gottes in uns aufrichte und wir darin bleiben bis zum Ende unseres Lebens!"[30]

Was Laros hier als Predigtvorlage lieferte, war mehr als nur ärgerlich. Welcher junge Mensch wollte schon zum Abfall und zu den Versagern

[30] Ebd., 325-328. Vgl. auch die in fünf Teilen erschienene Schrift von Matthias LAROS zur Kriegsfrage, die 1940 in drei Auflagen erschienen und weit verbreitet worden ist; im 5. Heft dieser Reihe *„Was ist zu tun?"* schreibt Laros, dass der Wert der Opferbereitschaft unabhängig sei von der Frage des gerechten Krieges und von der objektiven Richtigkeit der Sache, für die der Soldat kämpfe (9).

gehören, wer wollte schon Drückeberger und Selbstling sein? Wer wollte nicht vor sich und „vor Gott" bestehen? Was Laros schrieb und was von anderen Priestern aufgegriffen und den jungen Christen gesagt wurde, muss klar und deutlich als das bezeichnet werden, was es war: eine moralische Erpressung, der sich kaum jemand entziehen konnte – vorgenommen natürlich mit bester Absicht und in „gutem Glauben". Und man kann nur fassungslos zur Kenntnis nehmen, dass ein theologisch so gebildeter Mann wie Matthias Laros die Entscheidung über die Annahme oder Ablehnung einer religiösen Deutung des Hitler-Krieges im Sinne der vorherigen Darlegungen mit einer Entscheidung für oder gegen die Annahme der Tora vergleicht. –

Die katholische Zeitschriftenpresse war schon seit 1933 erheblichen Repressalien ausgesetzt, die sich im Lauf der Jahre verstärkten. Während des Krieges musste sie gemäß der Anweisung durch die Fachschaft katholische-kirchliche Presse vom 11. September 1939 in diesem „Schicksalskampf des deutschen Volkes" zeigen, „was sie in der Mobilisierung der gesamten Energie unseres Volkes zu leisten vermag"[31]. In der Durchführung dieser Richtlinien gab es jedoch bemerkenswerte Unterschiede. Wenn z.B. das St. Georgsblatt, die Kirchenzeitung für das Bistum Limburg, die Schlagworte der nationalsozialistischen Kriegspropaganda einfach übernahm, darüber hinaus „Deutschland geradezu zum Vollstrecker der göttlichen Weltregierung" erklärte[32] und den Hitler-Krieg dadurch pseudotheologisch legitimierte, unterschied es sich erheblich vom Martinusblatt aus dem benachbarten Mainz, das zwar äußerlich-formal den genannten Anweisungen der Fachschaft nachkam und es auch „nicht an Bekundungen von Patriotismus und Opfergesinnung" fehlen ließ, aber anders als das St. Georgsblatt auf jede politische Rechtfertigung des Krieges verzichtete.[33] Was bei einem Vergleich der Äußerungen des Feldbischofs mit denen der Diözesanbischöfe festzustellen

---

[31] Karl Aloys ALTMEYER, Katholische Presse unter NS-Diktatur. Die katholischen Zeitungen und Zeitschriften Deutschlands in den Jahren 1933 bis 1945. Dokumentation, Berlin 1962, 182.

[32] Gottfried BECK, Die Bistumspresse in Hessen und der Nationalsozialismus 1930-1941, a.a.O., 368.

[33] Vgl. ebd., 369. Beck behandelt das Verhalten der Bistumsblätter während des Krieges auf den Seiten 366-386.

ist, kann auch bei einer Gegenüberstellung von Texten verschiedener Bistumszeitungen konstatiert werden: Trotz z.T. erheblicher Differenzen in der Tonlage und in der Wortwahl sind sich alle darin einig, dass Katholiken durch ihre Loyalität und ihren Patriotismus jeden Verdacht von Unzuverlässigkeit als unberechtigt erweisen.

Opferbereitschaft, letzte Hingabe an Vaterland und Volk, Einsatz der ganzen Persönlichkeit – das waren bei katholischen Menschen uneingeschränkt fraglose Begriffe und Grundhaltungen. Sie hörten die Aufforderungen ihrer Bischöfe, die „mit der ganzen Autorität unseres heiligen Amtes" an die Gläubigen appellierten: „Lasset euch von niemandem übertreffen an Opferwilligkeit und Einsatzbereitschaft!"[34]

Da Gott selbst die Menschen in eine so entscheidungsvolle Zeit gestellt hatte – das hatten die Verkünder des Glaubens gelehrt, und viele Gläubige waren durchdrungen vom Bewusstsein ihrer Berufung! –, sangen die jungen Menschen in ihren Gruppen mit Hingabe das Lied „Lass mich stehen, mein Gott, wo die Stürme wehen und schone mich nicht." In ihrem Drang zum Heldentum und zum Opfer strebten viele Jugendliche auch danach, so bald wie möglich Soldaten zu werden. Sie hörten das Wort des Bischofs und beteten mit ihm: „ Gott sei mit ihnen allen, die die schwere Kriegsarbeit auf sich genommen haben, und verleihe ihnen Mut und Kraft, für das teure Vaterland siegreich zu kämpfen oder mutig zu sterben."[35] Sie lernten und glaubten, dass sie als Soldaten „unter Einsatz des Lebens einen Frieden der Freiheit und Gerechtigkeit für unser Volk" erkämpften. Sie übten den Umgang mit den Waffen „zum Schutze von Haus und Herd", ermutigt durch das Hirtenwort: „Ihr schenkt mit eurem Soldatentum dem Volk das Wertvollste, das ihr besitzt: Zeit, Schweiß, Willenskraft, Gehorsam, Liebe und Geist. Und wenn es das Schicksal will: eure Gesundheit, euer Blut und Leben. Mehr könnt ihr dem Volk und Vaterland kaum geben. Und ihr leistet diesen alles umfassenden Dienst als Pflicht vor Gott, übernommen durch den Eid!"[36]

---

[34] Wilhelm CORSTEN, Kölner Aktenstücke zur Lage der katholischen Kirche in Deutschland 1933-1945, Köln 1949, Nr. 214, 261.

[35] Hirtenbrief des Bischofs von Rottenburg, zit. nach Konrad HOFMANN, *Seelsorge und kirchliche Verwaltung im Krieg*. Gesetze, Verfügungen und Richtlinien, Freiburg 1940, 7.

[36] Conrad GRÖBER, „Arbeite als guter Kriegsmann Christi". Hirtenwort an die Soldaten im Feld, Freiburg 1939, 5.

Sie wurden gestärkt durch die Deutung: „Soldatentod ist damit Opfertod. Opfertod ist Heldentod."

Mit Stolz sahen Katholiken sich beteiligt an der „Rettung des Vaterlandes" und waren dankbar für die „glorreichen Siege" der deutschen Soldaten. Später hatten viele keine Zweifel daran, dass es sich beim Krieg gegen die Sowjetunion um „einen Kreuzzug, einen heiligen Krieg für Heimat und Volk, für Glauben und Kirche, für Christus und sein hochheiliges Kreuz"[37] handelte. Hatten doch die deutschen Bischöfe vor dem Bolschewismus „in zahlreichen Hirtenbriefen vom Jahre 1921 bis 1936 die Katholiken Deutschlands gewarnt"[38], sodass manch einer nun eine gewisse Erleichterung empfinden mochte, weil der Krieg nun endlich gegen den wahren Feind geführt wurde. –

Gemäß der bischöflichen Weisung wurde gebetet „um den Sieg für unsere Waffen und einen baldigen Frieden", aber auch für die Angehörigen der deutschen Wehrmacht, dass sie „ein heldenhaftes Geschlecht" seien und ihnen die „Kraft zum höchsten Opfer für Führer, Volk und Vaterland" gegeben werde. In einem viel gesungenen Kirchenlied lautete eine Zeile: „Gut, Blut und Leben will ich dir geben" – das galt nicht nur für die freudige Hingabe an Maria, der das Lied galt, sondern auch für die Hingabe an Deutschland, an das Vaterland.

Wenn den jungen Menschen dennoch ein wenig unheimlich wurde und sie beim Gedanken an den möglichen Tod auch Angst befiel – immerhin gab es dann das göttliche Gericht! – wurden sie getröstet: „Bei der Erfüllung der schweren Pflichten dieser Zeit möge die trostvolle Gewissheit euch stärken, dass ihr damit nicht bloß dem Vaterlande dient, sondern zugleich dem heiligen Willen Gottes folgt …"[39] Was konnte es für einen katholischen jungen Größeres und Erhebenderes geben, als

---

[37] Hirtenbrief von Bischof Rackl, Eichstätt, vom 24. September 1941, zit. nach Guenter LEWY, Die katholische Kirche und das Dritte Reich, München 1965, 254. Dort auch weitere Belege für die amtskirchliche Unterstützung des Krieges gegen „die Feinde unseres Glaubens".

[38] Denkschrift des deutschen Episkopats an die Reichsregierung, 10. Dezember 1941, in: Akten deutscher Bischöfe über die Lage der Kirche 1933-1945, Bd. V: 1940-1942, a.a.O., 651.

[39] Gemeinsamer Hirtenbrief der am Grabe des hl. Bonifatius versammelten Oberhirten der Diözesen Deutschlands: Die Bedrückung der Kirche in Deutschland, 26.6.1941, zit. nach Wilhelm CORSTEN, Kölner Aktenstücke, a.a.O., 252 f.

den „Willen Gottes“ zu erfüllen und dadurch an seinem Reich mitzubauen? –

All diese Auslassungen über Volk und Vaterland, Hingabe und Opferbereitschaft waren nicht taktisch bedingt, sondern entsprachen einem tief verwurzelten Bewusstsein sowohl der kirchlichen Amtsträger als auch der meisten einfachen Kirchenmitglieder, sodass „ein Ausbrechen der Katholiken aus ihrer staatsbürgerlichen Loyalität auch im nationalsozialistischen Deutschland für außerhalb des Möglichen gehalten“[40] wurde. Das galt erst recht für die Kriegszeit. So ist es kein Zufall, dass es während des Zweiten Weltkrieges nur wenige katholische Kriegsdienstverweigerer gegeben hat; sieben wurden hingerichtet, nur einer hat überlebt.[41] Der Münchener Weihbischof Ernst Tewes, der während des Krieges als Wehrmachtseelsorger tätig gewesen ist, bezweifelt, „ob ein Priester je einem geraten hat, den Kriegsdienst zu verweigern. Sie wären wohl auch von ihren Bischöfen nicht gedeckt worden.“[42] Im Gegenteil: Je gläubiger die Katholiken auf ihre Hirten hörten, je vertrauensvoller sie ihren Weisungen folgten, desto zuverlässiger waren sie auch in der Erfüllung aller Aufgaben, die der Staat ihnen abverlangte.

Scharfsichtig urteilte der katholische Schriftsteller und Kulturkritiker Theodor Haecker 1940: Wir Deutsche führen diesen Krieg „zu einem sehr großen Teil als willige, zu einem kleinen Teil als unwillige Sklaven

---

[40] Heinz HÜRTEN, Bischofsamt im Dritten Reich. In memoriam P. Ludwig Volk SJ, in: IKZ Communio 1985, 536-549, hier 541.

[41] Albrecht HARTMANN/Heidi HARTMANN, Kriegsdienstverweigerung im Dritten Reich, Frankfurt 1986, nennen als katholische Kriegsdienstverweigerer nur Franz Jägerstätter, Michael Lerpscher, Franz Reinisch, Josef Ruf und Ernst Volkmann (17 ff.). Thomas Breuer weiß um „sieben namentlich bekannte katholischen Männer, die wegen Kriegsdienstverweigerung im Zweiten Weltkrieg hingerichtet wurden“, nennt aber nur Alfred Andreas Heiß aus der Erzdiözese Bamberg, der von Hartmann/Hartmann nicht aufgeführt wird. Vgl. Thomas BREUER, Verordneter Wandel? Der Widerstreit zwischen nationalsozialistischem Herrschaftsanspruch und traditioneller Lebenswelt im Erzbistum Bamberg (VKZG, Reihe B, Bd. 60), Mainz 1992, 302 f. Jakob Knab nennt als siebten hingerichteten Verweigerer Richard Reitsamer aus Freiburg. Lediglich Dr. Josef Fleischer aus Freiburg hat überlebt. Vgl. Jakob KNAB, Unbequeme Märtyrer, in: Publik-Forum 22/1996, 37-40.

[42] Ernst TEWES, Seelsorger bei den Soldaten. Erinnerungen an die Zeit von 1940 bis 1945, München 1995, 12. Der Beitrag ist zuerst erschienen in Georg SCHWAIGER (Hg.), Das Erzbistum München und Freising in der Zeit der nationalsozialistischen Herrschaft, München 1984, Bd. 2, 244-287.

einer apostatischen Regierung und ihrer verächtlichen Subjekte, wir alle als Sklaven ehrloser Sklaven".[43] Und wenn er schrieb: „Der deutsche Soldat wird funktionieren, ungleich besser als seine Maschinen, die auch schon gut funktionieren"[44], dann galt das hinsichtlich der todesbereiten Gehorsamswilligkeit gegenüber der Weisung der Obrigkeit auch für die meisten Katholiken. Bisher ist nicht erörtert worden, wie es zu einer derart verbreiteten Blindheit hat kommen können und warum so wenige „bis aufs Blut Widerstand geleistet" (Vgl. Hebräerbrief 12,3) haben.

3.
Die Militärseelsorge

In der Einleitung zu einem Buch über die Katholische Feldseelsorge im Zweiten Weltkrieg fragte Hans Jürgen Brandt, ob die Militärseelsorge als „staatskirchenrechtlich verankerte und militärisch eingebundene Religion nicht notwendigerweise Instrument des je aktuellen Sicherheits- und Wehrkonzepts und – im Krisenfall – der herrschenden Kriegsideologie werden" müsse, und er stellt fest: „Diese Frage geht an den Nerv des christlichen Sendungsauftrages und des theologisch-politischen Selbstverständnisses der Kirche."[45] Es ist aufschlussreich, dass diese in der Tat zentrale Frage bei Beginn des Krieges 1939 trotz der bitteren Erfahrungen mit dem Nazi-Regime in den vorangegangenen sechs Jahren nicht gestellt wurde und – das ist noch erstaunlicher – auch heute nicht erkennbar diskutiert wird. jedenfalls musste (und muss) schon die bloße Präsenz der Militärseelsorger dem einfachen Soldaten als Beweis dafür erscheinen, dass sein Dienst bei der Armee rechtens sei und von der Kirche befürwortet werde. –

Im Artikel 27 des Reichkonkordates von 1933 wurde das Problem der Militärseelsorge einschließlich der Ernennung eines Armeebischofs

---

[43] Theodor HAECKER, Tag- und Nachtbücher. 1939-1945, hg. von Heinrich Wild, Olten 1948, 83.

[44] Ebd., 89.

[45] Hans Jürgen BRANDT, Zwischen Weltflucht und Anpassung, in: *Mensch, was wollt ihr denen sagen?* a.a.O., 7-17, hier 8.

geregelt. Diese Vereinbarung betraf zunächst die etwa 30.000 katholischen Soldaten der Reichswehr. Doch wichtiger als dieser Artikel ist der Inhalt des Anhangs zum Reichskonkordat, dessen Geheimhaltung die Vertragsschließenden nicht ohne Grund vereinbarten. Enthielt er doch Regelungen hinsichtlich der Behandlung von Priestern und Priesteramtskandidaten für den Fall „einer Umbildung des gegenwärtigen deutschen Wehrsystems im Sinne der Einführung der allgemeinen Wehrpflicht“ und für den Fall „einer allgemeinen Mobilisierung“.[46]

Die katholische Kirche hat sich also unmittelbar nach der Übernahme der Regierung durch die Nationalsozialisten auf Überlegungen und Vereinbarungen im Hinblick auf eine Wiedereinführung der allgemeinen Wehrpflicht in Deutschland eingelassen und darüber hinaus Vorsorge für den Kriegsfall getroffen. Mit anderen Worten: Der Vatikan hat sich bereits 1933 auf den Bruch eines völkerrechtlich verbindlichen Vertrags und auf die Möglichkeit eines Krieges eingestellt. Die Frage muss offen bleiben, ob die erfahrenen Diplomaten des Vatikans nicht auf den Gedanken gekommen sind, dass ihre Verhandlungspartner das Konkordat ggfs. ebenso kaltblütig brechen könnten wie den Vertrag von Versailles. Oder hatte man in der ersten Phase der Kanzlerschaft Hitlers angenommen, dass die neue Reichsregierung von den Siegermächten ein Zugeständnis für die Wiedereinführung der allgemeinen Wehrpflicht auf dem Verhandlungsweg erreichen würde? Wenn aber die Kurie den Bruch des Versailler Vertrages schon 1933 akzeptierte und Regelungen für die aus solchem Vertragsbruch sich ergebenden Konsequenzen vereinbarte, hat sie sich zumindest teilweise des moralischen Rechts beraubt, gegen spätere Vertragsverletzungen, die der Kirche zum Schaden gereichten, zu protestieren. –

Zur Zeit der Reichswehr stand für jeden der sieben Wehrkreise etatmäßig je ein Wehrkreispfarrer zur Verfügung; daneben gab es noch zwei etatmäßige Marinepfarrer. Nach Einführung der allgemeinen Wehrpflicht am 15. März 1935 stieg der Bedarf an Wehrmachtseelsorgern rapide an; im März 1939 wies die katholische Wehrmachtseelsorge in den damals bestehenden 15 Wehrkreisen sowie den beiden Marinebereichen

[46] Johannes GÜSGEN, Die Katholische Militärseelsorge in Deutschland zwischen 1920 und 1945, Köln-Wien 1989, 242.

(Nord- und Ostsee) neben dem Feldbischof und seinem Generalvikar einen Bestand von 93 hauptamtlichen und 215 nebenamtlichen Wehrmachtgeistlichen auf.[47] Es ist im Einzelnen nicht mehr festzustellen, wie die Priester zu ihrem Dienst als Kriegspfarrer gekommen sind, ob sie sich z.B. freiwillig zur Verfügung gestellt haben oder ob sie von ihren Vorgesetzten zur Wehrmacht abgeordnet worden sind. Nach der Aussage von Erzbischof Gröber war es jedenfalls für die deutschen Oberhirten „eine zugleich deutsche und katholische Selbstverständlichkeit, für die Heeresseelsorge nur die bestqualifizierten Geistlichen freizugeben"[48].

Während des Zweiten Weltkrieges waren insgesamt etwa 650 katholische Feldseelsorger im Einsatz[49] (ohne die nebenamtlichen Militärseelsorger); schätzungsweise bis zu 20.000 Priester, Priesteramtskandidaten und Ordensleute[50] haben – gemäß den Konkordatsvereinbarungen – ihren Dienst in der Wehrmacht als Sanitätssoldaten („Priestersoldaten") erfüllt. Sie alle hatten den Eid nicht auf das Deutsche Reich, sondern – wie bereits seit 1934 vorgeschrieben – auf die Person des Führers und Oberbefehlshabers Adolf Hitler abgelegt.

---

[47] Vgl. *Militärseelsorge* 6 (1964) 195.

[48] Erzbischof Conrad Gröber am 19. Februar 1940 an den Ministerrat für die Reichsverteidigung, in: Akten deutscher Bischöfe über die Lage der Kirche 1933-1945, V: 1940-1942 (VKZG, Reihe A, Bd. 34), bearb. von Ludwig Volk, Mainz 1983, 13 f.

[49] Vgl. die Angaben von Heinz-Gerhard JUSTENHOVEN im Nachwort zu: *Mensch, was wollt ihr denen sagen?* a.a.O., 197. Johannes GÜSGEN, Die katholische Militärseelsorge in Deutschland zwischen 1920 und 1945, a.a.O., 441, Anm. 116.

[50] Vgl. Hans Jürgen BRANDT, in: Priester in Uniform, a.a.O., 7. Eine von Kardinal Bertram an das Kommissariat der Fuldaer Bischofskonferenz am 12. August 1943 übersandte „Statistik der zum Heeresdienst eingezogenen Geistlichen, Ordensangehörigen usw. in Groß-Deutschland" nennt zum Stichtag 1. Mai 1943 3.819 einberufene Geistliche, 4.368 Theologiestudenten (inklusive Kleriker), 2.245 Ordenspriester, 2.047 Ordenskleriker, 4.016 Ordenslaienbrüder und 858 Ordensnovizen, insgesamt also 17.353 Männer. Akten deutscher Bischöfe über die Lage der Kirche 1933-1945, VI: 1943-1945 (VKZG, Reihe A, Bd. 38), bearb. von Ludwig Volk, Mainz 1985, 124. Vgl. auch Hans Jürgen BRANDT, Die Katholische Militärseelsorge und Kleriker als Sanitätssoldaten in der großdeutschen Wehrmacht 1939 bis 1945, in: Kirchlicher Auftrag und politische Friedensgestaltung. Festschrift für Ernst Niermann, Militärgeneralvikar 1981-1995, hg. von Alfred E. Hierold und Ernst Josef Nagel, Stuttgart-Berlin-Köln 1995, 178-193 (Lit.).

Ähnlich wie beim Kirchenkampf auf nationaler Ebene gab es auch im Bereich der Militärseelsorge verschiedene Phasen der Auseinandersetzung. Zunächst hatte die Reichswehr – und seit 1935 die Wehrmacht – von der Militärseelsorge erwartet, dass sie den Geist des traditionellen Soldatentums stärke. Zwischen 1937 und 1939 wurde dann auch die Militärseelsorge zunehmend in die kirchenpolitischen Spannungen einbezogen. Die relativ unbehinderte Auf- und Ausbauphase der Feldseelsorge von 1939 bis 1941 unter dem Schutz der militärischen Führung ist darauf zurückzuführen, dass alle Energien von Staats-, Partei- und Wehrmachtführung davon beansprucht waren, das gesamte Leben des Volkes auf die Kriegsverhältnisse einzustellen. Die Feldzüge in Polen, dann im Norden und im Westen, schließlich gegen die Sowjetunion ließen die Auseinandersetzungen mit den Kirchen und damit auch mit der Militärseelsorge vorübergehend in den Hintergrund treten. Seit 1942 wurden allerdings immer schärfere Maßnahmen gegen die Militärseelsorge ergriffen, die eindeutig deren Vernichtung zum Ziel hatten. Seit dem Verbot vom Oktober 1942 wurden weder für neu aufgestellte Divisionen noch für durch Tod ausgefallene Kriegspfarrer neue Seelsorger eingestellt. Anderseits war die Militärseelsorge bis zum Ende des Krieges eine Einrichtung der Wehrmacht, bei der auch nebenamtlich tätige Organisten und „unteres Kirchenpersonal" über die Zahlmeistereien der Wehrkreiskommandos ihren Dienst vergütet erhielten.[51]

Parallel zu den Anstrengungen von politischer und militärischer Seite, die Kriegsmaschinerie zu organisieren, lief auf der Seite der Militärseelsorge das Bemühen, den Einsatz der Kriegspfarrer zu sichern. Das Schreiben des Feldbischofs vom 18. September 1939[52] an die deutschen Bischöfe lässt seine Genugtuung über das akkurate „Funktionieren" seiner Truppe erkennen und ist in seiner Diktion aufschlussreich für die Denkweise des ersten Mannes der Feldseelsorge. Darin heißt es u.a.: „Als in den letzten Tagen des August die Einberufung der wehrfähigen Männer vor sich ging, wurden mit präziser Schlagfertigkeit alle schon in Friedenszeiten für die vorhandenen Planstellen des Feldheeres

[51] Belege bei Heinrich MISSALLA, Für Volk und Vaterland, a.a.O., 97, Anm. 57.

[52] Vgl. Akten deutscher Bischöfe über die Lage der Kirche 1933-1945, Bd. IV: 1936-1939 (VKZG, Reihe A, Bd. 30), bearb. von Ludwig Volk, Mainz 1981, 717-719.

einschließlich der Luftwaffe vorgesehenen Kriegspfarrer auf die ihnen bekannten Sammelplätze beordert und fanden dort das für den Kriegsseelsorgedienst notwendige Kultusgerät einschließlich Küster und PKW vor. Nur in Ausnahmefällen musste das vorgesehene Gerät erst nachträglich von den militärischen Beschaffungsstellen angefordert werden." –

Nach der mit dem Reichskonkordat gegebenen Institutionalisierung der Militärseelsorge gab es für den einzelnen Geistlichen nur die Möglichkeit, die Übernahme eines Amtes in diesem Bereich zu verweigern – und damit junge christliche Soldaten sich selbst zu überlassen – oder aber das Amt eines Wehrmacht- bzw. Kriegspfarrers zu übernehmen und die damit gegebenen bzw. gewährten spärlichen pastoralen Möglichkeiten auszuschöpfen, und diese waren auf die Ausübung von Kulthandlungen und den Sterbebeistand beschränkt. Die Kriegspfarrer durften nicht einmal die Angehörigen jener Männer benachrichtigen, die sie bis zum Tod begleitet hatten. Zudem war die Arbeit der Kriegspfarrer wegen der unklaren Vorschriften für die Truppenführer für einige Jahre von deren persönlichen Einstellungen zur Seelsorge abhängig. –

Aus dem Nachlass eines verstorbenen Pfarrers erhielt ich neben den meisten Hirtenbriefen des Feldbischofs und vielen von der „Kirchlichen Kriegshilfe" versandten Predigtvorlagen auch sechs hektographierte Seiten mit Vortragsskizzen zu den Themen „Die vaterländische Aufgabe der Feldseelsorge", „Erfahrungen und Aufgaben der Truppenseelsorge" und „Die Soldatenpredigt im Kriege" – ohne Angaben des Datums und des Namens des Verfassers. Der erste Vortrag enthält ein Kapitel über „Die Stellung von Volk und Vaterland in der göttlichen Weltordnung", ein weiteres über die „Zurückweisung falscher Auffassungen hinsichtlich der vaterländischen Aufgabe der Feldseelsorge" mit den Untertiteln:

a. Kein falscher, oberflächlicher Patriotismus!
b. Keine Einmischung in allgemeinpolitische und wehrpolitische Fragen!
c. Völlige Zurückhaltung in kirchenpolitischen Fragen!

Das dritte Kapitel benennt folgende „Einzelaufgaben":

a. Die Verpflichtung des Christen zu kompromisslosem Einsatz.
b. Die Idee des gerechten Krieges. Persönliche Notwehr – soziale Notwehr – völkische Notwehr.
c. Die Pflege der deutschen Soldatentugenden und des Wehrwillens.
d. Die Verankerung der soldatischen Dienstauffassung. Nicht Söldner, sondern Soldat. Dienst für das Vaterland ist einer der vornehmsten Zweige des Gottesdienstes. Der Kriegsdienst als sinnvolle Hingabe an eine große Aufgabe.
e. Erziehung zur Ehrfurcht gegenüber der Obrigkeit. Römer 13,1.
f. Religiöse Grundlage des Fahneneides. Der Fahneneid als religiöser Akt. Die Treue zur Fahne im Kampf setzt die Treue im Alltag voraus.
g. Verklärung des Opfertodes für das Vaterland.

Die Skizze endet mit den Sätzen: „Die Feldseelsorge muss stets klar ausgerichtet sein auf Volk und Vaterland, auf den Führer und Obersten Befehlshaber der Wehrmacht. Sie hat mitzuhelfen zur Erreichung des großen Zieles: endgültiger Endsieg in diesem Kriege."

Die Gedanken dieser Vortragsskizze bewegen sich sowohl innerhalb traditioneller Auffassungen von der Militärseelsorge als auch auf der Linie des vom Oberkommando des Heeres am 21. August 1939 herausgegebenen „Merkblatts über Feldseelsorge", die als „wichtiges Mittel zur Stärkung der Schlagkraft des Heeres" beschrieben wird. Wer seinen soldatischen „Dienst und Einsatz für das Vaterland als Gottes Auftrag" verstehe und ernst nehme, auf Gott vertraue und ein ewiges Leben erwarte, „kann standhaft bleiben, tapfer kämpfen und mutig sterben". Diese Indienstnahme der „Religion", Funktionalisierung der „Seelsorge" und Aufgabenzuweisung an die Pfarrer durch die Militärs hat eine jahrhundertelange Tradition und wurde offensichtlich von den Kirchen akzeptiert.

Das „Merkblatt" galt den Dienststellen der Partei als Ausdruck einer reaktionären, das Christentum begünstigenden Haltung des Heeres und als Versuch der konservativen Kräfte im Heer, den Einfluss der Militärseelsorge – besonders durch die (von den Kriegspfarrern gern übernommenen) Hinweise auf ihre Effektivität – zu sichern. Nicht nur die seit 1939 erlassenen Bestimmungen für die Feldseelsorge, die nun zusammengefasst wurden, sondern auch die Versuche aus Partei und Wehrmacht, die Militärseelsorge zu drosseln oder gar abzuwürgen, führten zu den am 24. Mai 1942 erschienenen „Richtlinien für die Durchführung der Feldseelsorge", deren Artikel 1 mit aller Deutlichkeit verfügte: „Der siegreiche Ausgang des nationalsozialistischen Freiheitskampfes entscheidet über die Zukunft der deutschen Volksgemeinschaft und damit jedes einzelnen Deutschen. Die Wehrmachtseelsorge hat dieser Tatsache eindeutig Rechnung zu tragen." Zwar wusste man seit Beginn des Krieges und erst recht seit dem Angriff auf die Sowjetunion, dass die Staatspartei von den Kirchen einen stärkeren Einsatz erwartete, als diese zu leisten bereit waren. Doch nun wurde diese Erwartung für den Bereich der Feldseelsorge derart unverhohlen ausgesprochen, dass sie einem Ultimatum glich. –

Aber auch ohne besonderen Druck seitens staatlicher Stellen waren Priester und Theologen bereit, ihren Beitrag im Krieg zu leisten. Der Benediktinermönch Theodor Bogler redete den jungen Soldaten ein, dass ihnen in der Person des Obersten Befehlshabers der Wehrmacht Volk und Vaterland selbst gegenübertreten, ja, dass das Vaterland in ihm verkörpert sei. Auf der Suche nach Analogien zwischen natürlicher und übernatürlicher Wirklichkeit und im Bestreben, die gesamte Welt und das ganze Leben als geheiligt darzustellen, sprach Bogler von den „großen und wichtigen Einweihungen, (den) Mysterien, in denen sich die Umbildung zum Christen gnadenhaft vollzieht, so wie der Soldat gleichsam seinsmäßig umgewandelt wird in den für ihn so bedeutungsvollen Geschehnissen der Einkleidung und des Fahneneides".[53] –

Der Universitätsprofessor und Kriegspfarrer Johannes Stelzenberger hielt 1943 auf Frontlehrgängen für die katholischen Kriegspfarrer Vorträge, bei denen er u.a. das berühmte Wort Jesu „Gebt Cäsar, was des Cäsars ist und dem Gott, was des Gottes ist" (Matthäus 22,21) „in wissenschaftlicher Ruhe und Freiheit" untersuchte. Er kam zu dem Ergebnis: „Das ist katholische sittliche Haltung, und diese hat allezeit die Träger der Militär- und Feldseelsorge durch die Jahrhunderte ausgezeichnet: den Staat und seine Waffengewalt als Ausdruck göttlicher Ordnung innerlich anzuerkennen und auch für die Herrscher zu beten, die ihre

---

[53] Theodor BOGLER OSB, Der Glaube von gestern und morgen. Briefe an einen jungen Soldaten, Köln 1939, 229 ff.

Exousia (d.h. ihre Vollmacht; H.M.) gegen die Kirche richten."[54] Am Ende seines Vortrags über die Ostkirche kann Stelzenberger auch auf die Kirchen- und Christenverfolgung durch das Sowjet-Regime und auf den Krieg zu sprechen: „Gebe Gott, dass der Bolschewismus auf die Knie gezwungen wird. Als Deutsche und als Katholiken wünschen wir das. Auf dass das Feld frei werde für bessere Saat!"[55] Seinen dritten Vortrag „Christliche Existenz als Überwindung der Zeit" beendete er wie folgt: „Nun gehen wir von unserem Lehrgang in Riga wieder zurück zur Arbeit an der Front. Als Ideen- und Energieträger des Göttlichen unserer Kirche im deutschen Volke. Mit neuen theologischen Impulsen und frischem Schwung. Mit freiem, frohen Blick in die Zukunft und gefestigtem, vertieftem Bewusstsein unserer Sendung. Es liegt schon eine unbändige Kraft im christlichen Glauben, eine eiserne Entschlossenheit zum Kämpfen und Siegen, zum Leben und Sterben. Tragen wir diese ungeheure Dynamik an die Brennpunkte des Krieges, auf dass sie dort helfe, die harte Zeit durch das Sein in Christus heldisch zu überwinden."[56] –

Als Niederschlag von Vorträgen, die er im Auftrag einiger Wehrmachtpfarrer vor Soldaten gehalten hatte, verfasste der Philosoph Hans Eduard Hengstenberg 1942 eine Schrift „Die religiöse Situation des Soldaten im Kriege"[57]. Darin sprach er von der „Überwindung der Sturheit durch das Opfer" und von der „Überwindung des Kommiss durch echtes christliches Soldatentum". Hengstenberg schrieb, dass beim christlichen Soldaten aufgrund seines Glaubens „eine Leistungssteigerung" eintrete: „Es ist ein Abgehobensein von sich selbst und allem kleinlichen Interesse im Kreuze, in Christus. Durch dieses ständige, tägliche und stündliche Einmünden des eigenen Leidens in das Kreuz Christi wächst eine Bedingungslosigkeit des Einsatzes, eine heilige Bedenkenlosigkeit,

---

[54] Johannes STELZENBERGER, 3 Vorträge, gehalten auf Frontlehrgängen für die katholischen Kriegspfarrer der Heeresgruppe Nord am 19. und 24. Juni 1943 in Riga, Berlin o.J., 4; 9.

[55] Ebd., 22.

[56] Ebd., 30.

[57] Die Schrift ist 1948 in Büren erschienen. Zur Person und Philosophie Hengstenbergs Vgl. *Christliche Philosophie im katholischen Denken des 19. und 20. Jahrhunderts*, hg. vom Emerich Coreth SJ, Walter M. Neidl, Georg Pfligersdorffer, Bd. 3, Moderne Strömungen im 20. Jahrhundert, Graz-Wien-Köln 1990, 243-248.

froher Opfermut! Mit heroischem und doch erlöstem Lächeln kann ein solcher sich in die Bresche werfen durch die ständige Vereinigung mit Christus."[58] –

An nationalistischen und kämpferischen Tönen sowie an pseudo-theologischer Verklärung soldatischen Kämpfens und Sterbens ist das 32 Seiten starke Heft „Das Opfer" kaum zu überbieten, das 1941 „von den Feldgeneralvikaren im OKH" (Oberkommando des Heeres) herausgegeben wurde. Ganz im Stil der parteiamtlichen Propaganda verkünden die Seelsorger, Deutschland stehe „im Kampf um sein Dasein gegen eine Welt, die seine Auflösung wünscht", im Kampf um seine „Ehre und Freiheit, Raum und Zukunft", entschlossen, „sein Recht auf Lebensgestaltung gegen jeden Widerstand durchzusetzen". „In harten und siegreichen Kämpfen" gegen die Sowjetunion „wird der letzte Verbündete Englands auf dem Festland geworfen und damit die Gefahr einer Überflutung Europas mit den Horden des Nihilismus und Atheismus, mit den Sendlingen des organisierten Untermenschentums endgültig ausgetilgt." Weil „das ganze große nationalsozialistische Deutschland … zu einem alle umfassenden Opfergang (angetreten)" ist, könne sich keiner ausschließen. Denn „wir stehen im Kriege alle miteinander unter einem höheren Lebensgesetz, unter dem heiligen Gesetz des Opfers." Im Opfer „tut sich etwas … kund von Gottes überirdischer Welt", und weil Gott „zuerst geopfert (hat) … soll auch unser Leben Opfer sein."[59]

Was konnte die Staats- und Heeresführung über derartige Sinngebungsversuche und Appelle hinaus eigentlich noch erwarten? Motivierung der Soldaten zur Hingabe ihres Lebens durch Hinweise auf den Willen Gottes und Verankerung der Todesbereitschaft im Opfer Jesu Christi – das ging weit über eine moralische Unterstützung des Hitler-Krieges hinaus, welche die Verpflichtung zur Loyalität gegenüber der Obrigkeit einschärfte, und schon solch moralischer Druck war schlimm genug. Es ist eigentlich verwunderlich, dass nicht mehr Menschen, die

[58] Ebd., 30. Christoph Allroggen berichtet, dass einer dieser Vorträge Hengstenbergs „durch Verrat oder Unvorsichtigkeit" in die Hände der Gestapo geriet und zu einem Verfahren beim Kriegsgericht in Paris führte. „Hengstenberg drohte die Erschießung, die der Feldbischof Rarkowski, als ihm die Bitte um Vermittlung vorgetragen wurde, nicht zu verhindern versuchte." *Priester in Uniform*, a.a.O., 44.

[59] *Das Opfer*, hg. von den Feldgeneralvikaren im OKH, Berlin o. J., 3-7.

derartige Deutungen des Krieges durch Priester erfahren mussten, auf weitere „seelsorgerliche Begleitung" verzichtet haben. –

Nur kurz sei auf das Katholische Feldgesangbuch („Mit Genehmigung des Katholischen Feldbischofs der Wehrmacht vom 24. August 1939") eingegangen. Unter der Überschrift „Deutsches Soldatentum" wurden zunächst die „Berufspflichten des deutschen Soldaten" vorgestellt; dem Text des Fahneneides folgten kurze Auszüge „aus den Kriegsbriefen tapferer deutscher Soldaten" zu den Stichworten Zuversicht, Gotteskraft, Todesbereitschaft, Ewigkeitsglaube („Was haben wir zu verlieren? Nichts als unser ärmliches Leben, die Seele vermögen sie doch nicht zu töten"), Treue bis in den Tod, Osterglaube („ Sterben müssen wir alle einmal, und einen Tod, der ehrenvoller wäre als der auf dem Schlachtfeld in treuer Pflichterfüllung, gibt es nicht"), Ich weiß, dass mein Erlöser lebt. –

Obwohl immer wieder zu hören ist, dass „die Kirche Waffen gesegnet" habe, ist bislang weder aus der Zeit des Ersten noch des Zweiten Weltkriegs ein Fall von Waffensegnung nachgewiesen. Auch in der Sammlung kirchlicher Segensformeln, dem so genannten „Rituale", findet sich kein Text für eine Segnung dieser Art. Es gibt jedoch einige Umstände, die zum Entstehen der irrigen Meinung oder Vorstellung vom „Waffensegen" beigetragen haben können. So gab es im Mittelalter für die Königsweihe und für die Aufnahme in den Ritterstand besondere Benediktionen zum Übertragen der Schwertgewalt. „Das Schwert soll, wie die Gebete kurz und bedeutungsvoll sagen, ein Schutz für die Kirche, für die Witwen und Waisen sowie ein Schrecken für die Heiden und alle Feinde sein; es soll seinen Träger gegen die sichtbaren und unsichtbaren Feinde verteidigen und stets zum Siege führen."[60] Für die Waffen des nicht dem Ritterstand angehörigen Volkes gab es jedoch keine Weiheformel.[61] In der Neuzeit standen bei gottesdienstlichen Veranstaltungen manchmal auch die Geschütze des beteiligten Truppenteils in der Nähe, und so konnte der Eindruck entstehen, dass diese bei der Ertei-

[60] Adolph FRANZ, Die kirchlichen Benediktionen im Mittelalter, Graz, 2. Bd. 1960 (fotomechanischer Nachdruck der 1. Auflage, Freiburg 1909) 291.

[61] Ebd., 299.

lung des Segens gewissermaßen „mitgesegnet" wurden.[62] Es mag aber auch sein, dass das Lied im Feldgesangbuch „Herr, segne unsre Waffen ..."[63] zu der Schlussfolgerung geführt hat: Wenn Gott um den Segen für die Waffen gebeten wird, dann werde die Kirche einen solchen Segen auch realisieren. –

Die z.T. unsäglichen Liedtexte wären einer besonderen Untersuchung wert, auf die hier verzichtet wird. Mehrfach wurde an bekannte und gern gesungene Lieder eine eigens für die Kriegssituation verfasste Strophe angehängt. So lautete z.B. die zweite Strophe zu „Fest soll mein Taufbund immer stehn" im Feldgesangbuch:

> „Will halten, was in heil'gem Eid ich Gott geschworen habe,
> dem Volke und der Obrigkeit treu dienen bis zum Grabe!
> Will wanken und verzagen nicht,
> die Ehre lieben und die Pflicht.
> So wahr mein Gott mir helfe!"

Eines der bekanntesten Lieder – „Großer Gott, wir loben dich" – hatte als vierte Strophe folgende Fassung erhalten:

> „Dort, wo unsre Fahnen wehn,
> sei's zu Lande, sei's zu Meere,
> lass die Treue Schildwach stehn,
> sei uns selber Waff'n und Wehre.
> Losungswort sei allzugleich:
> ‚Treu zu Führer, Volk und Reich!'"

Gegenüber den Forderungen der Kriegspfarrer, für die Soldaten religiöses Schrifttum zur Verfügung zu stellen, wies das Oberkommando des Heeres (OKH) darauf hin, „dass in erster Linie das evangelische und

---

[62] Vgl. Arnold VOGT, Religion im Militär. Seelsorge zwischen Kriegsverherrlichung und Humanität. Eine militärgeschichtliche Studie, Frankfurt 1984, 576-578.

[63] *Katholisches Feldgesangbuch*, Berlin 1939, 78. Vgl. auch die Aussage eines Kriegspfarrers: Die Soldaten hatten „ihre Geschütze im Halbkreis aufgebaut, und mittendrin stand der Altar. Ich segnete die Leute – die Geschütze aber nicht. Doch für den Beobachter war dies natürlich nicht genau zu unterscheiden." *Mensch, was wollt ihr denen sagen?*, a.a.O., 52.

katholische Feldgesangbuch anzubieten ist, da es diesem Bedürfnis voll Rechnung trägt". Das OKH war der Meinung: „Wenn der Soldat mit diesem Buch wirklich vertraut wird, ist damit mehr gewonnen, als wenn ihm zahlreiche religiöse Schriften, in denen obendrein sehr verschiedene Auffassungen zum Ausdruck kommen, ausgehändigt werden."[64] –

Im Buch „Katholische Feldseelsorge im Zweiten Weltkrieg" zeigt ein Foto einen Altar, hinter dem die Hakenkreuzfahne und darüber ein Hitler-Bild hängen; der Text zu diesem Foto besagt, dass es sich dabei nicht um einen Einzelfall gehandelt hat: „Immer wieder kam es vor, dass die Hakenkreuzfahne den Altar ‚zierte'."[65] –

Was die Kriegspfarrer betrifft, so war es eine der größten Sorgen – um nicht zu sagen Ängste – gerade der jungen Priester, wieder in ein Getto abgedrängt zu werden, das man gerade erst verlassen zu haben glaubte. Diese Furcht vor einer zunehmenden Isolierung kann wohl kaum hoch genug eingeschätzt werden. Nachdem seit 1933 die Wirkmöglichkeiten in zahlreichen Bereichen des kirchlichen Lebens stark eingeschränkt oder gar verboten waren, wollte man den Bereich der Wehrmachtseelsorge nicht auch noch preisgeben, zumal dieser Sektor dem Zugriff der Partei anfangs noch weitgehend entzogen war. Hier schien eine auf Jahre hinaus gesicherte und durch viele – traditionellen Vorstellungen vom Soldatentum anhängenden – Kommandeure geförderte Kontaktmöglichkeit zwischen Priestern und jungen Christen zu bestehen.

Gemessen an heutigen Diskussionen über Motivationen und Zielsetzungen waren die Beweggründe der damaligen Kriegspfarrer für ihren Einsatz sehr einfach und entsprachen einer verbreiteten Einstellung: Man kam (oft) aus der Jugendbewegung und wollte den jungen Menschen nahe sein. Es war der Wille zur Solidarität mit den vielen Tausenden, die „eingezogen" wurden und die bei all ihren Unsicherheiten, Ängsten, Zweifeln und Gewissensnöten die Nähe des priesterlichen Bruders brauchten. Der Wille, als Kameraden an der Seite der Soldaten zu

---

[64] Beleg bei Heinrich MISSALLA, Für Volk und Vaterland, a.a.O., 96, Anm. 35.

[65] *Mensch, was wollt ihr denen sagen*, a.a.O., auf einem Foto zwischen den Seiten 112 und 113. In „*Mensch, was wollt ihr denen sagen?*" ist ein Beitrag überschrieben „Das Hakenkreuz hing am Altar", a.a.O., 66. Vgl. auch ebd. 63; 117.

stehen, wurde nicht zuletzt genährt durch die unaufhörlichen Versuche der Partei, die Priester vom Volk zu isolieren. Vor dieser pastoralen Frage traten alle anderen Probleme zurück, einschließlich der Frage, ob es sich hier um einen „gerechten Krieg“ handle. –

Falls es Diskussionen über die Frage, ob eine Teilnahme an diesem Hitler-Krieg erlaubt sei, überhaupt gegeben hat, fanden sie naturgemäß keinen schriftlichen Niederschlag. Wenn sie doch geführt worden sein sollten – und in der Moraltheologie ist die Frage nach der gerechten Sache für die legitime Teilnahme an einem Krieg entscheidend –, so blieben sie praktisch ohne Auswirkungen. Die Bereitschaft zum Gehorsam gegenüber der Kirchenleitung und der Staatsführung, der Wille zur „Pflichterfüllung“ gegenüber Volk und Vaterland sowie zur Solidarität mit den Soldaten bestimmten Denken und Handeln der weitaus meisten Priester und Theologen und fielen schwerer ins Gewicht als etwaige Bedenken und Zweifel.

Mehr noch als andere Christen lebte ein Wehrmachtseelsorger in einem nur schwer zu ertragenden Zwiespalt, denn er musste das Kreuz und zugleich das Hakenkreuz auf seiner Uniform tragen. Und es dürfte kaum jemanden gegeben haben, der diese einander widersprechenden Zeichen allein dadurch miteinander versöhnt sah, dass sie auf der einen Uniform angebracht waren.

Militärgeistliche haben sich selten über ihre Tätigkeit während des Zweiten Weltkriegs geäußert. Martin Zeil nennt nur Schriften von Josef Perau, Emil Weiß, Weihbischof Ernst Tewes und Anton Vögtle, dazu die Kurzberichte von Feldseelsorgern, die vom Militärbischofsamt in dem Band „Mensch, was wollt ihr denen sagen?“ herausgegeben worden sind.[66] Es ist nicht weiter verwunderlich, dass einige Seelsorger von einem „Dilemma“ und einer „Zwickmühle“ sprechen, in dem bzw. in der sie sich befanden und sich dabei „völlig überfordert“, gespalten und gebrochen fühlten.[67] Weihbischof Tewes schrieb von den Seelsorgern: „Es war nicht ihr Krieg. Es war nicht unser Krieg. Und doch ...“, und er fährt

[66] Martin ZEIL, Dienst am Menschen Dienst am Vaterland. Biographische Anmerkungen zu den deutschen Militärseelsorgern in den beiden Weltkriegen, in: ... *und auch Soldaten fragten*, a.a.O., 63-79, hier 69 f.

[67] Vgl. *Priester in Uniform*, a.a.O., 26; 36 f; 43; 91; 135; 290 f.

fort: „Sie waren zum größten Teil dazu verurteilt, im inneren Zwiespalt leben zu müssen."[68]

Manch ein Prälat hatte weniger Probleme mit der Militärseelsorge. So schrieb z.B. Generalvikar Buchwieser am 7. September 1939 für den erkrankten Erzbischof Kardinal Faulhaber, „die Priester mögen opferbereit ihre ganze Persönlichkeit für alle vaterländischen Dienste, zu denen sie aufgerufen werden, einsetzen"[69].

Am 30. November 1942. schickte Erzbischof Faulhaber, der im Ersten Weltkrieg Feldpropst der bayerischen Armee gewesen war und folglich um die Schwierigkeiten der Feldseelsorge wusste, einen „Gedenkgruß" an die aus der Erzdiözese München stammenden Kriegspfarrer und Sanitätsgeistlichen, in dem er u.a. schrieb: „Euerem Opfergeist danken wir es zum größten Teil, dass man nach dem Krieg dem Klerus nicht mehr den Vorwurf machen kann, er sei ‚nicht dabei gewesen'." Er sagt den Wehrmacht- und Kriegspfarrern, die „die Seelen ihrer Soldaten durch Gottesdienst und Predigt und Sakramente mit der Kraft aus der Höhe ausrüsten": „Wie werden später in der Friedensseelsorge die Augen der männlichen Jugend leuchten und die Herzen der Männer offen stehen, wenn Ihr von Euren Erlebnissen in der Feldseelsorge erzählen werdet!"[70] Die Distanz des Kardinals zum realen Kriegsgeschehen kann kaum deutlicher als in seinen eigenen Worten zum Ausdruck kommen. –

Ob nun die Kriegspfarrer nicht Willens, nicht fähig oder aufgrund der Verhältnisse nicht in der Lage waren, ihre eigene Situation oder die Situation Deutschlands und der Kirche umfassend zu reflektieren; ob sie die ihnen gestellte Aufgabe teils mit Begeisterung, zum größeren Teil jedoch im Wissen um ihre Ohnmacht zu erfüllen suchten – zahlreiche Priester vollzogen ihren Dienst an den Soldaten bis an die Grenzen der physischen Erschöpfung, von der psychischen und geistig-geistlichen Belastung angesichts der Schrecken des Krieges und der nicht endenden Auseinandersetzungen mit dem NS-Regime ganz zu schweigen. Der einfache Priester befand sich wie der Soldat in einer fast ausweglosen

---

[68] Ernst TEWES, Seelsorger bei den Soldaten, a.a.O., 84.

[69] Peter PFISTER, Priester und Theologiestudenten des Erzbistums München und Freising im militärischen Dienst, in: Georg Schwaiger (Hg.), Das Erzbistum München und Freising in der Zeit der nationalsozialistischen Herrschaft, a.a.O., Bd. 1, 333-401, hier 333.

[70] Akten Kardinal Michael von Faulhabers, a.a.O., 955-957.

Situation: Entweder er fügte sich den erhaltenen Befehlen und verrichtete (oft genug mit schlechtem Gewissen) den ihm aufgetragenen Dienst, oder aber er weigerte sich und musste dafür mit harten Sanktionen rechnen, vielleicht sogar mit seinem Leben bezahlen, ohne zu wissen, ob sein Widerstand und sein Opfer irgendwo ein Echo finden oder eine Reaktion hier oder dort herbeiführen würde. Da es kaum Möglichkeiten zur Kommunikation, geschweige denn zu einer Organisation gab, war jeder weitestgehend auf sich allein gestellt.

Die Theologen und Kriegspfarrer haben in ihrem Gepäck neben ihrem Neuen Testament auch einiges andere an Literatur mit sich getragen, sei es Hölderlin, sei es Josef Pieper oder Reinhold Schneider. Nirgendwo aber fand sich Erasmus von Rotterdam, der mehr als 400 Jahre zuvor geschrieben hatte: „Die Christen führen untereinander Krieg und wagen, jenes hochheilige Opfer darzubringen?" „Und was das Absurdeste ist, in beiden Heerlagern … werden Gottesdienste gefeiert. Ist das nicht etwas Ungeheuerliches? Das Kreuz kämpft mit dem Kreuz, Christus führt mit Christus Krieg!" Und schließlich: „Die gottgeweihten Priester können und sollen nur dort anwesend sein, wo man den Krieg abwehrt."[71]

4.
Das Projekt „Kirchliche Kriegshilfe"

Schon im Ersten Weltkrieg hatten die deutschen Bischöfe unter der (missverständlichen) Bezeichnung „Kirchliche Kriegshilfe" beim Deutschen Caritasverband (DCV) eine Hilfsstelle eingerichtet, deren Aufgabe darin bestand, „Auskunft über deutsche wie feindliche Vermisste und Gefangene (zu) vermitteln und die Fürsorge und Seelsorge der Kriegsgefangenen (zu) organisieren"[72].

---

[71] Erasmus von ROTTERDAM, Querela pacis. Die Klage des Friedens, in: Ders., Ausgewählte Schriften, hg. von Werner Welzig, Bd. 5, Darmstadt 1968, 359-451, hier 391; 413; 427.

[72] Karl SPECKNER, Die Wächter der Kirche, a.a.O., 153 f. Zur Organisation und Tätigkeit dieser Einrichtung Vgl. Heinrich MISSALLA, Für Volk und Vaterland, a.a.O. Dort finden sich auch die Belege und Quellenangaben für alle die Kirchliche Kriegshilfe betreffenden

1939 begannen unmittelbar nach dem ersten Mobilmachungstag (26. August 1939) die Bemühungen des DCV, für die Dauer des Krieges die staatliche Anerkennung zur Schaffung einer Dienststelle „Kirchliche Kriegshilfe" zu erlangen. Die Einrichtung einer solchen Stelle als eigenständiger Organisation mit allen rechtlichen und wirtschaftlichen Konsequenzen wurde – im Gegensatz zu den Interessen der Parteibehörden – durch das Oberkommando der Wehrmacht am 9. Oktober 1939 genehmigt. Bis Anfang 1940 hatte man beim DCV folgende Einrichtungen geschaffen: I. Allgemeines; II. Arbeitsgemeinschaft Bergung (Betreuung Rückgeführter); III. Sorge für die Kriegsgefangenen, Kriegsinternierten, Vermissten; IV. Ermittlungsstelle nach Evakuierten; V. Rechtsberatung (für Mitarbeiter der Caritas in wehrrechtlichen, wehrsozialen und wehrfürsorgerechtlichen Fragen); VI. Wehrpolitische und wehrtechnische Fragen, Wehrpersonalfragen; VII. Schrifttum; VIII. Kriegswirtschaft (Versorgung der Caritaseinrichtungen mit bewirtschafteten Materialien).

Die Abteilung Schrifttum hatte sich am 20. September 1939 in Berlin in Anwesenheit von Vertretern des Bischofs von Berlin, des Feldbischofs, des Borromäusvereins, des DCV sowie von Verlegern und Schriftstellern konstituiert. Zu ihrem Leiter wurde der phantasievolle und unermüdliche, journalistisch wie organisatorisch begabte (aus Schwetzigen stammende) Heinrich Höfler[73] (1897-1963) ernannt, der seit 1931 die Propaganda- und Presseabteilung des DCV leitete. Trotz vieler Behinderungsmaßnahmen seitens politischer und militärischer Dienststellen fand er immer neue Möglichkeiten, katholische Soldaten über die Wehrmachtseelsorger mit religiöser Literatur – Taschenausgaben des Neuen Testaments, Kleinschriften, Gebetszettel u.a. – zu versorgen. Der Feldgeneralvikar der Deutschen Wehrmacht, Georg Werthmann, forderte bei dieser Besprechung, das den zuständigen Behörden zur Genehmigung eingereichte Schrifttum müsse eindeutig „im Dienst des deutschen Sieges-

---

Angaben. Vgl. auch Akten deutscher Bischöfe über die Lage der Kirche 1933-1945, Bd. V, a.a.O., 440-443; 801-803.

[73] Zur Person Höflers vgl. Karl BORGMANN, Heinrich Höfler zum Gedenken, in: Caritas. Zeitschrift für Caritasarbeit und Caritaswissenschaft, 64 (1963/64) 337-341.

willens“ stehen – so die Aussage des anwesenden Alfons Erb, der daraufhin seine Wahl in den Prüfungsausschuss ablehnte.[74]

Aus der Arbeit Höflers – Laie und Frontsoldat des Ersten Weltkriegs – werden hier zwei Bereiche vorgestellt: zunächst die Rundschreiben an die Priester und Theologiestudenten, die ihrer Wehrpflicht nachkamen, dann die Vorlagen für Soldatenpredigten.

In den folgenden Texten spiegeln sich Erfahrungen und Einsichten, Anschauungen und Erklärungen, über die bisher kaum je berichtet wurde, nach denen aber auch bisher – aus welchen Gründen auch immer – niemand gefragt hat. Die hier vorgelegten Aufzeichnungen wurden vor rund 55 Jahren auf Wachsmatrizen engzeilig niedergeschrieben und auf bräunlich gefärbtem Abzugspapier gedruckt. Seit Jahrzehnten lagern sie im Zentralarchiv des Deutschen Caritasverbandes, Freiburg, in den Ordnern 370,17 (1) bis (3), werden allmählich brüchig, vergilben langsam und werden zunehmend unleserlich.

---

[74] Das wurde mir von Alfons Erb bei einem Gespräch in Freiburg am 28. Oktober 1976 mitgeteilt und am 8. Dezember 1976 wiederholt. Es war nicht mehr zu klären, ob diese Forderung Werthmanns (auch) damit zu erklären ist, dass er sowohl seitens des Oberkommandos der Wehrmacht als auch seitens des Feldbischofs strenge Bestimmungen hinsichtlich der auszuwählenden Literatur erwartete.

IV. Der Rundbrief an Priester und Theologen bei der Wehrmacht

1. Entstehung und Konzept des Rundbriefs

Unmittelbar nach Beginn seiner Tätigkeit versuchte Heinrich Höfler, mit den Militärpfarrern und mit jenen Theologen, die als Sanitäter ihren Wehrdienst ableisteten, Kontakt aufzunehmen. Das Echo war erstaunlich. Weil die Zahl der ihm zugehenden Briefe in kurzer Zeit derart zunahm, dass eine individuelle Beantwortung der einzelnen Zuschriften nicht mehr möglich war, schuf Höfler den Rundbrief „Lieber Kamerad". Darin machte er jene ihm brieflich mitgeteilten Überlegungen, die ihm für ein christlich-priesterliches Leben in der Gegenwart und Zukunft wichtig erschienen, oft kommentierend einem größeren Kreis von Priestern und Theologiestudenten zugänglich. Von 1940 bis 1942 wurden insgesamt 15 Rundschreiben „Lieber Kamerad" an etwa 10.000 Priester und Theologen in der Wehrmacht versandt – angesichts der kriegsbedingten Beschaffungsprobleme eine schon unter organisatorischem Aspekt bemerkenswerte Leistung.

Doch bald gab es Schwierigkeiten von unerwarteter Seite. Weil die von Höfler verbreiteten Texte angeblich „einer modernisierenden Richtung in der kommenden Priestergeneration den Boden" bereiteten und weil u.a. auch die ökumenischen Tendenzen „eine Gefahr für den künftigen Klerus und die Kirche in Deutschland" darstellten – „eine Gefahr, die nicht ernst genug genommen werden kann"[75] –, verlangte Erzbischof

[75] Archiv des Erzbischöflichen Ordinariats Freiburg/Br., Feldseelsorge I und II: 35/69a. Vor allem ein aus heutiger Sicht harmloser Aufsatz von August ARNOLD, Messe und Wiedervereinigung, in: Hochland 38 (1940/41) 240-246, den Höfler verschickt hatte, gab den

Gröber, „dass Herr Höfler seine Sendbriefe meinem Ordinariat zur Zensur regelmäßig vorlegt". Empört lehnte Höfler dieses aus Misstrauen geborene Ansinnen einer freiwillig akzeptierten Zensur ab und beendete lieber diesen Teil seiner Tätigkeit. Im April 1942 stellte er den Versand des Rundbriefes ein. Nicht die Einsprüche von Partei, Gestapo oder Wehrmacht beendeten dieses mutige und aufschlussreiche Unternehmen, sondern die Engstirnigkeit und Phantasielosigkeit der bischöflichen Behörden in Wien und Freiburg. Wieder einmal hatte die kirchliche Rechtsordnung dazu geführt, dass kleinkarierte Sorge um die „Orthodoxie" und klerikale Arroganz eher zum Zuge kamen als die Initiative und der Mut einzelner aufrechter Laien. In seinem Brief vom 27. März 1942 an den Feldgeneralvikar klagte Höfler: „Es zeigt sich an diesem Punkt samt seiner Behandlung durch den maßgebenden Mann hier (gemeint ist Erzbischof Gröber; H.M.), wie rechtlos und schutzlos der Laie und ein Laienwort sein kann in der Kirche, auch wenn man Risiken ungewöhnlicher Art jahrelang übernommen hat." –

An diesem Zustand hat sich bis heute nichts geändert – trotz des Beschlusses der Gemeinsamen Synode der Bistümer in der Bundesrepublik Deutschland von 1975, eine Verwaltungsgerichtsbarkeit einzurichten, die sowohl der Kirche als einer geschwisterlichen Gemeinschaft als auch dem allgemeinen heutigen Rechtsempfinden entspricht.[76]

Die folgenden Auszüge aus „Lieber Kamerad" sind gekürzt um jene Passagen, die organisatorische Hinweise (Versand, Änderungen im Zustellungsverfahren, Angebote der Abteilung Schrifttum usw.) betreffen, Wiederholungen gleicher Grundgedanken darstellen, allzu langatmig oder für das Anliegen dieser Arbeit unerheblich sind. Kursiv gesetzte Textteile sind im Original entweder unterstrichen oder gesperrt gedruckt. Die Auszüge aus den Höfler zugesandten und von ihm zitierten Briefen sind im „Rundbrief" eingerückt, hier in Anführungszeichen wiedergegeben. –

Glaubenshütern Anlass zur Besorgnis und veranlasste das Ordinariat in Wien, gegen Höfler einzuschreiten.

[76] Vgl. Ordnung für Schiedsstellen und Verwaltungsgerichte der Bistümer in der Bundesrepublik Deutschland, in: Gemeinsame Synode der Bistümer in der Bundesrepublik Deutschland. Beschlüsse der Vollversammlung. Offizielle Gesamtausgabe I, Freiburg 1976, 727-763.

2.
Die Texte der Rundbriefe

Am Fest des heiligen Aloysius 1940
(21. Juni)
Lieber Kamerad!

Auf einen Brief an Theologiestudierende im Heeresdienst, dem wir zwei Schriften über große Glaubensfragen dieser Zeit mitgaben, sind uns aus dem Vorfeld des Westwalls, aus den Kampfgebieten Norwegens und des Westens, aus dem Protektorat und aus Polen, auch aus Lazaretten viele Antworten gekommen. Wir freuen uns der dadurch vermittelten Bereicherung sachlicher und persönlicher Erfahrung. Es ist eine Freude, zu sehen, mit welch bedingungsloser Einsatzwilligkeit gerade unsere Theologen inmitten dieses Weltgeschichtlichen Stürmens um ein neues Ordnungsbild in Europa und in der Welt für das einstehen, was jetzt ihre Pflicht gegenüber Volk und Glauben ist. Unsere Überzeugung, dass die besonderen Verhältnisse und Schwierigkeiten der Gegenwart am Priesterbild der Zukunft mitformen werden, erweist sich angesichts der an uns gelangten Briefe als berechtigte Erwartung.

Man spürt, wie sie als junge deutsche Menschen dem Anruf Gottes sich öffnen:

„Wer will unsere Zeit noch hart nennen, wenn wir sie als Gnade betrachten, welche der Welt ihre höhere Berufung wieder predigt!" schreibt einer.

Ein anderer Kamerad meint, es sei notwendig, hin und (wieder) Religiöses zu lesen, damit „man sich dauernd der Aufgabe und Möglichkeit sicherer bewusst bleibt, auch und oft gerade in dieser Lage als Diener Gottes wirken zu können und wirken zu müssen."

„Vielleicht ist jede Situation, die so tief in die Existenz greift wie das Leben der Kriegsfront, theologisch, d.h. auch zutiefst menschlich interessant und erzieherisch. Ich glaube, die meisten Theologen, die im Kriegsdienst stehen, sind froh darum, trotz oder auch wegen der Schwierigkeiten, die es hier zu meistern gibt."

„Wir sind stolz darauf, von Gott in dieses drängende und um ihn ringende Leben hineingestellt zu sein. Wir wollen aber auch hoffen und den Herrn um seine Gnade bitten, dass wir unserer Sendung und Aufgabe entsprechen."

Wieder einer spricht von Unterhaltungen mit seinen Kameraden, von dabei zutage kommenden Fragen, „denen ich unter keinen Umständen ausweichen will und darf. Wenn ich auch hier und da auf bedauerliches Nichtverstehen stoße, lasse ich mich nicht abhalten, ein richtiger Streiter Christi zu sein."

„Zuerst ein staunendes Erschrecken: ein ‚Pfarrer' – allmählich ein leises Herantasten, und dann eine offene Aussprache, und *am Schluss die Kameradschaft bis zum Tod ...*"

„Gerade jetzt wird sich zeigen, ob wir ‚opfern' können, wirklich opfern aus ganzem Herzen. Die meisten Theologen werden mit glühenderem Herzen, mit größerer Sehnsucht, mit größerem Weitblick zurückkehren aus diesem Krieg"

Was gefordert ist, bringt einer von Ihnen in den unvergesslichen Satz, der eine Parole ist:

„Theologen müssen an die Front und in den schwersten Dienst."

Wir danken all den Kameraden, die uns den Trost solcher Worte gegeben haben. Wir grüßen erneut auch jene, die uns nicht antworteten, weil sie nicht konnten oder weil unsere erste Sendung sie vielleicht verfehlte. Einstweilen sind größere Feldpostpakete nicht möglich. So kommen heute als bescheidener Gruß einige Schriften; sie sollen Luft sein aus Ihrer geistigen Heimat. Mit besonderem Hinweis machen wir Sie auf das beigefügte Abschiedswort von Peter Wust aufmerksam, des im April verstorbenen Philosophen auf der Lehrkanzel der Universität Münster. Ein geistiges Testament von monumentalem Ausmaß, das sicher auch Spötter oder Gleichgültige unter Ihren Kameraden zum Aufmerken zu zwingen vermag. Peter Wust ist ... mit bleibenden philosophischen Werken hervorgetreten. Sein Buch „Ungewissheit und Wagnis" sollte jeder von uns früher oder später zu seinem geistigen Besitz machen. Peter Wust ist es gewesen, zu dem der protestantische Philosoph Troeltsch 1918 sagte:

„Sie sind noch jung, wenn Sie noch etwas für die Krafterneuerung unseres Volkes tun wollen, dann kehren Sie zurück zum uralten Glauben der Väter und setzen Sie sich in der Philosophie ein für die Wiederkehr der Metaphysik gegen alle müde Skepsis einer in sich unfruchtbaren Erkenntnistheorie."

Dass der damals in einer Glaubenskrise Stehende diesem Anruf bis zuletzt treu blieb, beweist sein Abschiedswort. Wir wissen, dass es z.B. auf viele Offiziere großen Eindruck gemacht hat.

Bleiben Sie bitte weiter mit uns in Verbindung … Seelsorgliche Betreuung, geistliche Aussprache, Feldgottesdienst sind in den meisten Fällen nicht möglich. Umso glühender muss der bewusste Christ als Einzelner im Kameradenkreis seine Pflicht tun. Auch der Prätorianeroffizier Sebastian war ja einstens mit wenigen die Kraft Gottes unter vielen! So wollen auch wir zueinander stehen …

15. Oktober 1940

Lieber Kamerad!

… In den Stürmen und Umbrüchen dieser Zeit kommt es allerstärkstens gerade darauf an, dass wir die kleinen Geschicke und Gelegenheiten des alltäglichen Dienstes christlich bewältigen und verwandeln. Für den Priester gibt es – für den Christen überhaupt! – keinesfalls so etwas wie ‚verlorene Zeit', weil ja jeder, auch der unserem Wähnen zunächst sinnlos erscheinende Augenblick, Gottes Zeit ist, die wir durch Dienst, Hingabe und Werkfreude nach Gottes Willen gestalten und reich machen können, ja müssen … An irgendeiner Stelle hat jeder Einzelne von uns seinen Beitrag zu jenem Neuwerden zu leisten, das sich durch alle Verworrenheit unserer Tage ankündigt, eines Neuwerdens, das heute und morgen auch Wirklichkeit und Umwelt Ihres eigenen priesterlichen Wirkens ist und sein wird. Der Schreiber dieser Zeilen, Laie, ist als Frontkämpfer vom letzten Krieg zu keiner Glorifizierung oder Idealisierung des Krieges an sich fähig. Er weiß aber auch, dass weltgeschichtliche Umbrüche kaum je des Kriegswehes entbehrt haben, und er hält es für ganz sicher, dass es sich auch bei dem aufwirbelnden Geschehen von heute um göttliche Zulassungen handelt, die wiederum als Aufgabe zu erkennen uns zur Aufgabe gemacht ist. Weil der Christ nach einem berühmten Wort eines wahrhaft großen Geistes auch der wahre Realist ist, haben wir uns umzutun, was von uns gefordert wird. Mancher Brief von draußen zeigte uns schon, wie gut, geistig und religiös, auch dem Priester und Theologen das Kriegserleben frommt, wenn er es in hehrer Gesinnung – eben als Dienst an Gottes Wille zu Gottes Reich – empfängt und umfängt. Mag einer aus Ihren eigenen Reihen es Ihnen bezeugen: in einem Feldbrief an uns findet sich diese Stelle:

„Sie haben vollkommen Recht, wenn Sie vom gewaltigen Stürmen um ein neues Ordnungsbild in Europa und in der Welt sprechen. Es ist wieder eine weltgeschichtlich bedeutsame Zeit angebrochen, in der auch der Theologe nicht sich zurückhalten kann, um fern von all diesem Geschehen ein für unsere Zeit überholtes Schema zu verteidigen und stur weiterzuführen, sondern auch und gerade er muss in dieser Zeit den Willen Gottes aufspüren, Seinen Anregungen, die er uns nur durch unsere Zeit und seine Menschen gibt, folgen und sie in dieser Zeit unter unseren heutigen Menschen zur Ausführung bringen. Menschen brauchen wir heute, die ganz in dieser neuen Welt stehen und doch imstande sind, alle jene Mitmenschen hinauszuweisen in die Überwelt, in jenes Reich der Gnade, das einzig und allein das wahre Leben birgt ... Ich weiß wohl, dass es da einige Schwierigkeiten zu überwinden gibt, aber die sind ja dazu da, um überwunden zu werden. Hier wird sich ‚der Streiter Christi' zu bewähren haben. Hier wird unsere Selbsterziehung anfangen, hier wird unser erneutes – ich glaube es sagen zu dürfen – gottgewolltes ‚Metanoeite' (d.h. ‚Bekehret euch', der Ruf Jesu, Markus 1,15; H.M.) einsetzen."

Mögen auch Sie, lieber Kamerad und Mitbruder, über solcher Auffassung Zuversicht und echte Erhebung gewinnen. Heute für sich selbst, aber auch für Ihr künftiges priesterliches Wirken ...

Am St. Martinstag 1940
(11. November)
Liebe Kameraden!

... Schwierigkeiten kommen immer wieder; man will nicht begreifen, dass in dieser Zeit Menschen noch Priester werden wollen; man findet eine solche Idee geradezu ‚ausgefallen'; man misstraut Ihnen, man beobachtet Sie, man verdächtigt Ihre Absichten oder macht Sie lächerlich. Alles Dinge – auch dies zeigen Ihre Briefe! –, die schmerzlich sind. Aber war es nicht zu allen Zeiten so, dass das Große und Edle geschmäht wurde? Es ist fast, als müsse der priesterliche Mensch (der christliche überhaupt!) diesen Spott gleichsam als eine Last seiner Berufung tragen! In der Bekundung des Religiösen, im christlichen Menschen selbst, sehen eben die Kinder der Welt oftmals geradezu eine Art Gegenprinzip, dem sie zu widersprechen trachten. Wer von den Spöttern hat schon vom Göttlichen oder auch vom Priesterlichen eine rechte Ahnung? Wer hat ihnen davon je Rechtes erzählt? Wir dürfen ja nicht daran vorübergehen, dass ein großer Teil der Söhne und Töchter unseres Volkes heute schon in einer fast vollendeten religiösen Unwissenheit aufwächst. Da kann nur helfen, wenn wir vom Herrn das große Erbarmen lernen und unseren Weg in schlichter Demut gehen, ohne viel Aufhebens. Christliche Gelassenheit macht auf Menschen, die noch ein wenig denken können, den größten Eindruck.

Es gibt aber, gottlob, nicht nur Schwierigkeiten! Wie fruchtbar wirkt sich das Kriegserlebnis bei den allermeisten aus:

„Unsere Soldatenzeit" – so schreibt uns einer von Ihren Kommilitonen – „hat sicherlich einen tiefen Sinn. Wenn es nur der ist, dass wir besser, tüchtiger, reiner und heiliger zurückkehren als wir gegangen sind."

Ein anderer:

„Es ist mein Glaube, dass in dem großen Geschehen unserer Tage ein Plan Gottes sich auswirkt, den wir mit unserem kleinen Verstand nicht begreifen können. Mein Herz aber sagt mir, dass in diesem Völkerringen auch die Kirche neu geboren wird in den Herzen der Menschen ... Gott lässt Haltlosigkeit und Unsicherheit zu, damit er allein wieder die Sicherheit der Menschen werde ... Alles Unglück unserer Tage ist eine Heilsquelle für die vielen irrtumskranken Herzen, für die suchenden und in Trotz erstarrten Menschen … Alles ein Werk der göttlichen Liebe, die hineinbrennt in die Welt, um sie zu erlösen."

Solche Stimmen sind nicht selten zu hören. Oft klingt eine Freude darüber mit, dass diese Zeit auch für manche eine Zeit der Stärkung und Bewährung auf Kommendes hin, auch für die Lasten des priesterlichen Berufes werden konnte. Sicher steht, dass in solchen Zeiten der Sinn für das Wesentliche sich entwickelt:

„Ich werde täglich Gott danken für die Schule, in die ich in den Kriegsmonaten geführt wurde. Sie war hart, ich möchte sagen gefährlich, aber gerade darum so nutzbringend … Als neue Menschen werden die Theologen aus dem Krieg heimkehren, voll Verständnis für die Anliegen der Menschen."

Hat nicht ähnliche Fügung und Führung den Reitersmann Martinus aus Pannonien zum Bischof, ja zu einem der Väter des christlichen Abendlandes gemacht?

Wir hoffen, Sie teilen unsere Freude, aus Ihrem Kameradenkreise mutmachende Worte zu hören. In ihnen erweist sich Ehre und Würde des geistigen Menschen; sie sind auch Zeugnis des wachen Bewusstseins, dass wir das Wort verstehen: Du aber, stärke deine Brüder!

In der Oktav der Immakulata 1940
(9. bis 15. Dezember)
Lieber Kamerad!

Was in der letzten Zeit als Antwort auf unsere bescheidenen Sendungen an Priester im Sanitätsdienst und an Theologen bei uns einkam, war wiederum so gedankenreich, so herzkräftig, zeitaufgeschlossen und im besten Sinne lebensträchtig, dass es uns den Mut, den begonnenen Austausch von Gedanken weiter zu wagen, mächtig angeregt hat. Der Laie, der diese Zeilen an Sie richtet, bekennt auch mit Freude, dass ihm diese frohe und frisch wagende, weil gottgegründete Art priesterlichen Denkens inmitten mancher Enttäuschung, Dumpfheit und Unentschlossenheit eine dankbar empfundene und zur Hoffnung weisende Hilfe wurde. Wahrhaftig: aus diesen Briefen sprach keineswegs mürrische

Verdrossenheit etwa über einen ungeliebten Dienst, der nur als hartes Müssen erzwungener „Pflicht" angenommen würde. Im Gegenteil, da war die Liebe zum Vaterland spürbar; christliche Mannhaftigkeit, die ihre Kraft sichtlich aus dem „Ja Vater" nimmt, der zuletzt einzig möglichen Antwort auf den werbenden Ruf Gottes an unsere Seelen; Bereitschaft auch, Christus in den Brüdern zu dienen durch treue und kameradschaftliche Hilfe; durch priesterliches Verstehen und Sich-Hingeben. In solcher Gesinnung freut sich einer von Ihnen – und viele Stimmen pflichten ihm bei – „als einfacher Soldat bei den Kameraden bleiben zu können": denn nicht durch den Einfluss unserer Worte würden die Menschen vorbereitet auf den Sinn dessen, was sich jetzt in der Welt begibt …

„… wenn nicht unser stilles und schlichtes, von heroischer Liebe getragenes Beispiel unsere Worte glaubwürdig macht. Die Worte Christi: Ihr alle aber seid Brüder. Ich bin nicht in die Welt gekommen, um mich bedienen zu lassen, sondern um zu dienen, rufen in jedem Priester unter den Soldaten eine Revolution ins Leben auch gegen ‚an sich' berechtigte Gedanken und Entscheidungen. Ein Priester, der wahrhaft Christi Bruderliebe hineinträgt in seine Kameradschaft und die Wörtchen Leiden und Schweigen ganz großschreibt in seinem Soldatenleben, ist eine persönliche Christuspredigt. Ihm wird dann wie von selbst oft Gelegenheit, ernste Fragen mit den Kameraden zu besprechen und zu klären. Auch die Andersgläubigen gewinnen Zutrauen, und manches Zerrbild wird einer ernsten Korrektur unterzogen."

Natürlich ist all dies weit entfernt von jener scheinfrommen Zweckhaftigkeit, die schon so oft den „Prediger" verriet und sein Wort im Augenblick der Saat bereits unfruchtbar machte; fern jener finsteren und missverstandenen Religiosität, die ihre Anwesenheit wie mit Kuhglocken über alle Wiesen läutet. Der echte Christ wirkt ja in erster Linie durch sein tadelfreies, edelmenschliches Sein, dann erst durch sein Wollen. Das Gegenteil wäre wohl unreligiöse und unphilosophische Verkehrung des Ranges der Dinge …

„Nichts kann uns darin beirren, als Meldegänger Gottes getreu unserer Sendung den Weg weiter zu gehen und vielen vorauszugehen … Gar manchen von uns wird die weihende Hand des Bischofs nicht mehr berühren! Der Herr wird uns schon vorher heimnehmen, uns im Tode für sich weihen, damit wir in Wahrheit geweiht seien. Doch wir haben seinen letzten Auftrag erfüllt: ‚Liebet einander!' Eine größere Liebe hat niemand, als der, der sein Leben gibt für seine Freunde'."

Welch ein Wort! Dank dem Kameraden, der es schrieb …

St. Thomastag,
21. Dezember 1940
Lieber Kamerad!

Weil Sie selber mit uns in Verbindung stehen oder weil Ihre Freunde uns baten, mit Ihnen in Verbindung zu treten, geht am Tag des heiligen Thomas, des Apostels, der sozusagen am weitesten in der Welt herumkam, dieser Gruß an Sie auf die Reise. Aus der adventlichen Heimat … kommt er zu Ihnen wohl zu Neujahr oder gar zu Dreikönig erst, wenn Ihr Dienst für Volk und Reich in weiterer Ferne geschieht … die Heimat grüßt Sie! Mit dem innigen Dank derer, die sich dank dem Aushalten und Wachhalten unserer Wehrmacht zu Lande, zu Wasser und in der Luft geschützt und gesichert wissen. Damit soll kein selbstisches Gefühl spießbürgerlichen Sicherungsdranges gemeint sein; denn auch die Heimat weiß ja vom Krieg und von Kriegsopfern; sie weiß aber auch in Dankbarkeit darum, dass Sie, die draußen stehen im feldgrauen Kleid, die entscheidenderen Opfer zu bringen haben … Der religiöse Soldat ist auch heute noch zeitgemäß. Hören Sie dazu das Wort eines Soldaten:

„Es ist auffallend, dass fast alle großen, bis zum Ende erfolgreichen Soldaten tief religiös und glaubensfest gewesen sind. Bei den wenigen, die es nicht waren, gibt es auch sonst Anzeichen, die an ihrer wahren Größe zweifeln lassen."

Dies steht in einer Broschüre „Vom Sinn des Soldatentums", die vor kurzem General von Rabenau-Berlin, der Chef der Heeresarchive, schrieb. Stärken Sie damit auch die Kameraden, die bei Ihnen sind … Wir grüßen Sie froh in der Hoffnung, dass 1941 unserem Volke Sieg und Frieden bringt! …

Am St. Agathentag 1941
(5. Februar)
Lieber Kamerad!

(Höfler berichtet von zahlreichen Briefen, in denen geschildert wird, wie die Soldaten Weihnachten gefeiert haben.)

… Weihnachtliche Tröstung geht auch von diesen Zeilen aus: „Wir Priester standen in der Heimat am Throne Gottes, auch zu Weihnachten, und nun auf einmal sind wir mit dem Sohne Gottes hinabgestiegen zu den ganz einfachen Menschen, sind Kamerad unter Kameraden geworden. Weihnachten hat uns den Schlüssel gereicht für die Monate des Dienens unserer Soldatenzeit. Und somit hat es uns Frieden gebracht. Unser Weg war und wird der Weg Jesu Christi. Das gibt uns persönlich Kraft und Freude und stärkt unser Verantwortungsbewusstsein für jene, zu denen wir gesandt sind. Was an uns liegt, das wollen wir tun ..."

Männliche Bereitschaft zu persönlicher Entscheidung – die soldatische Tapferkeit des Christen bewährt sich ja vorzüglich im ernsten Standhalten gegenüber dem Unausweichbaren, Schicksalhaften! – ist in dem Brief eines Theologen-Kameraden, dem im Sinnen auferlegten und zuletzt frohbegrüßten „Alleinsein von allem" im Abgeschiedensein von der gewohnten Umwelt die Kraft des Ja zum Vaterwillen wuchs:

„In dunkler, kalter Nacht, in heiliger Nacht suchte ich gleich den Hirten das Kind und fand nach adventlichem Bereiten – nach 1 ½ Stunden Fahrt mit dem Rad – sein Licht und seine liebende Wärme im Soldaten-Festtagsgottesdient. Alles adventliche Sehnen und Hoffen wurde Erfüllung! Ist eine solche Weihnacht nicht besondere Gnade? ..."

… Die frohe Gewissheit des Kameraden, der hofft, „dass aus dem scheinbar chaotischen Geschehen der gegenwärtigen Ereignisse und Anstrengungen, nicht zuletzt durch unser gläubig vollzogenes Opferschicksal ein *Heilsgeschehen* werde für Volk und Kirche", möge unser aller Glauben werden. Wie Gott unser Beten erhört, sieht vor unseren blöden Augen meist wie ein Umweg aus, und doch weiß der, zu dem wir sprechen: „Du wirst es recht machen, mein Gott", ganz allein den Weg. Und er weist ihn auch seinen Kindern:

„In sternklarer Weihnacht auf Posten … Noch nie ist mir das Weihnachtsgeheimnis so greifbar nahe geworden wie in diesem Jahr. Als

Miles Christi (Soldat Christi; H.M.) und Wächter in tiefer Nacht konnte ich keine bessere Umgebung finden für eine Weihnachtsbetrachtung. Das bin ich nun und weiter will ich nichts werden. Das möchte ich bleiben mein Leben lang."

Es ist dann zuletzt gleich, wie „lang" dieses Leben währt. Immer endet es ja, wenn wir uns führen lassen, am Herzen Gottes. Der Weg dahin ist ein Bergpfad der Läuterung, auf dessen Höhe vielleicht das letzte Opfer gefordert wird:

„In diesen Zeiten fällt wie morscher Schmutz so viel von uns ab, was uns immer drückt und gedrückt hat: der Eigendünkel, die Leichtfertigkeit dem Leben gegenüber, die großen Sprüche. Wir sehen realer. Wir merken, wie schwer das Leben ist und dass tatsächlich das Letztmögliche von uns verlangt wird, dass wir bestehen können. Denn *Opfer gesagt ist leicht*, Opfer aber in entscheidender Stunde getan, ist das Schwerste, weil es nicht allein unserm Willen anheim fällt, sondern eine Stärke verlangt, die *wie eine heilige Leihgabe* ist. Dieser Leihgabe würdig zu werden, *wenn das Unerbittliche sich uns naht*, ist unsere Verantwortung" …

Nicht wahr, lieber Kamerad, es wäre schwächlich, zagenden Herzens diesem letzten Ernst aus dem Weg gehen zu wollen. Es hat uns mächtig angeführt, dass das ahnungsvolle Wort jenes von uns zitierten Theologen: es werde manchen die weihende Hand des Bischofs nicht mehr berühren: „Der Herr wird uns schon vorher heimnehmen, damit wir in Wahrheit geweiht seien", dass gerade dieses umschattete Wort so vielfach aufgegriffen wurde … Beweis, wie gegenwärtig Ihnen auch der Gedanke an den Tod ist, die eigentliche Entscheidung unseres Daseins. Einer unserer mutigsten Philosophen (der, wie Sie selbst, seit langem als einfacher Feldgrauer Dienst tut), Hans Eduard Hengstenberg, der einen bedeutenden Teil seiner denkerischen Arbeit dem Phänomen Tod widmete, hat diese von vielen scheu gemiedenen geistigen Räume kühn durchmessen und aus seiner Erkenntnis Sätze geprägt, die für die christliche Auffassung vom Tode als Entscheidung, Opfer, Bewährung und Vollendung Zeugnis geben und ob ihrer Gläubigkeit staunen lassen und – Mut machen:

„Wer vor dem Tode stand, wirklich stand und nicht davonlief, der ist bewährt, in seinem ganzen Wesen verdichtet und geklärt. Vorausgesetzt immer, dass heilige Bereitschaft im Angesicht Gottes gelebt wurde, der

Tod als Auftrag von ihm her gesehen wurde, zu dem hin wir allein sterben können." „Nur wer seine Bereitschaft zum Tode in Gott gründet: ‚Herr, wenn du willst, setze ich alles, was ich habe, ein', ‚In deine Hände befehle ich meinen Geist', kann ganz rein und edel und vollkommen sein *Opfer* für Bruder, Volk und *Vaterland* wirksam machen." (H. E. Hengstenberg, Tod spricht zu Leben ...)

Diese Gedanken jetzt zu unserem gültigen Besitz zu machen, wäre Weisheit sondern Reu! ...

Am Feste Mariä Verkündigung 1941
(25.3.1941)
Lieber Kamerad!

Aus allen Richtungen der Windrose, von überallher, wo sie Feindwacht oder Grenzwacht halten, kommen zu uns die Grüße lieber feldgrauer Brüder ...

„Alles, was du da berichtet hast, von der ersten bis zur letzten Zeile, habe ich froh aufgesogen. Ich denke jetzt häufiger an die unsichtbare, aber lebendige wirkliche Gemeinschaft, die wir feldgrauen Priester darstellen. Es ist mir eine besondere Freude zu sehen, wie alle Brüder sich durch die Eigenart der neuen Umwelt aufgerufen wissen zu einem radikalen und ganzen Priestertum. Denn wir leben ja in einer Umwelt, die nur ganze Kerle gelten lässt. Umso brennender fühlen wir selbst jedes Versagen, jeden falschen Ton in uns. Dabei ist es lindernd, zu wissen, dass anderswo unter deutschen Soldaten ein Priesterbruder steht, der durch seine besondere Begnadigung meine schwache Seite ausgleicht. Und ich bin gewiss, dass der deutsche Mann, der nun hier und dort einen Priesterkameraden kennen lernt, nach dem Kriege ein schönes, volles Bild vom Priester mit heimträgt."

Wer solche Antworten empfangen darf, dem wächst der Mut, auch weiterhin gleichsam geistiger Treuhänder zu sein für Gedanken und Erwägungen vieler Theologen- und Priestersoldaten. Was aus den persönlichen Bekundungen unserer feldgrauen Freunde aufstrahlt, ist ja Widerschein lebendigsten Lebens, Eros, der das Geistige und Geistliche meint und sucht, inmitten einer Welt mit anderen Werten und Zielen; ist *Bekenntnis zum Höchsten und Tiefsten,* was Menschen ergreifen und bewegen kann. Und all dies, obwohl der größere Teil der Umwelt staunend, spottend oder mitleidig die Köpfe schüttelt über das ihr Unfassliche: dass leiblich und geistig gerade gewachsene junge Menschen mit letzter Hingabe einer, wie man meint, völlig hoffnungslosen und endgültig abgetanen Sache nachlaufen, wie ein verlorener Haufen seinem bereits sinkenden Fähnlein! Dies aber mag die nichtverstehende Welt doch auch ahnen: dass priesterlicher Geist in der Unbedingtheit seiner Gläubigkeit und seines Gehorsams dem Geiste edlen und echten Soldatentums verwandt und ähnlich ist, besonders in der Bereitschaft zum letzten Einsatz für ein hehres und geliebtes Gut. Dabei sind diese Kerle gar nicht die Ekstatiker und Finsterlinge, als die üble Nachrede oder blasse Ahnungslosigkeit sie immer noch hinzustellen versuchen: sie haben vor dem Krieg wie ihre Altersgenossen zünftig Fußball und Schlagball gespielt, haben sich in deutschen Strömen frisch geschwommen und in deutschen Landen sonnenbraun gewandert. Von Auto und Motorrad haben manche von ihnen ebenso viel oder mehr verstanden als andere. Jetzt tun sie im feldgrauen Heer ihren Dienst, ganz schlicht und einfach, auch ohne jeden pfäffischen Hintersinn, mit anspruchsloser Selbstverständlichkeit, weil das Vaterland sie braucht und weil sie jetzt als deutsche Männer dabei sein müssen und auch dabei sein wollen:

„Wir alle, die wir den schwarzen Rock des Theologen vertauscht haben mit dem Soldatenkleid, wir sind ja so froh, dass auch wir dabei sein dürfen. Mehr als manches Studiensemester macht uns diese Zeit reif und weit, in der wir fern aller Bewahrung restlos hineingestellt sind in die Notwendigkeit der Bewährung. Hier zeigt sichs, ob unser Haus auf Sand gebaut sei, oder ob unser Sein und Denken verwurzelt ist in jenen letzten Tiefen der göttlich-überweltlichen und übermenschlichen Wirklichkeit" …

Diese *„Bewährung"* ist das große Thema vieler Äußerungen aus dem Frontkameradenkreis. Jeder fordert und ringt sie sich selber ab, versucht es wenigstens; denn keinem, der das Rechte und Edle erstrebt, gehorcht die Natur widerspruchslos. Dieses Mühen ist umso schwieriger, als – im Soldatischen wiederum nicht anders als im Geistlichen! – selten die großen, die hinreißenden und begeisternden Dinge Gegenstand der uns aufgegebenen Bewährung sind; viel mehr sind es die ganz simplen Forderungen des Alltags, an denen wir wachsen sollen:

„Ich weiß jetzt aber, dass es gut ist, einmal nur die schlichten Dinge zu tun, wie Er getan hat. Nur Licht zu sein im Dunkeln wie Er. Nicht viel zu reden, sondern rein durch schlichtes Tun zu wirken. Man lernt hier, oft hart, aber gut, dass unser Leben als das der Jünger nicht anders sein kann als das des Meisters. Es wird immer so bleiben, dass das Evangelium, damit auch die, welche die frohe Botschaft verkünden in Wort und Tat, der Welt ein Ärgernis und eine Torheit sind. Diese Erkenntnis ist hart, greift einen ganz persönlich an. Aber bekanntlich kennt das Christentum keine Schlappheit. Und wer Christ sein will, um wie vielmehr noch ein Theologe, muss ein klares ‚Ja' zu diesen Härten sagen."

Er habe – so meint ein anderer – einen verantwortungsvollen Posten, auf dem sich allerlei wirken lasse, allerdings mehr durch Sein als Reden. Aber das scheine ihm überhaupt das Wesentliche zu sein. Dieses *Wesentliche* fasst einer in diese Sätze:

„Das Wort, das fast allein zu den Menschenherzen von heute redet, ist die Tat. Das ist für uns ‚Studierte' besonders wichtig. Wir stehen der Tat als sichtbarer, erschöpfender, ermüdender Alltagsarbeit manchmal doch etwas fern. In Theorie und Fremderfahrung kennen wir sie vielleicht, am eigenen Leibe aber … das ist jetzt unser Dienst. Diesen Tag aus tausend unzusammenhängenden Kleinigkeiten mit dem Gesetz Christi, mit seiner Liebe und Geduld, mit seiner nimmermüden Aufmerksamkeit, mit seinem Verständnis für den andern trotz eigener überschwerer Pflicht, zu erfüllen, das ist das Schönste, was es gibt für unser Dasein."

Und er fügt – gar nicht nebensächlich! – noch dies hinzu:

„Kommandieren kann bald einer, … aber dienen als kleinster, letzter Soldat, das juckt einen jeden, der rein natürlich denkt. Und doch ist dies so wertvoll; denn Christi Auftrag ist: dienen."

Und welch hohe, wahrhaft liebenswerte Auffassung von Pflicht und Dienst, die uns an *Reich und Volk* binden, bekundet sich in diesen Zeilen eines jüngeren Theologen:

„Jedem von uns ist jetzt die Gemeinschaft der Kameraden und des Volkes angetraut im Fahneneid, ihretwegen hat jeder Heimat und Vaterhaus verlassen, um sie zu lieben, ihr neues Leben zu schenken, alle zu schützen und heimzuführen ins Haus der Ewigkeit. Was ist das doch eine ‚große Sache'! Wir stehen nicht erst noch in der Vorbereitung, sondern schon mitten drin in unserer Berufung, wir sind jetzt schon Priester, wir opfern uns für alle die, in deren Mitte wir sind, in das Opfer des ewigen Hohepriesters. Ich glaube, in dieser Art wird einer, der den Weg zum sakramentalen Priestertum schreitet, diese Zeit hier draußen im grauen Heer der deutschen Jugend nicht ‚verlieren', sondern tausendfach ‚gewinnen' für sich und alle, die um ihn sind und die er einmal führen darf. So kann ein Jahr im Heer und Krieg drei Jahre Seminar an Fruchtbarkeit und innerem Wachstum leicht gleichkommen, und das Schwere und Bittere, das es auch umschließt, soll uns nicht abhalten, dankbar und freudig zu sein."

Niemand wird sagen dürfen, es gebreche solcher Haltung an der nötigen Nüchternheit. Die Wirklichkeit sei anders, als begeisterungsfähige Jünglingsseelen sie sich träumten. Abgesehen von der Tatsache, dass es sich bei dem hier Angeführten um Stimmen von Freunden handelt, die den Ernstfall in seiner ganzen Wucht und Tragik erlebten, und denen man schon darum kein billiges Schöne-Worte-Machen zutrauen darf, sind solche Erkenntnisse durchaus nicht alleiniges Anrecht und ausschließliche Hervorbringung grauer und gottesgelehrter Häupter. Wer wollte dem Geiste Gottes wehren, auch in den Gewittern dieses Krieges zu wehen und die zu heiliger Erkenntnis und Vollendung hinaufzuheben, die sein ewiger Rat erwählt und begnadet, ganz gleich, ob Jüngling oder Greis, Laie oder Priester? Man wird froh sein dürfen, künftig in seelsorglichen Dingen Meinung und Stimme auch der ‚Jünglinge' zu hören, die in diesen Jahren der Entscheidung im feldgrauen Rock mit der Feuertaufe auch die Reife des Mannes empfingen; ganz einfach, weil die von ihnen erlebte Wirklichkeit der allgemeinen und der religiösen Zeitlage Forderungen stellt, die ohne die mitgestaltenden Kräfte der jüngeren Männerwelt einfach nicht zu bewältigen sein werden. Wenn nicht viel verloren gehen soll, wird diese Erkenntnis zur Gültigkeit eines Grundsatzes erhoben werden müssen.

Man müsste dann der Meinung sein, dass einem Erfahrung und Reife abzusprechen wäre, der diese Sätze schreibt:

„Das ist das Großartige, dass wir jetzt Kamerad unter Kameraden sind, denen wir täglich und stündlich Modell stehen müssen für ihr geistiges Bild unserer Kirche und ihrer Priester. Besser als manche Selbstbesinnung früher ist unser tägliches Leben im Spiegel der Kameraden. Da lernen wir, was abzulegen ist und was neu dazukommen muss. Für uns junge Theologen ist das Wirklichkeitsbild, das sich uns jetzt bietet, Ansporn genug, nicht in Traumvorstellungen unserem Berufe entgegenzueilen, sondern im vollen Bewusstsein der Lage, mit doppeltem Mut und bereit, auch Enttäuschungen und Fehlschläge einzustecken."

Oder, wem wäre heilige Nüchternheit zuzusprechen, wenn nicht dem jungen Priester, der sich ganz und gar illusionslos also äußert:

„Irgendwelche Wirkungen meines christlichen und priesterlichen Beispiels lassen sich in meiner Umwelt durchaus nicht wahrnehmen, weder bei den Kameraden meiner Truppe noch auch bei den Kranken. Man nimmt den ‚Pfarrer' eben hin als eine überaus seltsame und eigenartige Erscheinung, umso eigenartiger, je mehr er sich übrigens als normaler Mensch und guter Kamerad zeigt, man wundert sich offen über ihn und redet heimlich. Aber ich habe den Eindruck, als ob bei vielen keine Brücke mehr hinüberführt in das Reich einer übernatürlichen, christlichen Welt- und Wertordnung: sie verstehen den Christen nicht mehr, wie sollten sie da den Priester begreifen. – Aber da nun mal unser Leben nicht den eigenen Erfolgen, sondern ganz allein der Ehre Gottes zu dienen hat, kann man aber mit Seiner Gnade auch in dieser wenig hoffnungsvollen Situation durchaus von Herzen froh und zufrieden sein. Das möchte ich aufrichtig allen wünschen, die mir in der gleichen Liebe zu unserem Heiland Jesus Christus verbunden sind."

Solche Einstellung frägt auch kaum, „ob der Krieg die christliche Religiosität und den Glauben in den Seelen heben wird". Sie überlässt die Zukunft Gott und sie ist voll Freude, die Last Gottes weitertragen und seiner Sendung innewerden zu dürfen:

„Als heilige Zeichen sind wir unter die Menschen gestellt. Gebe Gott, dass Christus durch uns leuchte und manchem dadurch der Weg zum Heile offen werde."

So sieht *geöffnetes Christsein* aus! Das auch dann voll Hoffnung ist, wenn es alte Formen abschreiben muss, das im Vertrauen auf Gottes auch heute unverkürzten Arm und auf sein unvermindertes Erbarmen zu uns Menschen, seine Aufgabe nicht in unheimlicher, ungesunder, pseudo-geistlicher Betriebsamkeit sieht, sondern im heimlichen Beten darum, dass dem Einfall der Gnade in den Seelen der Brüder und

Schwestern der geistige Raum bereitet werde. Ist das *„Spiritualismus"*? Bitte:

„Das Christentum ist kein System von Lebensweisheiten und Moralvorschriften. Das Christsein ist Leben aus dem Glauben. Meine Vitalität und Persönlichkeitskraft steht zumindest nicht über der meiner Kameraden. Umso mehr wird jeder Fortschritt der Verherrlichung Gottes dienen. Neulich sagte ein Kamerad zu mir: ‚Ich bin immer so gern bei dir, da fühl ich mich wohl'. – Sie glauben nicht, wie ich mich freute für unseren Herrn und König. Denn das weiß ich, mein Charakter besitzt nicht eine zu große Anziehungskraft. Ich bin froh um diese Erfahrung. Gott nimmt sich meiner Schwachheit an, um sich damit zu verherrlichen … Gott betet, wacht und kämpft mit uns. Lieben und vertrauen wir nur allezeit!" „Ich habe den Eindruck gewonnen, wir brauchen nicht pessimistisch zu sein und nicht zu werden, was die Zukunft anbelangt. Vielleicht kommen Ereignisse, die einmal unsere ganze Christlichkeit fordern … vielleicht auch solche, von denen die Geheime Offenbarung schreibt! … Die Zukunft kann man ahnen und auch etwas fürchten. Legen wir nur alles in Gottes Hand! Und halten wir den Glauben und die Geduld fest."

Ja: den Glauben, die Geduld und den Gedanken an das Opfer. Es zwingt zu Ergriffenheit und Hochachtung, wie die Gedanken dieser Männer in der Blüte der Jahre immer wieder zum Opfer zurückkehren. Zum Opfer aller Opfer, zum Vermächtnis Jesu Christi, der sie als Priester an seinen Altar berief oder doch auf den Weg zum Introibo (Das ist das erste Wort des Psalms zum Beginn der Messfeier, das der Priester an den Stufen des Altars betet; H.M.). Aber auch zum Gedanken an die *Darbringung des eigenen Lebens* zum Heile der Brüder:

„Wenn wir fallen sollten, dann sei unser letzter Wunsch und letztes Gebet: Herrgott, dein Reich komme zu unserem Volke. Mache unsere Brüder glücklich in dir und sende Männer, die unsere Stelle vertreten!"

„Und kehren wir nicht mehr heim, dann hat Gott eben ein Opfer von uns gefordert, zu dem wir dann in diesen Diensten herangereift sind und das zu geben wir gern bereit sind. Oder wir können sagen: Gott hat unser Opfer angenommen, das wir aus Liebe zu unserem Vaterland ihm angeboten haben, und er hat uns damit Sein Siegel aufgedrückt."

„In diesem bevorstehenden Kampf bitte ich nicht um mein bisschen Leben, denn einmal kommt doch der Tod. Im Gegenteil, gerne lege ich mein bisschen Blut auf den Opferaltar für die Anliegen unserer wirklich großen Zeit. Aber um eines bitte ich: um eine Bereitschaft, stets zu allem ein ‚Ja' sagen zu können, um zu jeder bewachten oder unbewachten Minute sterben und dann ‚ewig leben' zu können. Auf ‚Alter und Berufsende' kommt es nicht an, sondern darauf, ob man in seinem Gebiet ‚reif' ist."

Spricht hier nicht heilige Bewusstheit? „Tod spricht zum Leben" könnte man (mit H.E. Hengstenbergs Buchtitel!) sagen. Wer wollte, liebe Kameraden, zweifeln, dass solche gleichsam aus der Nähe des Todes gewonnenen Einsichten Ihnen allen unverlierbarer Besitz für Zukunft oder Ewigkeit bleiben! R.J. Sorge, von Gott zur Mutterkirche heimberufen und auf dem Schlachtfeld des Weltkriegs früh vollendet, hat Ihnen in einigen Verszeilen, „Berufung" benannt, vorgebetet, was sicher oft auch Ihre Bitte ist:

Herr, wenn Du willst, so lass mich sterben!
Herr, wie Du willst, so lass mich sein!
Gib mir Gefüge oder Scherben!
Triff mich mit Kuss, triff mich mit Stein!
Hilf mir nur auf zu meiner Stelle!
Wo Du mich hin willst, ist mir gut.
Stell mich in Feuer oder Welle!
Stell mich in Blüte oder Blut! …

Am Sonntag in der Oktav des Herz-Jesu-Festes 1941
[22. Juni 1941 – Beginn des Krieges gegen die Sowjetunion; H.M.]
Lieber Kamerad!

Friedensstille eines heiteren Sonntagnachmittags waltet, da diese Zeilen begonnen werden. Auf dem Schreibtisch, unter den ersten duftenden Rosen aus frühsommerlichem Garten liegen Stöße von Feldpostbriefen von euch, liebe Freunde. Wie Mahnung geht es von den vielen Blättern aus: Es ist Zeit, ihr wieder ein Wort zu sagen, der getreuen Schar, die sich in Brüderlichkeit und in priesterlichem Geist geeint weiß über alle

Trennung von Raum und Zeit hinweg. Die Wirklichkeit des Krieges übertrifft ja weit alle Kühnheit der Phantasie: wohin überall diese Zeilen wohl wandern? Deutsche Soldaten werden sie in der Hand haben droben am Nordkap und an den Fjorden Norwegens, an der endlosen Küste des Atlantischen Ozeans, unter dem azurnen Himmel Italiens und Griechenlands, auf dem kühn eroberten Kreta, im Wüstenzelt Nordafrikas und gewiss bald auch auf dem ungeheuren Kampffeld, das von der Frühe des heutigen Tages an – eines Tages wahrscheinlich von weltgeschichtlicher Bedeutsamkeit! – über tausende von Kilometern sich entwickelt vom Hellespont bis in die fernen Regionen des finnisch-russischen Eismeers.

Welche Ausblicke in Kommendes, welche Horizonte weiten sich da vor dem sinnenden Geist! Aber auch: *welche Abgründe* des Grauens, geschichtlicher und menschlicher Unberechenbarkeit erschüttern da unser Herz!

Da ist einer als Neupriester zu den Kameraden zurückgekehrt. Anfangs sei es ihm recht schwer gefallen, sich „in dieser ganz anderen Welt wieder zurechtzufinden". Unser Osterbrief habe ihm aber schnell zur Wirklichkeit zurückgeholfen. Nun stehe er aufs Neue in der Reihe seiner Männer:

„Die schwerste Predigt von allen nur möglichen wird hier gefordert: *Die Predigt von Christus durch das Sein.* Schöneres kann ich mir als Neupriester eigentlich nicht denken, wo mir doch jetzt hierzu in besonderer Weise die Kraft zufließt durch das heilige Opfer. Nur vom Opfer her können wir unsere Aufgabe hier draußen ganz verstehen. Dieses muss immer im Mittelpunkt eines Christen stehen, und von daher müssen alle Dinge unseres Alltags getragen werden. Nur dann stehen sie recht. Der Soldat hier draußen hat hierfür ein besonderes Verständnis bekommen, da doch der ganze Dienst nichts anderes will, als ihn bereitmachen, wenn es sein muss, auch sein eigenes Sein zu opfern. Wenigstens ist dies eines der Ziele. Und hier ist eine ganz besondere Hilfe ‚das Opfer', das ich nun auch darbringen darf."

Aus der Bewusstheit gleicher Kraft, aber auch in der völlig illusionslosen Nüchternheit eines christlichen Realisten sieht ein Priesterkamerad die Lage:

„Du kannst glauben, hinausgeworfen aus gewohnter Wärme christlicher Umwelt, aus Beruf und Heim, spürt man manchmal nicht mehr die Freudigkeit des christlichen Lebens. Doch das ist nur das innerpersönliche. Man lebt mit den Kameraden, erfährt bis zur Neige das Dasein ohne Geist, ohne Gott! Alles Gefühlvolle, alles äußere Beiwerk und Unwesentliche, womit das christliche Leben so oft belastet erscheint, verschwindet dann, im Letzten steht da nur die nüchterne klare Gewissheit des Besitzes der Wahrheit, die lebensvoll uns entgegentritt in Christus dem Herrn. Diese nüchterne Gewissheit erträgt alles, ist die geheime Kraftquelle, die über alle Gemeinheit, allen Angriff und gegen alles Verlockende siegt. Ich bin dir dankbar, dass du in deinem Brief – (gemeint ist unser Osterbrief! D.V.) – um diese Nüchternheit des Geistes ringst. Allzu abgeneigt und argwöhnisch ist man gegen Briefe und Ergüsse geworden, die immer wieder von Bewährung, Einsatzbereitschaft usw. sprechen."

Für seinen letzten kritischen Satz muss man dem Schreiber sehr dankbar sein. Er signalisiert ganz richtig *eine Gefahr,* der tatsächlich der eine oder andere ausgesetzt ist, wenn er das Erlebnis von Gegenwart und Umwelt in allzu subjektiv verkürzter Perspektive sehen möchte, allzu ichbezogen und gefühlig. So ist es recht erfreulich, wie ernüchternd scharf die Kameraden jede Süchtigkeit nach verdorbenen religiösen Tönen ablehnen, vor allem jene da und dort nicht ganz unbeliebte pseudoreligiöse Buchführung

...

Ist der Sinn so kritisch gegen den Anspruch des eigenen Ich wie den des Standes, so bleibt alle schleimige (un)religiöse Phrasenproduktion – wie viel hoffnungsvoller Lebensansatz ist schon an ihr erstickt! – verbannt, und gesund und frisch kann sich das echte religiöse Wachstum entwickeln. Es wäre ein wahrer Segen, gelänge es endlich, gewisse Bereiche unseres Frömmigkeitslebens vom Erbschaden sauertöpfischer Weinerlichkeit zu befreien. Sicher hat dabei die jetzt im Felde stehende Theologen- und Priesterschaft ein privilegiertes Mitwirkungsrecht! Jetzt ist ja Gelegenheit, aus der Erfahrung Maßstab dafür zu gewinnen, wie überhaupt noch die Menschen dieser Zeit auf den Gedanken an ihr Heil hin anzusprechen und für das Göttliche empfänglich sind. Von Euerer Wachheit jetzt hängt für die Seelsorge der Zukunft viel, fast alles ab! In diesem Sinne wird das Wort eines in Frankreich gefallenen jungen Deutschen geradezu zum priesterlichen Zeitgebet:

„So brech ich auf und bin geöffnet Dir,
Zieh ein Du Geist der Liebe und wohn in mir."

Noch ein anderes Wort dieses früh vollendeten „Soldaten Johannes", auch eines Wanderers zum Berge des Priestertums, sei vermerkt:

„Mein Leben kann nur eine Aufgabe haben. Diese Aufgabe heißt, Christus zu künden! Besonders junge Menschen, junge Deutsche zu Christus zu führen. Christus und Deutschland, das sind die großen Pole, zwischen die mein Leben gespannt sein soll ... Das *Priestertum ist etwas Gewaltiges.* Das künftige Priesterleben wird diese Gewalt wieder zeigen müssen. Aus der Not und Forderung der Zeit heraus wird auch die bürgerliche Verkleidung, mit der es weithin gefesselt ist, fallen ... Unverständlich ist mir die leichte Sicherheit vieler Theologen, durch nichts beunruhigt oder gar erschüttert machen sie ihre Karriere und richten ihren Haushalt ein."

Fast möchte man die Lebenden gegen das heilige Ungestüm des Toten in Schutz nehmen, und doch sehen selbst Priester die Gefahr einer gewissen Klubsesselgesinnung und verlangen warnend:

„Mehr Revolution in uns müssen wir machen ... Wir Priester müssen mehr mitarbeiten, nicht so viel klagen."

Vielleicht ließe sich hinzufügen: „Und wir Christen alle zusammen müssten wieder an das ganz einfache und gar nicht zweckhaft gesetzte christliche Tun glauben."

Ganz unverkrampft und unproblematisch also, nicht in hochmütelnder Erwartung der ganz großen Dinge, die Gott vielleicht auch einmal durch uns wirken lässt, sondern ganz bescheiden darauf bedacht, das gnadenhafte Gottesgeschenk des immerfort neu uns gegebenen Augenblicks betend oder handelnd auszufüllen. Nicht also immer geistlich arbeiten wollen „auf Wirkung hin"! Im Grunde genommen, so meint einer, müsste es uns ganz gleichgültig sein, ob „Wirkungen" unseres christlichen Beispiels in der Umwelt spürbar werden:

„... Das Gedeihen gibt der Herr. Wir sind einfach da und stehen und leben zu seiner Verherrlichung. Die Seidenraupe wird ihre Seide spinnen, auch wenn die ganze Welt aufhört, Seidenzeug zu tragen."

Nicht Ungeduld also, die schon ernten will, da kaum Saat ausgeworfen wurde, *sondern Gelassenheit*, die eine Stufe christlicher Tapferkeit geheißen zu werden verdient!

Solche Haltung kann man nicht einfach zur Weltanschauung kleiner Leute erniedrigen, verkümmert und schwunglos, keinesfalls geeignet, irgendwie als Rettung angeboten zu werden. Mit den Maßen der Welt, etwa mit der Frage nach Erfolg oder Misserfolg zu operieren, bedeutete eine arge Verkennung des Christlichen. Wieder möge einer unserer Soldaten dem Unverstand Antwort geben:

„... Vielleicht versteht die heutige Menschheit mehr denn je die Kirche, die mit ihren Forderungen an den Menschen, und zwar an jeden Einzelnen, herantritt und seine höchsten Kräfte aufruft, jene, die ihn erheben zu seinem wahren Sein und damit hineinführen in die ewige Wahrheit der Transzendenz. Suchet, was droben ist, das ist das Metanoeite, das wir in die Welt der ausschließlichen Immanenz hineinrufen und hineinleben müssen."

Hier melden sich Spannungen, die mit christlicher Weltschau und *Weltverantwortung* zusammenhängen. Fragen, die um unser „Ernstnehmen der Welt in ihrer vollen Wirklichkeit und in ihren gottgebundenen Ordnungen" (R. Scherer, „Christliche Weltverantwortung" ...) kreisen, die Geist und Herz im Drängen geforderter Entscheidungen nur schwer zur Ruhe kommen lassen. Ob christliches Leben in dieser Welt und christlicher Dienst an der Welt möglich sind; ob der Christ Christus in sich und in der Welt verwirklichen kann; wie demgemäß seine Haltung zur Welt bestimmt wird: wer wollte leugnen, dass die Dialektik dieser und noch anderer Fragen uns auch als gläubige Menschen zu beunruhigen vielleicht nie ganz aufhört! Und gehört hierher nicht auch das Phänomen Krieg? Als Gegebenheit, die uns zu entschlossener geistiger Bewältigung aufruft, auch damit seine äußere Gestalt und Gewalt überlegen bestanden werden kann. Zwar steht hinter der Tatsache des Krieges das uns undeutbare Rätsel des göttlich-weisen Weltplanes, auch die Zulassung vieler sehr schmerzlichen Einbrüche in unser Sein und Sinnen; sicher auch offenbare oder verborgene Erziehungs- und Führungsabsicht der allwaltenden Vorsehung des dreifaltigen Gottes. Wir wären aber verächtlich kleine Geister, wollten wir alles und jedes, das Überwältigende und Ungeheure dieser Weltkatastrophe vorzüglich auf unser eigenes kleines Selbst beziehen. Gar noch mit Deutungen und Kurzschlüssen, die in ihrer Beschränktheit die Größe und Güte Gottes frivol beleidigten. Ob und wie Gott lohnen und strafen will, weiß Er ganz allein. Wir wissen höchstens um Not und Jammer unseres Menschseins, die aus der Sünde kommen. Die ewige Wiederkehr des Krieges ist uns zuletzt doch Beweis dafür, wie ernst es Gott mit der menschlichen Freiheit nimmt, dem erhabenen Königsgeschenk des Schöpfers an sein Geschöpf am Paradiesesmorgen, mit dem sich die Menschen freilich seit dem Fall der Stammeltern immer neu gegen Gott entschieden haben.

Von daher aber tönt wieder die Urklage der Menschheit, die tiefe Frage nach dem *Sinn von Leid und Tod,* der mancher Kamerad auf dem Schlachtfeld bereits begegnet ist oder noch begegnen kann.

„Wir sind *hinausgezogen für unser Volk,* jeden Blutstropfen haben wir ihm geschenkt, dass es wachsen kann an Leib und Seele. Unser Herz, unsere Liebe, unsern Geist haben wir ihm gegeben, denn es ist der Raum und die Quelle unserer Kraft. Wer weiß davon? Ihr, Freunde, nur Ihr wisst es in Stolz und Trauer! Hütet und pflegt die Saat, werdet nie hart und kalt, liebt die, die Eure Liebe nicht wollen, macht unser Volk zum starken und freien Gottesvolk, *steht als Menschen unter Menschen,* als Kamerad unter Kameraden, legt den schwarzen Rock ab, wenn er euch hindert, Hilfsbereite unter Hilfsbedürftigen zu sein. Es geht um Herzen und Seelen und nicht um Formen und Gewohnheiten."

Aus dem Vermächtnis eines Theologen aus Euren Reihen, der im April über Tobruk fiel, stammen diese Sätze. Die Stimme aus der Ewigkeit dringt uns mit prophetischer Kraft in die Seele, fordernd, dass wir glühenden Geistes seien, auch um eines großen deutschen Anliegens willen, das wir in tiefer Liebe stündlich vor Gott tragen wollen:

„Dass Christus von neuem in unserem deutschen Volke aufstehe – ganz jung und stark. Wenn unser Volk ein neues Ostern des Glaubens feiern kann, dann ist unsere Aufgabe erfüllt. Ob wir dieser Aufgabe mit unserem Leben oder mit unserem Sterben dienen sollen, das sei ganz dem Herrn anheim gegeben."

ER mag über jeden von uns nach seiner Güte verfügen. Und um beides wollen wir seine Weisheit dankend preisen: um den Auftrag, LUX zu sein, Licht Christi vor unserem Volke, oder um die Gnade, HOSTIA zu werden, Opfergabe für die Brüder und den Frieden der Welt, wenn sein Wille uns dessen wert hält …

Am Fest der Wundmale des Armen von Assisi 1941
(17.9.1941)
Lieber Kamerad!

… Viele, wohl die meisten von euch, sind seit langem umrungen von einem Sturm, der, wie kaum je zuvor ein Krieg, ein Geisterkampf ist. Wird ein neues Zeitalter geboren aus der Entscheidung der Waffen? Wird aus der Zertrümmerung des Bolschewismus das neue, das christliche Europa, die befriedetere Welt?

„*Ziel dieses Ringens ist der Schutz der christlichen Gesittung des Abendlandes*. Ganz Europa steht in ihm dem Ungeist der Gottlosigkeit und der Zerstörung gegenüber. Der siegreiche Kampf, in dem die vereinten Aufbaukräfte der europäischen Völker heute unter der zielbewussten Führung der Achsenmächte stehen, geht um die Grundsätze, nach denen sie über ihr eigenes Leben ganz Europa im Zeichen der wahren sozialen Gerechtigkeit und der Gemeinschaft neu zu errichten entschlossen sind."

Wir wollen im Blick auf Künftiges diese Sätze aus einem Aufruf des ungarischen Außenministers Bardossy, des Ministerpräsidenten eines mit uns kämpfenden Landes, wohl beachten; wollen Mut gewinnen zu allem, was dieser welterschütternde und weltentscheidende Kampf von uns allen, von Front und Heimat, noch an hartem Einsatz der Waffen oder des tapfern Ertragens verlangt

Wir ahnen das Grauen und die furchtbare Gewalt des Kampfes, in den Ihr im Osten geschleudert seid aus allem, was zu uns dringt und auch oft aus dem, was Ihr uns auf Euren kargen Postkarten – verschweigt! Umso froher sind wir, zu spüren, wie auch wir Euch hin und wieder Hilfe sein dürfen:

„Der Brief war mir eine Frohbotschaft aus der Heimat. Ich steckte ihn in meine Meldetasche und schon manchmal, wenn es auf diesen Straßen in Russland nicht mehr gehen will, wenn sich die Räder am Rad nicht mehr drehen wollen, las ich: ‚wir sind hinausgezogen für unser Volk' –

Wenn sich die Räder dann auch nicht drehen, wir erkennen doch in allem Sinn und unsere Aufgabe – unser Opferdienst. Haben Sie innigsten Dank."

Zum großen metaphysischen Sinn seines persönlichen Fronterlebnisses in Russland sucht einer unsrer Freunde mit diesen Erwägungen vorzudringen:

„Ich erinnere mich noch ganz genau, als ich in kurzen Rastpausen an verstaubten Straßenrändern dasaß und Zeile für Zeile Ihrer Sendung in mich aufnahm wie ein durstiger Schwamm. So wie die Spitzen- und Vorausabteilungen immer wieder Verbindung mit den rückwärtigen Einheiten aufnehmen müssen, so darf auch bei uns Streitern Christi nicht die Verbindung mit den Beterkompanien in der Heimat abreißen. Man hat vor allem bei diesem russischen Krieg das Empfinden, als ob man es mit dem filius iniquitatis (aus Psalm 88,23: „Sohn der Ungerechtigkeit"; gemeint ist der Teufel; H.M.) selbst zu tun habe, wenn man gegen den Bolschewismus zu Felde zieht. Ob es sich nun um die Fassungskraft der das humanum fast sprengenden maßlosen räumlichen Ausdehnungen, oder die ausgekochten Tücken, die im Kleinkrieg angewandt werden, handelt, oder auch um die Mutlosigkeit, die einen überfallen will: immer ist es das ureigene Gebiet des Widersachers, auf dem man sich bewegt. Der Sinn dieses Ringens kann nur sein: Bewährung! Wahrwerden seiner selbst, d.h. Wahrwerden der forma Christi in uns und durch uns auch in andern. In diesem Sinne freue ich mich über die fortschreitende Linie im *Ringen um die Nüchternheit* in Ihren Briefen."

... Wir sind damit wieder bei einem der großen Themen unsrer geistigen Unterhaltung mit Theologen und Priestersoldaten: Bewährung! Gewiss, es kann eitle Sprücheklopferei hinter dem Wort sich verbergen. Aber wenn ein Brünnlein einmal eine Weile lief, werden wir bald heraushaben, ob das Wasser gut oder schal ist. So, wie es schon nach zwei Sätzen eines Briefes klar wird, ob sein Schreiber sich eine Not von der Seele sagen oder geistige Konversation führen, literarisches Gewölk hervorbringen will! Ich bin oft im Innersten mitgenommen von dem Ernst, mit dem Ihr da draußen, Priestersoldaten und Theologen, inmitten einer oft wenig zur Hoffnung stimmenden Umgebung, der christlichen Bewältigung Eures allgemeinen und besonderen Soldaten-Auftrags zugewendet seid; *wie begeistert, kritisch und sachlich* zugleich Ihr Stand und

Bestand Eurer Wirklichkeit zu erkennen und auszuwerten sucht. Es liegt mir sehr ferne, hier dafür schulmeisterliche Zensuren oder gar „Kampfpreise“ auszuteilen. Aber: welcher den geistigen und geistlichen Dingen froh Verpflichtete, den Eure Briefe beglücken – documenta humana im schönsten und ehrfürchtigsten Sinne, weil sie von jungen, zu letzter Hingabe bereiten, also der Vollendung entgegenreifenden Männern stammen! – wer schätzte sich nicht glücklich, für Euch Zeugnis geben zu dürfen? Zu bezeugen, wie Ihr mit der schönen Gelassenheit reifer, dazu mit dem Feuer kraftvoller Menschen die auch Euch bedrohende *Gefahr der Entgeistigung und Entgeistlichung* seht und abwehrt; wie Ihr fast immer gerüstet seid, aus dem irdisch unfasslichen, ganz im Ruf des Meisters gründenden Geheimnis Eures Berufes gerüstet zu dem, was Priester sein heißt: zum Opfern, sogar mit der Steigerung gemäß dem Wort eines der Eurigen: „das Opfer aus Gottes Hand mit einem Tedeum anzunehmen“. Und auch das muss, lieber Kamerad, bestätigt werden: die meisten von Euch ziert *edle Bescheidenheit*. Ihr wehrt Euch wohl mannhaft gegen die Geistlosigkeit, wie und wo sie Euch anfällt, aber Ihr überhebt Euch doch nicht über jene, die weniger Kraft haben, oft auch weniger Voraussetzungen zum Starksein …

„Hier kann man nicht mit unverstandenen Worten und metaphysischen Begriffen operieren, hier hilft nur das Beispiel vom guten Hirten, der sein Leben opfert für seine Herde. Nur wer dieses Bild im Herzen trägt, kann einmal Priester, Tröster, Mahner, Lehrer und Walter sein dieser heiligen Geheimnisse. Denn unermesslich viel wird an wirklicher, sittlicher Anforderung an den gestellt, der einmal in Wahrheit Hüter sein will des Größten, das es zwischen den Himmeln und auf Erden gibt. Die Gegenwart duldet keine Mittelmäßigkeit mehr. Wir müssen Menschen werden von ganz großem Format, sonst werden wir nicht bestehen können.“

Es ist nicht wenig, was da gefordert wird, aber es bedeutet Mut, solche Forderung an sich selbst zu stellen. Eine alte Regel weiß, dass nur die das Ziel gewinnen, die es mutig hoch genug anspringen. Dabei ist zu bedenken, dass dem Priester (dem Theologen auch!) noch ein Besonderes zur Bewältigung aufgetragen ist:

„Priester und Soldat! Dass man auch jetzt noch, nachdem man eingezogen, letztlich und eigentlich Priester ist. Da gibt es schon Zeiten, das muss ich gestehen, in denen man klein und armselig dasteht dieser Aufgabe gegenüber, in denen man nicht ganz fertig werden kann damit. Es gibt da Zeiten, da es einem schwer fällt, innerlich frei und froh, bewusst und stark ja zu sagen zu dem, was jetzt unsere Aufgabe ist, da man die Sicht verloren hat, da man es sich förmlich vorsagen muss, sich in die Erinnerung rufen muss, du bist Priester, Priester Christi, von ihm beauftragt für die Menschen, hier also für die Kameraden, auch dann, wenn du, äußerlich gesehen, nichts tun kannst. Nichts? – Und in Wirklichkeit doch so viel! –"

Eine sehr ehrliche und aufrichtige Stimme, die sich mit solchem Zweifel dem eigenen Selbst gegenüber meldet. Und doch: erhebt sich aus der Frage „Nichts?" am Schlusse der Frager nicht schon mit Entschlossenheit gegen den Anfall seiner eigenen Zweifel? Gewinnt er nicht *neue Sicht und neue Kraft aus dem Neu-Innewerden priesterlicher Sendung* zu den Brüdern hin, zumal zu denen, die des Hirten in ihrer Verlorenheit am meisten bedürfen?

Überall ist ja die *Liebe die Brücke zum Leben*! Oftmals in einem Sinn, der einem phantastisch erscheinen könnte, stünde dahinter nicht die Greifbarkeit erlebter Wirklichkeit. Wer hätte je zu glauben oder zu hoffen gewagt, dass inmitten von Trümmern und Öde, die der Gluthauch des Krieges im Osten weithin schuf, im Herzen christlich gebliebene russische Mütter ihre Kinder zu vielen hunderten unseren deutschen Kriegspfarren und Priestersoldaten jubelnd entgegentragen würden, damit ihnen das Wasser der Wiedergeburt in der heiligen Taufe den Weg öffne zu Glauben und Seligkeit? (Es folgt der Bericht eines Diakons über eine Taufe von zwei Kindern; H.M.) … Hier ist mitten im erbarmungslosen Krieg „Pax Christi in regno Christi" (d.h. Friede Christi im Reich Christi; H.M.) Gestalt geworden: Wie voll der Rätsel sind der Menschen Herzen und Geschicke, und welche erhabenen Wunder wirkt doch Gottes Güte! Sie setzt wahrlich nicht aus über Schlachtfeldern, auf denen trotz allem Grauen unfassbaren Leids, das Menschen einander zufügen, Gottes Ratschlüsse ihren Zielen entgegenreifen. Geschichte wird da als *Heimholung der Menschheit zu Gott* begriffen. „Denn welchen Inhalt hätte sie" – so fragen wir mit Reinhold Schneider, einem der am tiefsten schürfenden Geister unserer Gegenwart – „wenn nicht die *Heimkehr der Welt*? Die Welt soll unseres Herrn werden, und Er wird sie heimbringen zum

Vater; und alles, was geschieht, ereignet sich in der Richtung auf Seine sichtbare Wiederkehr, in Seiner unsichtbaren Gegenwart. Alles hat zuletzt einen, wenn auch noch so verschiedenartigen Anteil an der Erlösung des Herrn über alles Geschehen, an der letzten Wendung der Welt zu Ihm. Und so wird es am Ende aller Tage sein: *das Kreuz steht hoch über der Welt,* dem einen Schlachtfeld der Geschichte, die Toten sind unter ihm versammelt, und das Licht unsäglicher Schönheit kühlt die Berge und Täler, auf denen so lange die Schwüle lag. Dann werden Kreuze auf allen Gipfeln erscheinen und einander grüßen, und es wird sich zeigen, dass im Gange der Zeit der Herr seine Siegeszeichen aufgepflanzt hat auf allen Bergen menschlichen Leids. So ist das Schlachtfeld verklärt, aber noch ist nicht der letzte Tag seiner Verklärung angebrochen. Denn während auf dem Lande hier der Schrecken lag, war vollkommener Friede an einer anderen Stelle der Welt, und während in der Ferne das Furchtbarste geschieht, ist es hier still. Und was könnten wir Besseres tun in dieser Stille, als des Schreckens zu gedenken, der kommt und geht, da ist und schwindet? *Die letzte Antwort auf die Geschichte ist das Gebet.*" Mag mit diesem wahrhaft tröstenden Wort unsere geistige Wanderung heute beschlossen sein!

In Treuen grüßen wir auch die Brüder, die nach Gottes Willen „durch die Hand des Todes geweiht", durch das dunkle Tor zu Vollendung und Ewigkeit uns vorangeschritten sind. *„Gefallen für Deutschland"* stand auf so mancher an uns zurückgelangten Sendung. Mit Trauer, aber auch mit der frohen Zuversicht, dass sie heimgekehrt sind ins Haus des ewigen Vaters, haben wir ihre Karten und Briefe ausgesondert. Und von einem unserer Gefallenen berichtete der Freund, er habe bei seinem Tode unseren Kameradenbrief im Sturmgepäck mit sich getragen, so sei er mit großen Gedanken dem ewigen Tag entgegengegangen. – Ruht alle in Gottes Frieden!

Euch Lebende aber grüßt in froher Zuversicht und Treue …

Am Königsfest Christi 1941
(26.10.1941)
Lieber Kamerad!

Wort und Gruß der Heimat suchen Euch an allen Fronten und bei allem Dienst, wo immer Ihr kämpft, ruht und wartet. Immer meinen unsere Gedanken und Wünsche Euren Geist und Eure Herzen. Immer sind wir bei Euch und keiner von Euch allen ist vergessen. Denn wir daheim haben Euch tief zu danken und wir möchten Eurer Opfer nicht unwert sein.

Viele von Euch standen in diesen Monaten auf den Schlachtfeldern des Ostens oder stehen noch dort, irgendwo zwischen Kaukasus und Eismeer. Wochen herber Kampfesnot liegen hinter Euch, aber doch auch Stunden, die Ihr trotz all ihrer Schrecken aus Eurem Leben nicht mehr streichen möchtet. Welch hohen weltgeschichtlichen Sinn haben Kampf, Wunden und Sieg des deutschen Soldaten im Kampf gegen den russischen Bolschewismus empfangen! Hohen Opfertod sind jene gestorben, die dort drüben ihren Vaterlandseid mit ihrem Blut besiegelten. Ungeheurer Vorgänge Zeugen und Mit-Wirker sind sie geworden. Der Einbruch dämonischer Mächte in den Raum der Geschichte ist Euch deutschen Soldaten im vergewaltigten Lande des roten Sterns sichtbar geworden. Grauen hat Euch angefallen angesichts der Abgründe von Verworfenheit und Trostlosigkeit, in die Menschen und auch Völker versinken können, wenn sie vom Schöpfer und Urbild aller Ordnung sich lösen, wenn sie in reiner Diesseitigkeit ihres persönlichen und des öffentlichen Lebens Sinnerfüllung suchen wollen. Was an höllischer Bosheit und schaudervoller Vertiertheit in den Zonen des Ostens erlebt wurde, bleibt in Eurer Erinnerung als ein unvergesslicher geschichtlicher Anschauungsunterricht über die alles niederreißende, kulturzerstörerische Wirkung fanatisch hassenden Vernichtungswillens gegen christliches Denken, christliche Symbole und Volksüberlieferung. Dass es Deutsche waren, die in den proletarisierten Städten und in den armen Dörfern der russischen Weite die Kirchen wieder öffneten, geschändete Altäre und Kreuze dem Dienste Christi wiedergaben, geknechteten Menschen die Freiheit christlichen Betens wiederschenkten: dies alles ist denkwürdig und von hoher Kraft der Sinnbildlichkeit, wahrhaft wert, in die bleibende Erinnerung unseres Volkes einzugehen. Bei diesem Entscheidungskampf der Waffen und der Geister wird mehr und mehr die sinnerfüllte Mitte allen kriegerischen Geschehens klar; denn Ziel allen Kampfes kann zuletzt nur der Friede sein; Friede aber heißt Ordnung, und keine rechte Ordnung besteht außerhalb des Göttlichen. Zwingt es nicht wirklich zu ernstem Nachdenken, dass Kampf und Bluten deutscher Soldaten Russland im Grunde für Christus zurückerobert haben, für Ihn, ohne den, wie unser Christenglaube uns sagt, nichts heil sein kann von allem Geschaffenen.

In solchem Licht wird auch jeder Einsatz und jeder Verlust sinnvoll: Not und Tod, Fernsein und bitterste Heimatlosigkeit. Vieles selbst, was uns fürs Erste unbegreiflich, ungerecht und widerspruchsvoll vorkommen mag, bis zum fast vergeblich scheinenden Opfer: „Denn Gott weiß nach seinem Plan, was uns nützt, was schaden kann". Zuletzt ja bauen Gottes Wundergüte und Seine Wundermacht doch wieder herrlich zusammen, was von unserem Eigen und Planen hoffnungsarm in Scherben lag. Der selbst keine Stätte hatte, Sein Haupt hinzulegen, Er kann Seinen Getreuen selbst aus Heimatlosigkeit Heimat bereiten. So weiß es froh unser Glaube! Alles Geschehen, selbst das gewaltsame, ist ja nur Stufe im Dienst an Seinem königlichen Willen. Und die mächtigen Beweger der Zeiten sind schließlich doch nur Bewegte Seines Winkes. Werkzeuge, angesetzt zu Gottes geheimen Zielen.

Wie ist es voll Trost, dass Gott in Verborgenheit groß und König ist, dazu den Verzagten und Schwachen ein getreuer Schirmer. In Seinem Willen wissen wir alles geborgen, was auch immer in diesen Kriegszeiten mit uns geschieht. Immer sind wir behütet von Seinen gütigen Händen. Dies macht unsere Ruhe aus und unsere Zuversicht, die unvergleichliche Gelassenheit des Christen und darum auch des christlichen Soldaten …

Mit heißem Herzen sind wir in diesen Spätherbsttagen, da schon Allerheiligen-Allerseelenstimmung in der Heimat herrscht und ahnendes Warten auf den stillen Advent, bei Eurem Kämpfen und Opfern. Wir erflehen innig den Sieg des Guten und hoffen von Herzen auf das Kommen eines ehrenvollen Friedenstages für unser Volk …

Am St. Martinstag 1941
(11. November 1941)
Liebe Kameraden!

Auch im Vorjahr ging auf den Tag des heiligen Martinus, des barmherzigen Soldaten und großen Gefolgsmannes Christi, ein Brief an Euch hinaus. Es ist schon ein Trost, diese herrliche Gestalt aus dem Dämmerlicht abendländischer Frühzeit, aus dem Jahrhundert des Arianismus und der Stürme der anhebenden Völkerwanderung, diesen Ordner aus wahrhaft christlichem Sein, unter den besonderen Schutzheiligen christlicher Soldaten zu wissen. Sein Bild – mit dem aus Barmherzigkeit gehälfteten Mantel, dem immerwährenden Sinnbild der Antwort des christlichen Herzens auf den Ruf bitterer Erdennot! – steht durch mehr denn anderthalb Jahrtausende hoch geehrt und verherrlicht vor der kämpfenden Welt von heute, in seiner Eindringlichkeit gar nicht zu übersehen! Für heute einiges zu unserem alten Stichwort von der *„christlichen Nüchternheit"*.

„... Ich möchte auch keinen großen metaphysischen Sinn (aus der Gesamtheit der Fronterlebnisse! H.H.) herauszuschälen versuchen, ich möchte nur meine Stimme mit-erheben und mit-bitten um Nüchternheit. Auch an den Schilderungen metaphysischer Hintergründe kann man sich berauschen. Fratres, sobrii estote et vigilate! ..." („Brüder, seid nüchtern und wachsam!" 1 Petrus 5,8; die Mahnung wurde im täglichen Abendgebet der Kleriker gesprochen; H.M.)

Sicher ist es gut, wenn sich die Stimme eines Freundes draußen in ernster Mahnung so Vernehmen lässt. Es könnte ja nichts schlimmer für uns sein, als ein Illusionismus, der – weil er auf nüchterne Art mit Geschehen und Erleben der Gegenwart nicht fertig wird! – zu geschraubter Deutelei und zu literatenhafter Wichtigmacherei um die eigene Existenz seine Zuflucht nähme. Weniger denn je zuvor können wir heute so etwas wie die Einnebelung des geistigen ... Kampffeldes der Welt leiden, und wir tun gut, Versuchungen dazu und Versuche (die wohl Fluchtversuche wären!) recht bald in uns auszulöschen. Andernfalls überwältigte uns leicht widrige Wirklichkeit! Solcher Mahnung steht aber keinesfalls das unter den schmerzensreichen Schauern des Heute doppelt verständliche und notwendige Streben entgegen, den Dingen und Vorgängen auf den Grund zu kommen, Verstand, Herz und Phantasie gleichsam aufzurufen, um den Sinn zu erkennen, der hinter dem so oft wirren Geschehen unsrer Tage verborgen sein muss. Freilich lagern da Gefahren am Weg: „Unser Wissen und *Verstand* ist mit Finsternis umhüllet" (Kirchenlied), unser Herz will nicht allewegs das Rechte und, ungezügelt, führte *Phantasie* uns leicht in zuletzt ausweglose Irre. So soll der Vorsatz heiliger Nüchternheit uns allen weiterhin ständiger und wachsamer Begleiter sein. Ja, es muss gesagt werden, dass es unter Euch manche gibt, denen ob allzugroßer Nüchternheit bei der geistig-religiösen Bestandsaufnahme fast der Mut schwindet:

„Die zwei Kriegsjahre sind halt an so manchem, der vielleicht anfänglich noch guten und sehr guten Willen hatte, nicht spurlos vorübergegangen, und ich muss ehrlich gestehen: man hat selber, auch als Priester, manchmal seine liebe Not, der zu bleiben, der man gewesen ist, und größer und reifer zu werden … Ich stehe nicht an zu sagen: ich brauche oft meine ganze Kraft."

„Wie hat man sich schon oft ein Wirken unter dem Volke vorgestellt! Man wollte das Evangelium predigen durch das Beispiel, wollte zeigen, dass Christsein natürliche und übernatürliche Größe bedeutet – und ist doch so klein und unbeholfen und oft so ausgeleert, dass man selber nach Kraft Ausschau halten muss, wo man doch Stärke für die andern sein sollte."

Zu Mutlosigkeit ist indessen bei allem Bewusstsein eigener Unzulänglichkeit und bei allem berechtigten Misstrauen in die versehrte Menschennatur kein Grund. Wird nicht nach Seinem Wort an Paulus … (2 Korinther 12,9) die Kraft in der Schwachheit vollkommen?

Und wissen wir nicht (1 Korinther 10,13), dass Er uns nicht über unsere Kraft versuchen lässt? Gewiss, wir erleben erdrückend oft unsere infirmitas (Schwachheit; H.M.), und doch ist wahr und richtig:

„Aber zuweilen stärkt Gott unsern Glauben an die virtus (Kraft, H.M.) doch durch eine plötzliche Erkenntnis, ein fast wunderbares Geschehen, bei dem wir in die Knie sinken und Seine Weisheit und Kraft preisen."

Das ist, Freunde, überaus herrlich, und die allernüchternste christliche Nüchternheit kann da nur glückselig „Amen" sprechen!

Seid nun herzlich gegrüßt mit St. Martins Wort: „Herr, wenn Dein Volk mich noch braucht, dann will ich mich der Mühsal nicht verweigern." Euer Wort auch: Non recuso laborare!

Am Tage der hl. Katharina von Alexandrien 1941
(25. November)
Lieber Kamerad!

... Nie ausschöpfbarer Gegenstand unsres Gesprächs ist ehrliches Ringen um klare Erkenntnis der Wirklichkeit und dann auch um ihre dem Christen gemäße Durchdringung. Ziele also, auf die eigentlich unser ganzes Leben – in außerordentlichen Zeitläufen durchaus nicht anders, als in sog. „normalen"! – angesetzt sein sollte; ja im Letzten auch angesetzt ist; denn, selbst wenn wir uns dem Anruf aus der Höhe weigern, bleiben Gottes Ziel und Gottes Wille: Es ist oft schwer für uns, den Geheimnissen Gottes um uns, dem, was er mit uns vorhat, auf die Spur zu kommen. Viele unter Euch, vorab die im Feuer der entscheidenden Kämpfe im Osten zelten, rätseln in ihren Briefen suchend daran herum. Und es ist auch schwer, zu einer gültigen Erkenntnis vorzudringen, wo so oft unsere menschlichen Wunschbilder von Dasein und Daseinsgestaltung sich gleichsam vor den Gotteswillen stellen, ihn irgendwie beschattend. Einer von uns meinte einmal, wohl mit viel Recht, unsere Schwierigkeiten kämen zu einem großen Teil von einer Art historischer Befangenheit; das Bild (und von daher begreiflicherweise: das *Wunschbild*!) der sog. „normalen Zeiten" sei beinahe so unverrückbar zum „Maß" in uns geworden, dass wir den immerwährenden Umbruch und Wandel alles Irdischen geradezu als „das Unnormale", als misslich und unbequem auf alle Fälle empfänden. Dabei sollte doch zuallererst und zum mindesten der Christ in der Bewusstheit bleiben, dass der Wandel das einzig Beständige ist im Menschenleben; dass es (mit leiser, aber nicht zum Irrtum hinzielenden Übertreibung gesagt!) das sog. „Normale" so viel wie gar nicht gibt; dass, was wir auch im Geistigen und Geistlichen gerne so nennen, im besten Falle Beharrung ist, bis zur Erstarrung fortschreitende Verfestigung von Zuständen; meist aber der von unserer geschwächten, unheroischen Natur immer wieder listig unternommene Versuch einer bürgerlichen Ansiedelung inmitten der trotz aller Fragwürdigkeiten uns doch schön erscheinenden Güter dieser Erde! Das biblische Pilger sein und Fremdling auf der Erde fällt uns schwer. Immer wieder vergessend, dass alles Übergang ist zur Heimat hin, ertappen wir uns stets neu beim „Einrichten" in dieser Zeitlichkeit. Einer von Euch hat sich, inmitten der Kämpfe des Ostens, solche Gedanken durch die Seele gehen lassen und dabei fast zu erbarmungslos Gericht gehalten über seine eigene „Bürgerlichkeit". Er habe sich, so meint er, bei sonst gutem Willen in seinem allseits gesicherten bequemen Leben gar nicht vorstellen können, was das heiße, mit der Hände Arbeit ein kärgliches Brot verdienen. Er ironisiert fast beißend seine frühere Einbildung, sich von der Liebe zum Irdischen frei gemacht und aus Idealismus seinen „schweren" Beruf erwählt zu haben:

„Unverstand, durch Erziehung und Gewohnheit bedingt! Aber es ist Schuld dabei … Noch heute träume ich, allen Zeichen der Zeit zum Hohn, gerne von einem schönen Zimmer mit molligem Bett, wo ich mit dem Pfeifchen im Mund in ungestörter Ruhe an einer geistreichen Sonntagspredigt arbeite. – Das ist der Grund, warum Sebastian vom Wedding ein Roman geblieben ist und Dr. Sonnenschein ein Rufender in der Wüste. – Schuld will Sühne. Auch deshalb wollen wir nicht klagen, dass Stärkeres über uns gekommen ist, das uns aus unserer kaiser- und königlich beschützten Bürgerlichkeit herausgeworfen hat. Es gehört auch zur vielgerühmten Männlichkeit, ehrlich und stumm den begangenen Fehler zu büßen. Und wir wollen, wenn auch blutenden Herzens, doch gern so lange draußen bleiben, bis wir so weit geläutert sind, als es der Herr für notwendig hält."

Mag die tabakrauchumwölkte Gemütlichkeit des Sonntagspredigers allzu rigoros übertrieben sein: im Grunde ist die Berechtigung zu so bitterer Klage über unser mitunter recht schal gewordenes Christentum nicht gut zu leugnen. Wenn so manches an unserem Christsein zerbrochen und zerstört uns anstarrt, jäh zerhauenem Getrümmer im düster zuckenden Licht unheimlicher Detonationen auf dem Schlachtfeld vergleichbar, so sollten Augen und innerer Sinn sich dem gewaltsamen Mahnen solcher Wirklichkeit öffnen, wie einst die Scharen dem Metanoeite, dem gewaltigen Bußruf des Täufers zur Umkehr sich ergaben.

Der Advent helfe uns allen zu rechter Bereitung auf das Kommen des Herrn. Rechte Bereitung: dazu gehört auch das gar nicht selbstquälerisch gemeinte Innewerden der menschlichen Gebrochenheit, oder so ausgedrückt, wie es die Kinder dieser Zeit nicht gerne hören: unserer Sündhaftigkeit und Erlösungsbedürftigkeit! Ein Priestersoldat fand jüngst, diese Weise erklinge im Konzert unserer Gedanken zu schwach:

„Warum spricht kaum einer klar und offen davon, was wir durch dieses schier untragbare Leid zu büßen haben und was an uns geläutert werden soll. Sonderbar, was der vorchristliche Leidensphilosoph noch am ehesten fassen konnte, das scheint uns am fernsten zu liegen, dass jedes Leid, aus der Sünde stammend, Buße sein will für die Sünde."

Adventlicher Klang, und es kann nur gut sein, wenn er nachhallt in unserer Seele. Die im Orkan des Krieges gegen den östlichen Bolschewismus standen oder noch stehen und hinter der grauenvollen äußeren Verheerung durch den Krieg auch das tiefste und eigentliche Leid ahnen: wie von einer Horde gewissenloser Henkersknechte Millionen in alle Trostlosigkeiten und Qualen der Gottferne hineingestoßen wurden, so sehr, dass Ungeheuer herangewachsen scheinen statt Menschen – diese erheben oft fragend den Blick zu Gott, kaum im Zweifel an Seiner Macht und Liebe, aber bittend doch um Seinen Rat, um stärkende Erkenntnis. Denn es ist schwer, aus so viel Wirrsal und Trübsal sich durchzufinden zu Hoffnung und Klarheit. Aber es gelingt.

„Hart ist dieses Leben … Das Verständnis für die Höhen und Tiefen der Menschen wächst. Das Allerschönste aber ist, *dass Gottes Bild an Größe gewinnt."*

„Gott macht sich kenntlich durch die Zeiten … Er leuchtet heraus aus dem Feuer der Granaten und Bomben. Er schreit den Menschen an in den Detonationen der apokalyptischen Stahlungeheuer, dass sie ihn hören müssen trotz zugehaltener Ohren. Er führt die Menschen an den Trümmern irdischen Glücks und vergänglichen Reichtums vorbei; Er lässt sie schauen die Armseligkeit der verkohlten und zerfetzten Menschenleiber."

Ja, Gottes Ruf hallt, nicht überhörbar, auch über die Schlachtfelder und inmitten allen Grauens, das sich Menschen bereiten, waltet der, der die Sünden der Welt, auch die Lasten dieses Krieges auf Seinen geduldigen Schultern trug: Christus, der Erlöser als leuchtendes und versöhnendes Zeichen des Heils:

„Tausende Gräber tragen Seiner Liebe Zeichen. Und die Vielen hauchen mitten im Toben der zerstörenden Gewalten den letzten Atemzug der Liebe, die sie fähig machte, zu sterben für ihre Freunde. – So ist die Liebe … das Erhebenste und Ernsteste, von dem ein Menschenherz besessen sein kann. So ist mein tägliches spärliches Gebet: Herr, Du bist die Liebe, Herr blende die Kämpfenden mit Deiner Liebe; Herr, segne Du die Opfer der Front und Heimat, dass sie in Liebe gebracht seien; denn Du bist der Vater."

Viele bekennen ähnlich, wie einzig notwendig die *Kraft des Glaubens* ist, wo so viele Fragen und Rätsel ohne Antwort starren, wo „wir ja überhaupt noch kaum ein Fenster sehen in der undurchsichtigen Wand des Geschehens, durch das man auch nur einen bescheidenen Blick in das Kommende hätte. Uns bleiben tatsächlich nur die drei, der Glaube, die Hoffnung und die Liebe. Und man weiß nicht, welches von den dreien das Schwerste ist. Man fühlt sich Tag und Nacht bedrückt von der Unzulänglichkeit, mit der man ihnen allen drei gerecht, oder besser auch nicht gerecht wird."

„Was vermögen wir in dem abgrundtiefen Chaos von Hass und Vernichtung und Lüge schon mit unserer geringen Kraft, die vom Versagen vieler Stunden selbst wieder geschwächt und belastet ist – dürften wir nicht vertrauen, dass Er unsere stille Bereitschaft annimmt, ihr Segen und Kraft schenkt. Wie gewaltig ist doch die Verheißung, dass Er immerdar, bis ans Ende, mit Seiner Kirche ist. So darf uns inmitten von Tod und Vernichtung immer die frohe Hoffnung beseelen, die uns von Christus kommt."

In solcher Verfassung sind wir erst tauglich zu dem, was uns aufgetragen ist in dem nie aufhörenden, immer neu aufflammenden Gefecht zwischen Gut und Böse in der Welt. Keiner von uns ist aus diesem Kampf heraus, solange er atmet. Und *jede Stunde ist da Stunde der Entscheidung,* ohne Kompromiss! Versuche, hier zu einer „mittleren Linie" zu kommen, zu einem gleichsam schmerzlosen Ausgleich zwischen Gottes Anruf und den Lockungen des Widersachers, sind Schwäche, und zuletzt lächerlich. Mag einer sich drehen und winden wie er nun will, um den Pakt mit seiner Halbheit endlich doch vor seiner eigenen

Feigheit zu „rechtfertigen“: es geht nicht! In den Dingen geistig-geistlicher Entscheidung fällt das Gewissen, Gottes Stimme in uns, unbestechlich und unerbittlich den Spruch darüber, ob wir uns mit unserm Tun und Denken dem Reich der Ordnung oder den Mächten der Unordnung uns überantwortet haben. Gerade der Soldat – „an der Front fallen alle Verzierungen und Privatkapellen“ schrieb uns einer – weiß um die Bedingungslosigkeit solcher auf herbsten Ernst gerichteten Auseinandersetzung; weil dem im Angesicht des Todes Lebenden die inneren Sinne geschärft, weil ihm Leben und Denken so einfach geworden ist, dass schließlich der Kern des Seins offenbar wird. Er steht dann ganz wörtlich „vor Gott“, sieht wie in Seinem Licht *das immer währende Ringen zwischen Michael und Luzifer*:

„Man muss es erlebt haben, wie die ganze Welt mit all ihren menschlichen und volklichen Gegebenheiten im Banne der Unordnung liegt. Die ganze Geschichte der Menschheit ist nichts anderes als der Versuch, diese Unordnung zu beseitigen und das Gesetz der Ordnung aufzurichten. Die Folge der gigantischen Irrungen, die dabei auftreten, ist nur der neue Beweis, wie umfassend das Gesetz der Unordnung, das Chaos ist.“

Von daher fällt auch Licht auf die uns so im Innersten erregenden Ereignisse in Umwelt und Gegenwart: Letzte Energien sehen wir aufgeboten um irdischer Ordnung und Ziele willen; Kämpfen, Arbeiten und Fallen vieler; zahlloser Frauen Beten, Bangen und Weinen. Aber was auch an Anstrengungen menschlichen Wollens und Könnens angesetzt werden mag, es scheint vergeblich:

„Sie schaffen es nicht. Das Gesetz der Ordnung tritt seine Herrschaft an am jüngsten Tage, das weiß unser Glaube. Nie wird die Welt nach dem Gesetze Christi leben, denn selbst als es christliche Reiche gab, mussten diese, dem Gesetz der Unordnung Rechnung tragend, Verbrecher aufhängen, Feinde niederkämpfen, Verräter erschießen. Aber wir sind doch Christen! Sind wir es? Leben wir nach dem Gesetz der Ordnung? Ist unser Herz ganz das Herz Christi? Nein, unser Vorteil ist einzig, dass wir um das Gesetz Christi wissen, dass wir in Seinem Blute gewaschen sind, und Sein Gesetz kennen und es zu verwirklichen trachten. Kann ich etwas dafür, dass ich Christ bin, meine Eltern Christen waren? Ist es mein Verdienst, dass ich katholisch erzogen wurde, studieren konnte, geweiht wurde? Nein!“

Was muss durch diesen jungen Offizier hindurchgegangen sein an Erschütterungen bis auf den Grund der Seele, bis er zu solcher Schau kam, bis er aus seiner Seele diese fundamentalen Fragen christlicher Existenz (das Wort hier wirklich einmal ganz ohne den fatalen Unterton und Verdacht einer modischen Phrase gebraucht!) herausschleudern konnte, die auch uns wie glühende Pfeile treffen! Ein paar Zeilen vorher spricht der Brief von den „zerfetzten und zerrissenen Leibern der Kameraden, wie wir sie gesammelt haben" … Hier wird offenbar, wie entscheidend und scharf die Nachbarschaft des Todes junge Menschen dieser Zeit prägt, welche Härte und Unerbittlichkeit, aber auch welche Weite und Weisheit als Gewinn für Leben und Arbeit einst mit ihnen heimkehren wird von den Schlachtfeldern! Zuvor aber wartet ihrer wohl noch vieles, Ungeheuerliches auch. Nichts wird ihnen erspart, nichts ihnen geschenkt. Geschichtliche Brandung, wie aus dem Meer der Jahrhunderte heranrollend an die Gestade unserer Gegenwart, überfällt sie mit tobendem Schwall zweifelsvoller Fragen nach dem Sinn von Leben und Geschehen, übersprüht sie auch – Prüfung Gottes? – mit dem schäumenden Gischt mannigfacher Versuchung des Geistes:

„In dieser Flut des Chaos, in dunkler Nacht, stehe ich mit beiden Füßen auf einem Schiffe – ich weiß nicht, wohin es fährt. Untergehen kann ich nicht, ich kann auch nicht hinausspringen. Etwas hält mich mit stählernem Griff. Ist das Glaube? Kaum. Kann man inmitten tausender geschändeter Frauen, in Millionen zerfetzter Leiber glauben? Kann man in einem Meer von Hass und Tücke noch lieben? Niemals!"

Lasst uns diesen dunklen Ton nicht überhören! So klagt das ewige Leid der Welt, so fragen Brüder aus Dunkelheit nach Stern und Weg, so ruft und sehnt sich sündenwunde Menschheit nach dem Heil und dem Retter. Der aber hört das Rufen seiner Kinder im Elend und lässt sie nicht allein, nicht ohne die linde Gewalt seines Trostes:

„Trotz allem, es glaubt in mir, an das Gesetz der Ordnung, das ich nie und nirgends sehe. Es liebt in mir mit überwältigender Glut. Ich bin hineingestoßen in das Chaos, und es ruft durch mich: Ich bin der Weg, die Wahrheit und die Liebe."

Vor Gottes Macht gehen alle Stürme schlafen, seine Güte beruhigt auch das stürmischste, leidenschaftlich aufgewühlte Herz. Wie Sonnenschein über stillgewordener Abendflut rinnen wieder Glaube und Vertrauen auf unser Sein und Sinnen:

„Solange Menschen leben, herrscht das Gesetz der Unordnung, solange Christen leben, haben sie dies zu ertragen bis zum Tode, gleich ob sie eine Krankheit schlägt oder eine Kugel trifft ... Lächelnd tragen wir den Bannfluch der Unordnung, denn Er hat ihn getragen. Lächelnd schreiten wir zum Opfergang, denn Er starb den Tod in einer unbegreiflichen, unfassbaren Tiefe. Vor dieser Tiefe steht der Soldat, bereit zur neuen Geburt, zum Schritt über den Abgrund in das ewige Reich der Ordnung. „Wanderer zwischen zwei Welten." – Halte mich nicht für einen Pessimisten oder Ähnliches. Wie kann überhaupt ein Christ mies machen oder grollend abseits stehen? Das ginge ganz gegen Christenehre und – Christenhärte. Uns ist es befohlen, das Gesetz der Unordnung zu ertragen, es endlich im Tode zu überwinden. Tragen wir es so, dass auch die anderen sich der Gnade öffnen. Das ist der letzte Inhalt und Sinn christlicher Existenz."

Es hätte der Bitte des Kameraden: „Halte mich nicht für einen Pessimisten oder Ähnliches" nicht bedurft. Wer so schreibt, ist kein grollend abseitsstehender Miesmacher, kein Prophet, der immer nur den Untergang kündet und dann wartet, bis etwas schief geht – damit er Recht behält! „Vor dieser Tiefe steht der Soldat, bereit zum Schritt über den Abgrund in das ewige Reich der Ordnung": große Gnade ist dem geschenkt, der als Jüngling solche Reife der Einsicht gewinnen, in solcher Haltung sich bewähren durfte. Wäre es nicht so verbraucht, dass man sich fast scheut, es auf Soldaten anzuwenden, hier könnte das Wort Heldentum einmal aufklingen in seinem vollmächtigsten Klang.

Hier ahnt man etwas von der Verborgenheit des Weges, der zur Vollendung führt, von den geheimnisvollen Wundern göttlicher Führung, die in Stahlgewittern über Schlachtfeldern Jünglingen Weisheit spendet, die sonst den Ertrag eines langen Lebens ausmacht. „Wer ist sein Ratgeber gewesen? „Er allein ist es, der uns zuteilt nach Seinem Rat. Warum soll Er sich heute Seine Helden und Heiligen nicht im Toben der Völkerschlachten bereiten können, wie er Seine Kinder einst in Einsamkeit, Dürre und Brand der Wüste zu ihrer Sendung berief und führte? Nur die Gestalt der Wüste erscheint gewechselt: Die Begegnung mit Gott ist uns in den Wüsten des vom Kriege rauchenden Ostens heute ebenso möglich wie einst den Vätern in der Großen Syrte. In dem einen Willen, in der einen Weisheit Gottes rinnen ja alle unsre Schicksale zuletzt wunderbar zusammen. Das Maß aber des Wunderbaren wird das Staunen, Denken und Lieben unsrer Ewigkeit sein! Nichts ist vergeblich, Freunde, von allem, was mit uns geschieht. Nur, Seinem allmächtigen Worte vertrauend uns anheim zu geben: das wird von uns gefordert. Der Cherubinische Wandersmann sagt warum:

„Es kann in Ewigkeit kein Ton so lieblich sein,
Als wenn des Menschen Herz mit Gott stimmt überein."

Nur sind unsre Sinne oft so blöd, dass wir es nicht verstehen:

„Gott, weil er groß ist, gibt am liebsten große Gaben.
Ach dass wir Arme nur so kleine Herzen haben!"

Ein großes Herz, Großherzigkeit gehört freilich zu der notwendigen Ausstattung des Christen von heute, zum „christlichen Sturmgepäck" könnte man sagen. Sind wir nicht selbst (ich vor 25 Jahren, Ihr heute!) nur mit dem Schwung einer gewissen Großherzigkeit über manches hinweggekommen? Man kann es keinem Rekruten verübeln, wenn er anfangs im Soldatenleben kaum mehr sieht als einen nicht immer sinnvollen Drill. Aber:

„Eines Tages kommt man zu der Überlegung, ob nicht doch durch ehrliches Wollen auch diesem Beruf – und er ist es gerade heute wirklich im tiefsten Sinne des Wortes – eine höhere Sinndeutung zuzuerkennen ist. Ich selbst habe die Erfahrung gemacht, dass gerade das Soldatenleben viele denkende Menschen aufgeschlossen macht für Dinge jenseits des Alltäglichen, wenngleich man meistens das Gegenteil zu hören bekommt. Andrerseits empfindet man aber auch täglich stärker die Gegensätzlichkeit der Welten, die wir haben tauschen müssen. Ohne unseren soldatischen Beruf verflüchtigen oder gar verneinen zu wollen, werden wir doch gerade jetzt des Fremdseins für Christus inne. Und ich glaube, dass viele unserer Brüder in ihrer gegenwärtigen Lebenssituation die Fremde ganz konkret verspüren. Wir lernen tiefer verstehen, was es heißt: „Exi de patria tua!" (d.i. Gottes Ruf an Abram: „Zieh weg aus deinem Land", 1 Mose 12,1; H.M.)

Der Benediktiner, der dies aus dem Felde schrieb, hat die Bitterkeit dieses Befehls sicher schmerzlich gespürt. Aber sind nicht schon viele vordem aus der Heimat gegangen, um ein Vaterland oder noch Größeres zu finden? Von wem viel gefordert wird, der ist auch reicher begnadet, zu Größerem vielleicht gerufen:

„Die Ur-Elemente des Christ-Seins sind es, die hier von uns verlangt werden, für uns selbst – aber auch von den andern. Wir haben viel über diese und jene Probleme gestritten in den letzten Jahren. Heute aber, da unser Leben in der Entscheidung steht, da das Wort vom Tode, der uns mitten im Leben umfangen hält, nicht mehr pathetische Phrase, nicht mehr mathematische Erkenntnis ist, die wir in die Diskussion werfen – sondern Gewissheit, sichtbare und fühlbare Gewissheit geworden ist –, da werden diese Probleme alle blass, unwichtig möchte ich sagen, vor dem Einen wichtigen, das um die Pole Du und Gott kreist. Und die Kameraden um uns? Es wird nicht leicht sein für uns, und es wird gut sein, dass es nicht leicht ist. Darum können wir nicht klagen, sondern müssen bitten, dass die Kraft zu dieser Arbeit uns gegeben wird. Es wird uns vieles fragwürdig sein, was fester Weg schien und vieles unbekannt, was jeder kannte. Wir werden nicht Probleme aufrollen, sondern den Christus künden. So werden wir zu unserer Berufung zurückkehren und nicht böse sein darüber. *Türme werden fallen, aber Fundamente werden gelegt.*"

Die Sentenz des letzten Satzes: herrlich! Eine Sicht christlicher Zukunft ist damit aufgerissen, wie wenn der Blick nach düsterem Gewitterzug wieder in die Weite stößt und durch Wolkenfetzen zum Blau des Himmels dringt. Dr. August Arnold (inzwischen als Soldat auch unser Kamerad geworden!) hat uns in dem bekannten Hochlandaufsatz „Messe und Wiedervereinigung" solche Fundamente gezeigt. Es wäre nicht allein lohnend, daran weiterzubauen, sondern wir müssen es tun, weil dies Bauen zum christlichen Auftrag gehört. Wir spüren daheim brennend genug, was Not tut um die größere Gemeinschaft der Heiligen; und in Russland, als Ihr inmitten des Kriegstobens im Vorübergehen Spuren der Katakombenkirche des Ostens sahet, ist es Euch sicher ans Herz gegangen: Fundamente! Wo sind die Werkleute dort und hier, die getreu dem Planriss des Meisters mit klarem Wollen und mit großer Demut vom Grundstein Christus aus die Kathedrale weiterfügen? Sie sind doch so sehr nötig:

„Wenn man mitten in der Masse des Volkes lebt und sieht, welchen Eindruck das Christentum in seiner jetzigen Erscheinung auf die Leute macht, so wundert man sich nicht, wenn es vielfach abgelehnt wird. Denn es macht sich durch seine Uneinigkeit und Aufspaltung selbst unglaubwürdig in den Augen vieler. Nie habe ich diese Schande des Christentums beschämender empfunden Wenn man das alte Bundesvolk als Typus des neuen Volkes Gottes nimmt, dann erscheinen einem die Dinge, die jetzt bei uns geschehen, als Gottes Läuterungswerk. Wahrscheinlich gibt es keinen anderen Weg zur una sancta ecclesia (zur einen – die Konfessionen vereinigenden – heiligen Kirche; H.M.) als den des Kreuzes und scheinbaren Todes ... Mag auch die äußere soziale Gestalt der Kirche fallen oder sich wandeln ... Wenn nur die Organisation der Herzen da ist; der Geist rechten Glaubens, lebensnaher Liebe und unerschütterlicher Hoffnung auf die ewigen Güter. Diese Kräfte zu wecken, wird unsere vordringlichste Aufgabe werden."

Alles Gegenwärtige ist Bereitung dazu, selbst alles Schwierige und Widrige Weg dahin. Und die Begegnungen mit den Menschen, den Kameraden der gleichen Stube, des gleichen Zeltes oder Erdlochs, sind Teil der Sendung, von der sich keiner lösen kann; außer dem Feigling, der Druckpunkt nimmt, wo es nur geht, und die andern ichsüchtig missbraucht: jämmerliche Gestalt, die Soldaten in tiefster Seele verhasst ist! *An der Front gilt nur das Opfer*. Und aus dem, was Briefe bezeugen können, zeigt sich, dass Not und Kampf auch den priesterlichen Menschen ganz neu zu formen im Begriffe sind. Auf die Wirklichkeiten und Erfordernisse der Gegenwartswelt hin! Sichtbar wird da „eine Generation, die um die Not des Opfers weiß. Es hat schließlich keinen Sinn, vom Wert des Opfers zu reden, wenn man nicht selbst die ganze Härte solchen Seins verspürt hat. Es hat keinen Sinn, vom Tod als der Erlösung von irdischem Leid zu reden, wenn man nicht selbst einmal die rein physische Angst um sein Leben verspürt hat. Wer nie das Leben als kostbaren Besitz wieder empfangen hat aus tausend Todesängsten, wie kann der über den Tod predigen? Und aus all dem wächst das wesentliche Gebet, jene Haltung des Gottvertrauens, des Gottverbundenseins in den Stunden der Not und Angst. Es geht heute nicht mehr um Formeln, es geht um Formen, jenen Begriff der scholastischen Philosophie: forma als Gestaltung von innen heraus, vom Wesen her."

Es ist nur natürlich, wenn Denken und Sehnen dieser Menschen, deren Daseinsweg immer aufs Neue zum Opfergang wird, verlangend und voll Ehrfurcht sich hinwenden zur *Quelle aller Opferkraft*, zum Opfer aller Opfer:

„... Wir haben hier ein Unmaß von Grausen erlebt, ein maßloses Leid ist über viele Menschen hereingebrochen ... Ich weiß einen Kreis junger Menschen in der Heimat, die sich zu einer eucharistischen Opfergemeinschaft vereinigt haben, um den Sieg zu erflehen, den Sieg Christi. Dieses Wissen um die Verbundenheit im Opfer Christi ist das herrlichste Wissen der Front. Ich glaube, dass jetzt eine Zeit eucharistischen Opferns gekommen ist, da *das Opfer Christi in den Mittelpunkt der Welt* gerückt ist."

Nicht alle sehen das ein, die Armen nicht, die Opfer und Kreuz des Herrn nicht kennen, die im Unverstand zu sagen wagen: die Neuzeit beginne mit der Überwindung des Kreuzes, seinem Gespenst werde der Zutritt zum neuen Jahrtausend versperrt, weil es den Lebenswillen des Volkes vergifte. Welche Armseligkeit! Aber erregte Abwehr wäre hier fehl am Platze. „Diese Art kann nur ausgetrieben werden durch Gebet und Fasten" (Matthäus 17,20). „Was toben die Heiden und sinnen eitlen Plan die Völker? Die Könige der Erde rotten sich zusammen, es halten Rat die Mächtigen zum Kampf gegen Gott und seinen Gesalbten ... Der in den Himmeln thront, Er lacht, der Herr, Er spottet ihrer" (Psalm 2). Wie wollen wir mit der schwachen Kraft unseres Wissens, gar mit Apologetik, diesem Toben der Bosheit beikommen? Aus Christi Opfer allein kommt uns Heil ... Und das Wenige, das wir selbst tun können und dürfen, ist wiederum Geschenk Seiner Gnade, darum nützt alle religiöse Hast, alles nervöse Sichabstrampeln (wie um dem armen lieben Gott zu helfen) gar nichts. Wer manchmal so mit den Händen in der Luft herumfuchtelt, macht nicht immer den Eindruck einer überzeugten Gläubigkeit. Dieser drastische Satz eines Kameraden gilt übrigens auch im inneren Raum der Kirche. Es wäre untheologisch und geradezu reaktionär, dem Wort und der Stiftung Gottes praktisch weniger zu vertrauen als menschlichem Wissen und Witz! In unsre Frömmigkeit trat eine neue Bewusstheit, eine wohl wesentliche Erkenntnis: *Das Kommen des Herrn bereitet sich still*. Jetzt gerade im anhebenden Advent empfangen wir immer wieder von der Kirche die Mahnung zu dieser Stille. So ist es auch richtig:

„Wir werden ein wenig stiller und kleiner und nichtsbedeutender werden müssen, darüber hinaus oder gerade deswegen aber noch ein wenig wärmer, froher, leuchtender, gläubiger, gestärkter und zufriedener. Wir bestimmen die Stunde des militärischen Einsatzes nicht, wir bestimmen noch viel weniger die Stunde des christlichen und priesterlichen Einsatzes. Manchmal lässt er lange auf sich warten, manchmal fällt er wie reifes Obst von den Bäumen. Große Kräfte werden nicht nur im Kampfe wach, sondern oft auch in der Stille, und wir müssen uns, in der Heimat wie im Soldatsein, ans Warten gewöhnen, Priester und Christen – bis jene Stunde kommt." *Warten* und *Erwartung*: Adventliche Worte. Das eine ist das dunkle Harren, das zweite hoffende Ausschau nach dem fernen, aber schon nahen Licht: Christus … Wir sollen uns an dieser Jahreswende davon ergreifen lassen, dass unser Leben Erwartung ist …

Am letzten Sonntag im Kirchenjahr 1941
(23.11.1941)
Lieber Kamerad!

Je länger der Krieg dauert, umso deutlicher wird, welche Kraft den Kämpfern aus dem Religiösen zuströmt. Im Bereich des Befehls wird solche Kraft zu Nüchternheit, zu Gefasstheit und Umsicht, zu jener Überlegenheit, die mit wacher Sorge das Äußerste bedenkt, weil sie schon lange zuvor das Letzte bedacht hat. Christliche Tapferkeit ist darum nicht willkürlicher Anspruch einer fremden magischen Welt auf ein Sachgebiet, auf dem Religion und Konfession nichts zu suchen hätten; vielmehr ist sie ganz natürliche Folgerung christlichen Daheimseins in den Geheimnissen, aber auch in den Wirklichkeiten der Überwelt, wie sie uns gerade vor dem Weihnachtsbild des Erlösers in der armen Krippe aufleuchtet.

Wenn es, jetzt oder nach dem Kriege, wirklich erst noch der Zeugnisse bedürfte, um das Religiöse als Kraft spendende Lebensmacht für Persönlichkeit und Volk zu erweisen: sie stünden tausendfach in den Briefen von sehr vielen und sehr tapferen im Kampf bewährten und auch erfolgreichen Soldaten und Offizieren. Aber es entbehrt eigentlich jeder Notwendigkeit, christliche Religion, Glauben und Kirche erst noch zu verteidigen; diese sind, seit je, die zwar sehr oft verborgenen und geheimnistiefen, aber trotzdem sehr lebendigen und tatsächlichen Quellen, aus denen auch manche trinken, die sich über das letzte Woher ihrer Stärke weniger Gedanken machen. Es verlohnt sich immer wieder, Sätzen nachzusinnen, die in einer für Soldaten empfehlenswerten Schrift des Generals Dr. von Rabenau (Vom Sinn des Soldatentums, Köln, 1940) stehen:

„Gerade für den Soldaten passt das Wort: ‚Gott ist die Liebe, und wer in der Liebe bleibt, der bleibt in Gott und Gott in ihm' …"

„… Religiosität ist eine harte Angelegenheit, nichts Weiches und Weichliches, verlangt aktives Tun und nicht, wie es ein weit verbreiteter Irrtum will, passives Verhalten. Religiosität ist etwas Freudiges und Frisches, und nichts jammernd Geducktes. Alle Pflichten des Soldaten sind im Letzten religiös begründet, und sie zu erfüllen ist gerade darum oft bis zum Sterben hart ..."

„Es ist kaum zu begreifen, warum religiöse Motive lebensfeindlich und freudestörend sein sollten. Das Wort Evangelium heißt Frohe Botschaft … Der Glaube an eine leitende und schützende Hand über den Menschen soll … gerade dann das Herz mit Kraft und Freude erfüllen, wenn die Stunde schwer ist ..."

„Es ist auffallend, dass fast *alle großen*, bis zum Ende erfolgreichen *Soldaten tief religiös und glaubensfest* gewesen sind. Bei den wenigen, die es nicht waren, gibt es auch sonst Anzeichen, die an ihrer wahren Größe zweifeln lassen."

Man wird diese Gedanken aus unserer unmittelbaren Gegenwart nicht gut als unerheblich abtun können. Und wenn gar einmal die Kameraden des Ostfeldzugs 1941 ihre Lippen auftun, um von dem Ungeheuerlichen zu sprechen, was da um sie und in ihnen in grauenvollen Monaten vorging, dann erst wird sich ganz zeigen, wie weit religiöses Gefühl und lebendiger Christenglaube die Seelen der Kämpfer gestärkt haben.

Keine Frage, dass an Gott und Christus zu glauben nie aufhören kann, zeitgemäß zu sein. Dass dies auch des gebildeten Mannes und Offiziers wahrhaft würdig ist. Man kann getrost absehen von geschichtlichen Beispielen: wer hat nicht schon in diesem Krieg den einen oder anderen Brief gelesen, als Zeugnis kindlich-vertrauender Gläubigkeit ebenso gültig wie als Dokument soldatischen Mannestums und heiligernster Treue. So schrieb mir erst jüngst einer der Männer draußen:

„Brennt nicht auch in uns der heiße Wunsch, auch als Soldat Christus den Ihm schuldigen Dienst zu erweisen, … gerade jetzt mit Ihm in lebendiger Verbindung, mit Ihm vor dem Vater zu stehen, zu Seiner Ehre und Verherrlichung zu sprechen: Hier bin ich, Deinen Willen zu tun! Und das wochenlang, ja manchmal Monate hindurch ohne Messopfer, ohne Kommunion! Haben wir nicht zu Hause Frau und Kinder, die auf unser Wort, auch auf das vom Reiche Gottes warten? Die mit großer Liebe und Vertrauen uns um dieses Wort bitten und ihm glauben? Gilt da nicht auch Treue um Treue? Auch das kann hart sein … Auch müssen wir einen klaren Blick haben, geschärft und immer wieder geprüft und geklärt an Gottes Offenbarung. Wie oft gilt es nicht, daheim auftretende bange Fragen und Zweifel zu lösen und zu klären. Müssen wir nicht unsere Frauen zum härtesten Opfer bereiten, weil wir nicht wissen, ob wir heimkehren? Auch das ist priesterliches Wirken, und dazu ein schweres. Vor allem dann, wenn echte Liebe bindet."

Menschlicher Adel und religiöse Tiefe erscheinen hier wahrhaft eins geworden. Und man denkt an ein Wort, das in dem sehr wichtigen Buch eines Laien steht: dass es dem Christen oft nicht leicht gemacht werde, seinen Einsatz für die Welt im Sinne des Schöpferauftrags zu leisten: „Die Situationen in der Welt sind für ihn nie so einfach gelagert. Trotzdem darf der Wille zum Dienst an der Welt in dem dazu berufenen Christen nie erlahmen." (R. Scherer, Christliche Weltverantwortung ...)

Nehmen Sie, lieber Kamerad, diese Zeilen, die ja nur einen bescheidenen Weihnachtsgruß an Sie begleiten sollen, bitte nicht als – zweckhaft! Dem Laien, der dies schreibt, liegt nichts ferner als „Absichten"! Hier soll nichts bewiesen und nichts erstrebt werden. Erstrebt allenfalls, dass Sie doch spüren möchten, wie sehr sich die Heimat gerade zur Advents- und Weihnachtszeit mit den Brüdern im Soldatenkleid verbunden weiß. Und Sie werden auch verstehen und billigen, dass dieser Gruß als Bote jener Welt gelten möchte, die, wie wir zu wissen glauben, auch die Welt Ihrer Seele ist …

Am Weißen Sonntag, 12. April 1942
Lieber Kamerad!

Widrigkeiten mancherlei (Anlässe höherer Gewalt könnte man spaßhaft sagen!) (Gemeint ist das erzbischöfliche Ordinariat in Freiburg; H.M.) haben das Kommen des Freiburger Briefes verzögert. Denen, die darum etwas unruhig wurden, sei für ihre Sorge gedankt und zugleich versprochen, dass der Brief, so weit es am Verfasser liegt, nie mehr länger ausbleiben soll. Begreift: Es ist nicht möglich geworden, auf alle Euere Briefe und brieflich geäußerten Wünsche einzugehen. Auch einiges Wichtige musste bis heute unerledigt bleiben. Seid aber gewiss, Euere Anliegen, die geistlichen, die geistigen und auch die Übrigen sind nicht vergessen! Im Maße unserer Kraft und der vorhandenen Möglichkeiten wollen wir versuchen, dem Dienst für Euch, dem wir uns gerne verschrieben haben, zu entsprechen. – Unser geistiges Beieinander ist eine beglückende Tatsache, und es ist nur schade, dass unser Austausch bei der Schwerfälligkeit und Stückhaftigkeit menschlicher Versuche nur verhältnismäßig selten geschehen kann. Immerhin: Er soll nicht aufhören, dieweil es ja christbrüderliche Pflicht ist, dass der Bruder den Bruder stärke. Viele von Euch haben dies in kämpfender, rettender, helfender Tat oft auch mit aufrichtendem Wort oder Briefwort getan; Ihr spürt selbst am besten, wie jene aus der Ewigkeit herüber Euch dafür danken, die an Eurer Seite stritten und die im Kampfe gegen die massierte Dämonie dieser Welt und Zeit ihr Leben für die Freunde hingaben. Sie sind jetzt in der Herrlichkeit des Auferstandenen, des Ostersiegers, und aus der Fülle ihres seligen Schauens dringt auf ihre Fürbitte ein heller Schein auch auf unseren Weg. In solchem Wissen gründet die Hoffnung unseres Sieges. –

Dieser Brief kann nur kurz sein. Er gelte auch als Vorläufer für einen, der zu der üblichen Form zurückkehrt. Dafür ist das, was diesen Zeilen beigefügt wird, von umso größerem geistlichen Gewicht: „Das Vaterunser" von Reinhold Schneider wird mit der Gewalt seiner Gedanken Eure Seelen füllen. Ihr werdet sehen, welche Kraft in Gott sich hingebender und darum sieghafter Gläubigkeit in dem Büchlein aufstrahlt. Mit diesem schmalen Bändchen ist Euch eine der tiefsten und erregendsten Bekundungen christlichen Geistes der Jetztzeit in die Hand gelegt. Wenn je etwas neben Gebet und Gotteswort, dann wird diese Schau der Welt-

und Heilszusammenhänge Euch mit zuversichtlicher Tröstung erfüllen, dass Ihr treu sein könnt Eurer Pflicht, tapfer und vorbildlich im Einsatz wie in jeglicher Stunde der Entscheidung. Lasst auch Eure Kameraden teilhaben und denkt, dass manche Seele nach Gott verlangt; wir müssen es nur taktvoll erspüren und still erbeten. Euer Echo auf das Vaterunser ist uns heute schon eine Freude.

In uns glüht das österliche Wissen: „Er lebt und wird auch bei uns sein, wenn alles uns verlässt!"

Seid von Herzen aus der Heimat gegrüßt in der Freude und im Frieden des Auferstandenen!

Euer Heinrich Höfler, Hauptschriftleiter

*

Dies war das letzte Rundschreiben Höflers an den großen Kreis von Priestern und Theologen. Seine Zusage, die Kontakte aufrechtzuerhalten, konnte er nicht einhalten, da er trotz monatelangen Bemühens keine Möglichkeit fand, sein Versprechen zu verwirklichen.

V.
Die „Predigtskizzen zum Gebrauch vor Soldaten“

1.
Planung und Realisierung der Vorlagen

Schon bald nach Kriegsbeginn erhielt Heinrich Höfler seitens einiger Kriegspfarrer die Anfrage, ob er nicht neben dem religiösen Schrifttum für Soldaten auch Anregungen für Predigten der Militärseelsorger liefern könne, da diese sich in dem ungewohnten Dienst oft überfordert fühlten. Höfler versuchte sofort, diesen Wunsch zu erfüllen, doch angesichts der Zurückhaltung der von ihm angesprochenen Priester, solche Predigthilfen zu erarbeiten, vergingen mehrere Monate bis zur Realisierung dieses Planes. Dank der Zähigkeit Höflers waren einige Wehrmachtpfarrer schließlich doch bereit, Predigtvorlagen anzufertigen und für die Mitbrüder zur Verfügung zu stellen.

Von Ende 1940 bis Ende 1944 verschickte die „Abteilung Schrifttum“ insgesamt 29 Predigtreihen, deren jede (abgesehen von den ersten Reihen) etwa 30 Seiten umfasste. Mitte 1943 bezogen rund 2.000 Geistliche diese von Priestern für Priester verfassten insgesamt etwa 300 Predigtskizzen unterschiedlichen Umfangs. –

Die Seelsorger standen auch hinsichtlich ihrer Predigtaufgabe vor einer fast unlösbaren Aufgabe. Einerseits gab es die strikte Vorschrift, jede Stellungnahme zu politischen Fragen in den Predigten zu vermeiden, dennoch sollten die Pfarrer gemäß den Weisungen von Partei- und Wehrmachtsführung an die Wehrmachtseelsorge den „Existenzkampf des deutschen Volkes“ unterstützen, ansonsten sie leicht als defätistisch angesehen werden konnten; einerseits sollten die Predigten „lebensnah“ sein, anderseits waren gerade die Dienststellen der Partei an einer gewissen Weltfremdheit der Prediger und ihrer Predigten interessiert, weil sie sich dadurch – neben der Bestätigung ihres Vorurteils – eine Entfremdung zwischen Priestern und Soldaten erhofften. Die Kriegspfarrer ihrerseits wollten vor allem ihrem Auftrag zur Verkündigung des Evangeliums nachkommen, ohne durch Verstoß gegen die militärischen Richtlinien die Einrichtung der Feldseelsorge aufs Spiel zu setzen. Solchen Anforderungen waren nicht alle Kriegspfarrer in gleicher Weise gewachsen.

Da außer den von Höfler verschickten Serien keine weiteren Predigtskizzen erhalten sind, lässt sich nicht sagen, wie umfangreich das Angebot eingesandter Vorlagen gewesen ist und nach welchen Kriterien eine Auswahl aus dem eingegangenen Material getroffen wurde. Auch im Briefwechsel zwischen Höfler und Werthmann finden sich dazu nur spärliche Hinweise. So äußert sich Ersterer einmal über eine geprüfte Zusendung: „Viel Geschrei und wenig Wolle." Und im selben Brief: „Den in der Hauptsache doch unbrauchbaren Band von Kriegspfarrerpredigten habe ich an deine Dienststelle zurückgegeben. Ich empfehle als Hinrichtungsart den Feuertod." Eine andere Vorlage hält er nicht für geeignet und will sie „zurechtstutzen … für die Allgemeinheit", hält es aber für besser, das eingesandte Manuskript überhaupt nicht zu verwenden.[77]

Höfler selbst bewertete die Predigtskizzen in einem Brief an die Wehrmachtseelsorger in der Osterwoche 1944 wie folgt: „Wir haben in diesen Blättern kaum einmal so etwas wie eine ‚Bombenpredigt' gebracht. Der uns heute so verhasste laute Stil auf der Kanzel hat ja mit der aufrichtigen Herbheit männlich-soldatischer Art nichts zu tun … Die Benützer bzw. die Leser des hier Gebotenen mögen sich darauf verlassen, dass sich Mitarbeiter wie Bearbeiter Mühe geben, nur dasjenige hier vorzulegen, was formal, d.h. als gestaltetes Wort, und inhaltlich, d.h. als religiöse Bekundung, gut vertretbar erscheint ..."

Viele der vorliegenden Predigten hätten ebenso in einer normalen Kirchengemeinde gehalten werden können, vor allem die der ersten Lieferungen, als die Verfasser sich nur schwer auf die neue Situation militärischen Lebens einstellen konnten. Sie enthalten oft keinen Bezug zum Krieg oder zum Leben der Soldaten. Darum werden sie im Folgenden

[77] Briefe Höflers an Werthmann vom 24.2. und vom 5.7.1943.

ebenso wenig berücksichtigt wie jene Texte, die sich mit allgemein-religiösen oder moralischen Fragen befassen. Um jedoch einen Eindruck von den behandelten Themen zu geben, werden einige beispielhaft angegeben. Das Datum des Versandes ist nicht in allen Fällen erkennbar.

Die Predigtvorlagen blieben übrigens bis zum November 1944 unzensiert, da die Feldseelsorge eine dienstliche Einrichtung der Wehrmacht war. Als Heinrich Höfler am 5. Mai 1944 verhaftet wurde, übernahm der Caritasdirektor von Mann die Predigtlieferungen. Am 25. November 1944 teilte der Feldgeneralvikar dem Direktor des Deutschen Caritasverbandes (DCV), Benedikt Kreutz, mit, dass der Versand der Predigtvorlagen jetzt – Ende 1944! – nur noch nach vorheriger Prüfung der Texte durch den Nationalsozialistischen Führungsoffizier (NSFO)[78] beim Oberkommando der Wehrmacht möglich sei. Da er „eine solche Vorzensur nicht für tragbar" hielt, wurde der Versand weiterer Predigthilfen eingestellt. Daraufhin nahm Kreutz Anfang Januar 1945 Stellung: „Ihre Haltung bezüglich der Predigten kann ich nur teilen, da Gottes Wort nicht gebeugt werden darf."[79] Anders gesagt: Von den Verantwortlichen wurden die Vorlagen als legitime Interpretationen von „Gottes Wort" angesehen.

Gelegentlich schienen bei den nun dargebotenen Texten kurze Hinweise und Erklärungen erforderlich. Sie sind in jedem Fall als von mir stammend kenntlich gemacht.

Schreibfehler wurden in den Abschriften korrigiert, die unterschiedliche Groß- und Kleinschreibung beibehalten; die Abkürzungen wurden in der Regel nicht übernommen. Lateinische Zitate – bei manchen Predigern damals beliebt – werden übersetzt oder erklärt. Kursiv gesetzte Worte oder Sätze sind im Original entweder unterstrichen oder gesperrt gedruckt. Bei den meisten ebenfalls in Freiburg liegenden Predigtskizzen ist der Name des Verfassers samt Anschrift (in der Regel die Feldpostnummer) angegeben. Von der Wiedergabe der Namen wird hier aus verständlichen Gründen abgesehen.

---

[78] Der NSFO wurde durch Erlass vom 22. Dezember 1943 als braunes Gegenstück des „Politruk", des sowjetischen Politischen Kommissars, eingeführt. Er sollte für die „Aktivierung der politischen Erziehung zum fanatischen Soldaten des Nationalsozialismus" sorgen.

[79] Beleg bei Heinrich MISSALLA, Für Volk und Vaterland, a.a.O., 188, Anm. 26.

2.
Die Predigttexte

I. REIHE: Leid und Heilung

(Der Verfasser dieser Skizzen; H.M.) „sieht zunächst die große Aufgabe der Wiedereingliederung der religiös vielfach entwöhnten Männer in das sakramentale Leben". Themen: 1. Der andere Feind. – 2. Der Treuedienst für Christus (Taufe und Firmung). – 3. Ich bekenne Gott, dem Allmächtigen … 4. „Dem Sieger will ich vom verborgenen Manna geben." (Offenbarung 2,17)

II. REIHE: Heldsein – Christsein

1. Christus, der Held im Leiden. „Welch eine Aufgabe ist es, eine chaotische Welt wieder in die Angeln zu heben, den Augiasstall menschlicher Unordnung wieder auszuräumen, bloß eine Familie zu leiten, ein Volk zu einen und zu führen, ein Reich zu bauen und zu bewahren!" (Nach Hinweisen auf Alexander und Cäsar, Augustus und Konstantin; H.M.:) „Welche Aufgabe haben der Führer, der Duce, der Caudillo geleistet, aus einem Wirrwarr widerstrebender Interessen, sich bekämpfender Parteien, unter dem sehnsüchtigen Auge eines feindseligen Auslandes eine Nation, eine Gemeinschaft wieder erstehen zu lassen."

2. Johannes, der Prediger am Jordan. – 3. Der Hauptmann unter dem Kreuz.

IV. REIHE: Predigten zur Karwoche, zu Ostern und zur Osterzeit (1941)

Was sagt die Welt zum Kreuz? – Zum Karfreitag: Kreuz und Tapferkeit. – Die Botschaft des Ostertages. – Zum Weißen Sonntag: „Seid nicht ungläubig, sondern gläubig". – „Lumen Christi". – Die gute Osterbeichte – eine schwere Soldatenpflicht.

VIII. REIHE (September 1941): Standesfragen

Kirche und Soldat. I. Kirche in der Berufung und Bewährung. Kirche und Soldat. Vielleicht hältst du das Thema schon für einen Blindgänger. Denn „wir Soldaten haben nur Interesse für persönliche Angelegenheiten. – Die Kirche hat es mit dem Jenseits zu tun, wir aber mit genau umschriebenen diesseitigen Aufgaben. – Die Kirche ist die Gemeinschaft im Heiligen Geiste, was aber hat unser Soldatenhandwerk damit zu tun?" – Antwort: Hans Niermann, der Soldat, gefallen am 18. Juni 1940 in den Kämpfen an der Aisne, schreibt in seinem Tagebuch (9.5.40): „Ist der Krieg nicht eine Möglichkeit, Menschen vor dem Krämertum zu bewahren? Freilich auch eine Möglichkeit, im Zeichen des Kampfes Menschen abzulenken vom eigentlichen Kampf, der ihnen aufgetragen ist –, dass sich erweise der Sieg Gottes in den Entscheidungen der Menschen." Und am 25. 5.40: „Ich glaube, je mehr einer Mann ist, desto mehr kann er auch Christ sein." – General der Artillerie Dr. von Rabenau in „Vom Sinn des Soldatentums" (S. 32): „Es ist auffallend, dass fast alle großen bis zum Ende erfolgreichen Soldaten tief religiös und glaubensfest gewesen sind. Bei den wenigen, die es nicht waren, gibt es auch sonst Anzeichen, die an ihrer wahren Größe zweifeln lassen." –

1. Gott sitzt im Regiment … 2. Gott ist größer … 3. Schlagseite. Oft heißt es in den Frontberichten: Das Schiff blieb mit Schlagseite liegen. Schlagseite, d.h. in der Schwebe zwischen Dasein und Untergang, … in einen ohnmächtigen Zustand hineingebannt, dem Scheitern preisgegeben. Ihm vergleichbar ist das moderne Menschenbild … Das Menschenbild der Kirche ist größer.

… So schreibt der junge Katholik Hans Niermann in seinem Tagebuch 21.1.40: Alles ist in der kirchlichen Existenz hingeordnet auf eine höhere Welt, nicht auf das Nichts. Darum hat der Mensch im kirchlichen Glauben Sicht auf einen Sinn, der über allem steht, auch über dem Tode. Daher hat er denn auch die Opferbereitschaft bis zum Sterben und hat die Kraft, in schweren und schwierigsten Dingen ein entschlossenes „Dennoch" zu sagen …

(Weitere Themen der Reihe VIII): Einiges über die christliche Sittenlehre; Vom religiösen Urgrund soldatischer Kameradschaft; Ehre und Ansehen; Stil im Sterben – Freiheit Christi; Soldatentod als Mahnung.

IX. REIHE (Oktober 1941): Im Laufe eines Kirchenjahres; Grabansprachen; zu besonderen Gelegenheiten

1. *Ein Wort über den Rosenkranz.* – 2. *Zwei Predigten zum Christkönigsfest.*
Nr. 3: *Im Allerseelenmonat* (1941)

A. Der Allerseelentag ist immer ein Tag stiller Wehmut und Trauer; er ist es aber im Kriege umso mehr, wo die Todesfälle sich häufen und wir oft einem lieben Kameraden das Grablied haben singen müssen. Heute, wo der Allerseelentag zum dritten Male im Kriege wiederkehrt, wollen wir allen Gefallenen dieses Krieges ein ganz besonderes Gedenken schenken in unseren Gebeten, aber auch in dieser Ansprache. Mit dem heiligen Hieronymus wollen wir bekennen: Gott danken wir, dass ihr unser waret, noch mehr danken wir, dass ihr unser seid, und darum: Te decet hymnus in Sion et tibi reddetur votum in jerusalem: Es ziemt ihnen ein Loblied auf Sion, und darum soll ihnen entrichtet werden ein Gelöbnis in Jerusalem.

Kameraden! *Wir grüßen unsere toten Heldenbrüder in stiller Ehrfurcht*! Heute stehen sie wieder lebendig vor unseren geistigen Augen, diese prachtvollen Gestalten, diese regsamen frischen Menschen aus allen deutschen Gauen. Wie viele herrlichen Anlagen und Gaben besaßen sie, wie viel Gutes hätten sie noch schaffen und wirken können mit ihren klaren Köpfen und ihren treuen Herzen! Lebendig wird in uns die Zeit, wo wir mit ihnen zusammen in der Kaserne waren, mit ihnen vielleicht sogar dieselbe Stube bewohnten, wo wir in edlem Streben uns mühten, stramme und tüchtige Soldaten zu werden. Da kam der Krieg, wir zogen hinaus in Feindesland, hinein in die tobende Schlacht, um Heimat und Vaterland zu schützen und zu verteidigen. Mit Gott, für Volk und Vaterland – dies war die Devise, unter der wir auszogen ins Feld, das war der Leitgedanke für das Ausharren selbst in den schwersten Lebenslagen, das war der Trost in Verwundung und Sterben. Und es werden heute in unserer Erinnerung wach all die großen und schweren Kämpfe und Schlachten in Polen, in Norwegen, Frankreich, Griechenland, Kreta und jetzt im Osten. Wer denkt da nicht an … (nähere Einzelheiten), wo ahnungsgrauend, todesschaurig der Angriffsmorgen tagte, wo durch die

Reihen der Alarmruf drang: hinaus in die dunkle Zukunft, wo an allen Wegen und Ecken Verderben lauert, hinein in die Feuer sprühende … Schlacht … Wer denkt da nicht an die Tage ..., wo alle Nerven zitterten, alle Pulse hämmerten und jagten, wo der Atem stockte und das männlichste Herz hörbar an die Rippen schlug …

Ich muss daran denken, wenn das Schreckliche geschah, wenn die Schlacht ihr Opfer heischte, wenn einer von der Kugel getroffen stürzte, wenn die Adern geöffnet flossen und Tropfen um Tropfen Opferblutes niederrieselte und den Boden färbte, wenn die Wunden brannten, wenn die Kameraden über ihn hinwegstürmten, wenn sie das brechende Auge himmelwärts gerichtet, im Herzen betend, ihre Seele aushauchten … da starben sie, unsere Brüder als *Helden des Glaubens, als Helden der Liebe.*

B. Hauptteil

Es ist ja nicht alles Heldentum, was sich so nennt. Wahres Heldentum ist schlicht und einfach. Wahres Heldentum zeigt sich in der Tat, erprobt sich in selbstloser Dienstbereitschaft, im Opfer, in der Hingabe für andere. Unsere Brüder hatten diesen heldenhaften Geist, da sie sich selbst vergessend, ihres Lebens nicht achtend, ihr Blut opferten für das höchste irdische Gut, das es gibt, für Heimat und Vaterland. „Nur Opfergeist und Opfermut machen den Menschen groß und fähig für die Seligkeit“, schrieb einer der Kämpfer nach Hause, einige Tage, bevor er sein Leben als Opfer für das Vaterland gab.

a) Die Kraft zu den hervorragenden, ja manchmal einzigartigen Leistungen und Heldentaten schöpften unsere Brüder wie wir alle aus den unversiegbaren Quellen unserer heiligen Religion. Unser Christentum ist ja die Religion des höchsten Heldentums, weil es die Religion des Opfers ist, weil es als Grundgesinnung von seinen Bekennern den Geist des Opfers, der Hingabe, der dienenden Bruderliebe verlangt, weil es aufgebaut ist auf dem Opfer des größten Helden aller Zeiten, auf dem Kreuzesopfer Jesu Christi. „Eine größere Liebe hat niemand, als der sein Leben hingibt für seine Freunde“ (Johannes 15,13) Dieser Opfertod des Herrn war unseren Brüdern Vorbild und Beispiel. „Er gab sein Leben hin und so müssen auch wir das Leben geben für die Brüder“ (1 Johannes 3,16). Darum galt es immer als höchste Verwirklichung des christlichen

Ideals, das Leben zu lassen im Zeugnis für Christus, in einer Tat der Liebe zu den Brüdern.

Darum ist unsere Trauer am heutigen Tage eine stolze, verklärte Trauer. Über dem Heldentod unserer Gefallenen liegt etwas von dem, was Murillo so ergreifend in einem Bilde dargestellt hat: Das Hereinbrechen der ewigen Verklärung, deren Pforten uns der Tod erschließt. Wie die Sonne haben unsere Helden die Welt verlassen, um in einer anderen Welt in einer ewigen Sonne aufzugehen. Die Größe äußerer Erfolge allein ist nicht das Größte. Groß ist, wer vor Gott groß ist. Nicht der die Wahrheit lehrt, ist der Größte, der sie tut, ist größer, und der Größte ist, dessen persönliches Leben im Einklang steht mit der Größe seiner äußeren Erfolge. Das sind die wahren Helden. So sehen wir unsere Gefallenen. Im Zeichen ihres heiligen Glaubens und in der Treue zum Vaterland sind sie gefallen. Ihr Sterben war ihres Lebens *größte Tat*!

b) Darum schauen wir mit stolzer Freude auf unsere gefallenen Brüder. Mir ist, als ständen wir in dieser Stunde an ihren Särgen, und indem wir ehrfurchtsvoll ihre Rechte drücken, danken wir ihnen, wie nur Kameraden danken können, für das Opfer ihres Lebens, für ihre Taten, danken wir ihnen für ihr Vorbild edler Pflichterfüllung, danken wir ihnen im Namen des ganzen Volkes ... Diejenigen, die im Glauben an Gott und in der Gnade Christi für das Vaterland Blut und Leben hingegeben haben, gehen ein in das ewige Leben ...

Kameraden. Ja, wir Überlebenden übernehmen es als heilige Verpflichtung, als unser heiliges „Gelöbnis", wir schwören es heute am Gedenktag der Verstorbenen: Wir gedenken eurer zu jeder Zeit bei unsren Gebeten und Opfern, die wir darbringen, wie es recht und geziemend ist, der Brüder zu gedenken (1 Makkabäer 12,11), und handeln nach der Mahnung des heiligen Apostels Paulus: „Brüder, wir hören nicht auf, für euch zu beten und zu flehen, bis ihr Anteil erhaltet am Lohne der Heiligen im Lichte" (Kolosser 1,9).

c) ... Uns ist Vaterlandsliebe, wie die Gottes- und Elternliebe, eine religiös-sittliche Tugend, die jenseits aller Nützlichkeitserwägungen steht, eine Sache des Gewissens. Wir werden unsere Soldatenpflichten gewissenhaft und treu bis zum Letzten erfüllen auf dem Platz, an den wir gestellt sind und gestellt werden und werden uns von niemandem an Einsatzbereitschaft und Pflichterfüllung übertreffen lassen. Heldenhaft und stark werden wir tragen, was an Opfern gefordert wird. Uns ist Opfer und Tod fürs Vaterland ein Opfern und Sterben für ewige Werte, für die ewige Aufgabe, die Gott jedem Volk in seinem ewigen Reich zugeteilt hat. Heldenhaft wollen wir ringen, dass unser Volk den ihm von Gott gewiesenen Platz einnehme und behaupte in der Welt und im Reiche Gottes. Heldenhaft wollen gerade wir uns dafür einsetzen, den Glauben an den Gekreuzigten unserem Volke zu erhalten. In diesem Glauben ist Leben für den Einzelnen und für die Völker. Gegenüber allen Verkennungen sei es gesagt: Uns ist unser Vaterland heilig. Dafür opfern wir unsere Jugend, unsere Gesundheit und Lebenskraft freudig und gern, selbst in vorderster Linie. Uns ist das Vaterland heilig. Wir ehren Gottes heiligen Willen in unserem Deutschtum. Unseres Vaterlandes Ehre ist unsere Ehre, seine Freiheit ist unsere Freiheit, seine Opfer sind unsere Opfer. Christus hat auch seine Heimat geliebt, und wie hat er sie geliebt, so sehr, dass er sein Leben für sie geopfert hat. Darum ist es recht und im Geiste Gottes, dass wir durchdrungen sind von einer tiefen und großen, unübertrefflichen Vaterlandsliebe.

In honorem Dei pro populo. Zur Ehre Gottes, für das deutsche Volk, dieser Wahlspruch eines unserer deutschen Bischöfe ist uns Programm immer und erst recht in jetziger Kriegszeit …

4. Fünf Ansprachen an Soldatengräbern …

I. „Selig, die im Herrn sterben!" Offenbarung 14,13

… Selig sind sie deshalb, weil sie das Ziel schon erreicht haben, dem wir alle noch zuwandern. Selig, weil für sie schon alle Mühen und Nöte dieses Lebens beendet sind.

II. Hingabe für andere ist das Größte!

Wer von uns wollte nicht die Stunde am Grabe eines Kameraden als eine der ernstesten im Soldatenleben ansehen! Geht doch wieder einer von uns, der vor Wochen noch im Marschtritt der Kolonnen froh und einsatzbereit gegen den Feind zog, einer, der gleich uns von Heimkehr träumte und nun doch die deutsche Heimat nie mehr wieder sehen wird. Ihr fühlt es alle mit mir, dass hier Grund zum Ernst ist, dass unser

Lachen verstummen muss, dass ein stilles Gedenken uns geziemt …

„Größere Liebe hat niemand als die, dass einer sein Leben hingibt für seine Freunde." (Johannes 15,13) Trost, göttlicher Trost liegt in diesem Worte … Unsagbarer Trost liegt in diesem Wort für unseren toten Kameraden selbst. Sicherlich hat er am Leben gehangen wie wir alle, sicherlich hat er sich gesträubt gegen die kalte Todeshand, aber als er sie unvermeidlich auf sich zukommen sah, da konnte er zuletzt doch ganz ruhig sein, weil er sein Sterben als sinnvoll und darum groß und ehrenvoll sehen durfte. Vielleicht hat er in manchen stillen Nachtstunden, beim Ausmarsch oder im Felde, beim Gottesdienst oder auf Wache einmal an den Tod gedacht, der ihn vielleicht einmal auf dem Felde der Ehre treffen würde. Sicherlich hat er dann wie wir alle stolz empfunden, dass Hingabe für andere, Hingabe für Volk und Vaterland groß ist, dass sie auch das letzte Opfer, den Tod fordern darf, weil sich darin der heilige Wille unseres Gottes kundtut. So traf der Tod unsern Kameraden nicht unvorbereitet, zumal er noch Tage der Bereitung im Lazarett verbringen konnte, sondern er ging ein durch das Tor des Lebens als ein Wissender.

Dieses Wort der Schrift von der Hingabe für andere, die als das Größte anzusehen ist, wird aber auch Trost für die trauernden Hinterbliebenen sein. Wenn ich in diesen Tagen als der Pfarrer den Totenbrief an die Angehörigen schreibe, werde ich ihnen mitteilen, welches herrliche Wort ich über meinen Nachruf gesetzt habe. In allen nur zu verständlichen Schmerz aber wird dann dieses Gotteswort lindernden Balsam träufeln … Durch dieses Wort wird jede Hingabe des Soldaten geadelt und erhoben, wird in Beziehung gesetzt zum Tode des Herrn selber. Damit wird aber auch der Tod des Soldaten und auch der Tod dieses unseres Kameraden teilhaftig der Herrlichkeit Jesu Christi, der nach Kreuz und Leiden aufstieg in des Himmels Glorie. Darum nehmen wir Abschied von diesem Grabe in besinnlichem Ernste, aber zugleich in echter christlicher Freude!

III. „Mitten in dem Leben …"

… Kameraden! Am 1. September dieses Jahres fiel im Osten ein junger Abiturient, ein Kriegsfreiwilliger, im Alter von 20 Jahren. Schwer verwundet war er auf dem Verbandsplatz eingeliefert worden. Nach Empfang der Lossprechung und der heiligen Ölung sprach er sterbend: „Ich sterbe im Frieden mit Gott.“ Unter dem Beistand eines priesterlichen Sanitäters hauchte er seine Seele aus. Das war ein gesegnetes Sterben! Keine Furcht, keine Angst vor dem Tode, keine Sorge um die Angehörigen zu Hause, kein Zittern und Bangen vor dem Gericht, nein, mit majestätischer Ruhe sah er dem Tod ins Auge.

Kameraden! Es gibt eine Herrlichkeit des christlichen Sterbens. Für den wahren, echten Christen hat der Tod nichts Schreckhaftes, sondern für ihn ist der Tod wirklich nichts anderes als „das Tor des Lebens“ …

IV. Trost allein im Glauben.

Viel Großes und Herrliches ist schon über den Soldatentod gesagt und gesungen worden … Mag auch die Trauer um den toten Soldaten eine stolze und ehrbewusste sein, das Herz derer, denen der Tote am nächsten stand, kann damit nicht ausgefüllt werden Nur der Glaube kann das erlösende Wort sprechen: „Der Tod ist die Pforte des Lebens.“ …

Darum, Kameraden, soll die Trauer um unsere teuren Toten uns nicht niederdrücken noch verzagt machen. Nein, wir wollen an diesem Grabe unsern Glauben erstarken lassen, damit er auch uns für alle Opfer stark machen kann, die Gott von uns fordert. Und wenn auch trauernd, so blicken wir doch mit Ruhe und Gelassenheit in diese Gruft hinab, denn wir wissen, dass die Seele unseres Kameraden geborgen ist in der Güte und Barmherzigkeit Gottes.

V. Zur ewigen Heimat.

… So möge Gott auch allen Dienst und jedes Opfer des Unteroffiziers (N. N.) annehmen als ein Hinstreben zu Ihm, unserem und seinem letzten und eigentlichen Ziel, dem Ziel unseres irdischen Wanderwegs! Flug in die ewige Heimat möge ihm dieser letzte Flug geworden sein, – so beten wir heute hier an seinem Grabe, da wir seinen Leib in den Frieden der Heimat-Erde betten, inmitten anderer Kameraden, die gleich ihm, in Treue dem Ruf des Führers folgend, sich restlos einsetzten für eine neue bessere Zukunft unseres Volkes …

5. Vier Ansprachen bei besonderen Gelegenheiten

I. Bei einem Feldgottesdienst während des Einsatzes.
Kameraden, lasst uns Einkehr halten.
… Wir haben erlebt das Geheimnis des schweigenden Gottes. Oft und oft habt ihr euch gefragt, wenn ihr die profanierten Kirchen dieses Landes sahet, die ganz unwürdigen Zwecken dienstbar gemacht wurden: warum, o Gott, hast du das 25 Jahre mit angesehen? Und wenn wir die unsagbare Armut und Not dieser Leute sahen, wie alles der bolschewistischen Idee, der gleichen Trostlosigkeit ausgeliefert wurde, alles Intelligente und Widerstrebende ausgerottet wurde, dann musste uns der Gedanke kommen: wie oft werden diese Menschen zum Himmel geschaut haben, mit den Worten aus uralter Zeit: „Wie lange, Herr, willst du noch schweigen? Gott, merk auf meine Hilfe, Herr, beeile dich, uns zu helfen." Er aber schien zu schweigen. Und dann hast du es ganz deutlich gespürt, wie die Granaten barsten und die Geschosse zischten, wie du dich auf die Mutter Erde legtest und mit ansehen und mit anhören musstest, dass vielleicht dein bester Kamerad neben dir zerrissen oder verstümmelt wurde. Auch da schien Gott zu schweigen und zu warten, der Gott, den ihr, eure Frauen, Mütter und Kinder um eine Hilfe bestürmtet. – Aber meine Lieben, wir haben als deutsche Soldaten ein solch großes Gottesbild in unseren Herzen, dass wir nicht irrewerden, auch wenn er zu schweigen scheint. Unser Gott denkt in Ewigkeiten und nicht in Augenblicken … All das, was mit Heimat und Vaterland zusammenhängt, ist so tief und metaphysisch im Menschen verwurzelt, dass es einen religiösen Ton hat. Keiner kommt zum Leben ohne einen Vater und ohne eine Mutter, und so braucht jeder ein Vaterland und eine Muttersprache. Diese Heimat kann von uns die letzte Hingabe verlangen. Aber gerade dadurch wachsen wir zu wertvollen und gotterfüllten Menschen heran: „Und setzet ihr nicht das Leben ein, nie wird euch das Leben gewonnen sein."!

Das soll uns ein dauerndes Erlebnis bleiben, dieses Erlebnis soldatischer Kameradschaft, dieses gelebte Christentum, dieses Geheimnis der deutschen Heimat, mit der wir Gott dienen ob wir leben oder sterben. Alles weitere übergeben wir dem ewigen, schweigenden Gotte. Wo immer er uns auf diesen endlosen russischen Straßen hinführt: „Du, der die

Himmel bewegt, in Deine Hände sei Anfang und Ende, sei alles gelegt." Amen.

(Die X. REIHE enthält Advents- und Weihnachtsansprachen; H.M.)

XI. REIHE (Januar 1942): Zwischen Weihnachten und Ostern

Fünf Skizzen „Soldat und Heiliger".

1. *Heiligkeit, Heilige und Heiligsein.*
2. *Der heilige Martin von Tours.*
... An großen, umstürzenden Zeitenwenden stehen meist große Soldatengestalten (Alexander, Cäsar, Konstantin, Karl d. Gr., Napoleon). An der Wende der Welt, besonders der germanischen Welt zum Christentum, steht ebenfalls eine Soldatengestalt, der heilige Martin ... Geborener Soldat des Cäsar ... Wiedergeborener Soldat Christi ... Der Mann des Glaubens ... Der Mann der christlichen Liebe ... Der Mann der unbedingten Pflicht ...

3. *Der heilige Mauritius (Fest am 22. September)*
... Christentum und Soldatentum standen schon seit den Zeiten des Herrn in innigem Kontakt, hatten eine geheime Verwandtschaft und Anziehung. Hauptmann von Karphanaum, Hauptmann unter dem Kreuz, Cornelius in der Apostelgeschichte, Julius, der Reisebegleiter des Heiligen Paulus. Dann der heilige Georg, Sebastian, Florian, die Märtyrer von Sebaste in Kleinasien aus der 12. römischen Legion (320 n.Chr.). An der Seite dieser christlichen Helden marschiert mit in erster Reihe der heilige Mauritius mit den Offizieren und Mannschaften der sog. thebaischen Legion ...

4. *Sankt Sebastian ...*

5. *Johann Capistrano, der Türkenprediger (1386-1456), Fest am 28. März*
... „Es war ein Mann von Gott gesandt, sein Name war Johannes" (Johannes 1,6), so wurde der große Bußprediger im Kampf gegen Welt und

Satan gezeichnet. Ist es Zufall, wie oft Männer, die in der Weltgeschichte große Taten verrichten, den Namen Johannes tragen? Denken wir an Don Juan d'Austria, den unsterblichen Türkensieger, den Papst Pius V. selbst anredete mit diesen Worten der Heiligen Schrift. So haben auch in früheren Zeiten einmal drei Männer mit dem Namen des heldenhaften Wüstenpredigers das Abendland vor den wütenden Türken gerettet. Es waren Johann Hunady, der ungarische Held; Johann Carvayal, der Legat des Papstes Calixtus III., und der weltberühmte Türkenprediger Johann Capistran. Die rettende Schlacht bei Belgrad 14.7.1456 war das Werk dieser drei gott- und vaterlandsliebenden Männer, und die Werbung des bunten Kreuzfahrerheeres war die Großtat des schlichten Barfüßermönches …

Deutsches Blut rollte wie in den Adern so vieler südlicher Helden auch in seinen Adern. Sein Ahn, ein unbekannter Kriegsmann, hatte einst unter den Anjous zu Neapel Dienste genommen und war in Capistrano sitzen geblieben. Der Sohn erbte vom Vater nicht Geld und Gut, aber einen ehrlichen Namen, tapferen Mut, einen germanischen Blondschopf und Kühnheit bis vor Tod und Teufel …

Nr. 10: Vom Geist der Kraft, der Liebe und der Zucht

… Paul von Hindenburg, der „getreue Eckart des deutschen Volkes", dem die deutsche Nation im Tannenberg-Denkmal ein unvergleichliches Ehrenmal errichtet hat, und dessen ganzes Leben, in Gott und Christus gegründet, unter dem herrlichen Motto: „Bete und arbeite" stand, hat einmal den Ausspruch getan: „Möge jeder Christ in sich die Verpflichtung fühlen, ein treues Glied seiner Kirche zu werden. Denn nur, wenn Christus gepredigt wird, findet der Einzelne festen Halt und starke Kraft, die wir alle im Leben (und ich füge hinzu: und im Sterben) so notwendig brauchen." Kameraden! Alle Kriegserfahrungen haben immer wieder gelehrt, dass die beste Waffe eines Heeres die innere Kraft ist, die aus eisernen festen Gottesglauben erwächst!

… Für uns als Katholiken kann es da keine Neutralität geben. „Wer nicht für mich ist, der ist wider mich, und wer nicht mit mir sammelt, der zerteilt." Mit diesen Worten fordert der Herr von uns eine klare Entscheidung. Und wir müssen diese Entscheidung umso folgerichtiger fällen, als der gottlose Bolschewismus drohend sein Haupt erhoben hat, und ihr als Angehörige der deutschen Wehrmacht in einem heiligen Kreuzzug gegen den Sowjetstern angetreten seid. – Und darum habe ich ein ganz kurzes Wort als Leitsatz über diese Stunde gestellt, das ein jeder behalten kann. In einzigartiger Weise fasst es für uns Soldaten zusammen, was Gott als edelste Hochwerte soldatischer Ehre uns innerlich schenken will und er von uns fordert: *Kraft, Liebe und Zucht* … Kann es wichtigere Dinge geben für den Soldaten im Felde, im Feindesland? Nur ein gedankenloser, ein leichtsinniger Soldat könnte das leugnen. – Eine Wehrmacht aber, die aus solchen Soldaten der Kraft, der Liebe und der Zucht als höchsten Gaben Gottes besteht, wird unüberwindlich sein und bleiben. Amen.

XII. REIHE (März 1942)

Nr. 1. Mit dem Hauptmann unter Christi Kreuz.
„So umspielt denn seit der Kalvarienstunde jedes christliche Sterben, zumal das des aus dem Glauben getreuen Soldaten, ein geheimnisvoller Glanz, der Glanz der Crucifixusähnlichkeit und damit christlichen Heldentums und ewiger Osterherrlichkeit beim Vater."

Nr. 4: Ansprache im Maimonat: Sei gegrüßt, du Gnadenvolle!
Liebe Kameraden! Darf man vor Feldgrauen über die Gottesmutter sprechen? Trifft man den rechten Ton einer echten Soldatenpredigt, wenn man mitten im Kriege, im Angesicht unerbittlich harter Forderungen, die da ein gigantisches Ringen um unseres Vaterlandes Freiheit und Ehre und Glück an uns Deutsche Männer stellt, wenn man dahinein von zarter „Marienminne" redet? – Ja, ich weiß, dass man das darf. Und ich habe es oftmals tun dürfen; und immer wieder sah ich in den vielen, vielen hundert Augen unserer wackeren Krieger den Ausdruck einer tiefen, inneren Freude aufleuchten. Marienverehrung gehört nun mal mit zum Geheimnis wahrhaft katholisch geprägter Christenmenschen, zum Wesen des ritterlich gesinnten katholischen jungen Deutschen!

Es wurde mir immer warm ums Herz, wenn man mir dann aus dem Felde berichtete, auf so vielen sterbenden Lippen der guten Kameraden habe leise das liebe Wort „Mutter" gestanden. Sie haben in der letzten

Not ihres Lebens nach der Mutter gerufen! Aber ach, die irdische Mutter war ferne und konnte nicht helfen. Eine aber war bei ihnen, die Mutter aller Mütter, die Schmerzensmutter, die da einstens bei dem sterbenden Gottessohne gestanden und seitdem immer bei den sterbenden Söhnen steht. „Bitte für uns Sünder – in der Stunde unseres Todes". Sie haben nach der Mutter gerufen, und die Gottesmutter hörte ihren Ruf- und geleitete milde die Seelen der gefallenen Helden hinauf in die ewige Ruhe. – –

Liebe Kameraden! Wir stehen in der ernsten, aber großen Wirklichkeit unserer Tage. Wir alle, an der Front und in der Heimat, wir wollen unser Bestes geben. Hartes muss die Zeit von euch verlangen, und Heroisches wird von euch geleistet. Auf diesem Heroismus der Leistung unseres unvergleichlich stolzen Heeres aber muss Segen ruhen! All' Eure Strapazen, all' euer Mut, all' Eure Hingabe im Dienste unseres geliebten Deutschen Landes und Volkes werden einstens verzeichnet stehen im goldenen Buche des Lebens.

Nr. 5: Christliche Tapferkeit.

A. Kaum ein Wort passt besser in unsere Zeit als die liebevolle Mahnung des heiligen Paulus im Brief an die Römer: „Verharret im Guten … erlahmt nicht im Eifer … seid fröhlich in der Hoffnung, geduldig in der Trübsal und beharrlich im Gebete!" In diesen Worten ist das ganze Wesen christlicher Tapferkeit ausgesprochen.

B.1. Und wenn wir nachdenken, finden wir keinen Gegensatz zwischen der von Paulus geforderten, christlichen Tapferkeit und der natürlichen Tapferkeit. Ob ein Soldat auf seinem Posten treu aushält und seine Pflicht tut oder im Kampf gegen die Sünde sich bewährt, ist beides „ein Verharren im Guten" nach dem Apostelwort, erfordert beides gleicherweise Tapferkeit, ständige Bereitschaft, sich einzusetzen für das Gute gegen das Böse …

2. Der Christ sagt nicht bloß: „Es ist gut so, darum harre ich aus", sondern er sagt: „Gott will es, darum ist es gut, dass ich aushalte!" Von selbst drängt sich uns die Frage auf: „Kann denn die soldatische Tapferkeit im Kriege auch Gottes Wille sein?" Ja! Gott will zwar nicht das

endlose Blutvergießen, aber er will, dass durch unsere Tapferkeit diesem Blutvergießen ein Ende bereitet wird.

Im Alten Testament steht das Gebot Gottes: „Du sollst die militärische Übermacht des Feindes nicht fürchten!" (5 Mose 20,1-4), und im Neuen Testament heißt es: „Fürchtet nicht jene, die den Leib töten können, sondern nur die, die Leib und Seele in die Hölle stürzen können1" (Matthäus 10,28)

So ist auch das Frontsoldatsein kein schicksalhafter Zwang, sondern ist Gottes Wille – und Gottes Wille ist auch die soldatische Tapferkeit dem Feind gegenüber. Mit der Losung „Gott will es" zogen die Kreuzfahrer aus, um das Heilige Land zu befreien, und ihre rein soldatische Tapferkeit erhielt so die Weihe einer übernatürlichen sittlichen Tugend. Wir stehen nun einmal im Krieg. Daran ändern wir nichts. Und es ist nun Gottes Wille, dass wir allen Ernstes ausharren im Guten, tapfer jeder an seinem Posten steht. Denn es geht ja um ein hohes Gut – unsere Deutsche Heimat und Deutsches Reich; um die Mütter, die Frauen, die Kinder, es geht um die gesamte europäische Kultur – es geht um Europa, aber es geht auch um das christliche Gesicht dieses Europa – es geht um Deutschland, und es geht um das christliche Antlitz Deutschlands.

3. Und wenn einmal unsere Tapferkeit auf eine allzu hohe Probe gestellt wird, wenn es von Einsatz zu Einsatz geht, wenn wir darunter bitter leiden müssen – Strapazen über Strapazen erdulden – schauen wir auf den Tapfersten von allen – CHRISTUS –, denken wir an sein Leiden, das uns höchsten seelischen Starkmut offenbart: Jesus am Ölberg, am Vorabend seines Leidens. Die Freunde schlafen, die Feinde wachen. Alle Mächte der Finsternis sind im Anmarsch. Todesangst hat ihn gepackt, dass er Blut schwitzt und unter Tränen betet: „Herr, lass den Kelch an mir vorübergehen!" Dann aber beugt er sich nach heißem Seelenkampf in den Willen des Vaters und reißt sich hoch und reckt sich tapfer entschlossen dem blutigen Tagwerk im Leiden entgegen! – „Auf, lasst uns gehen!" (Matthäus 26,46). Mit diesem Wort des Meisters wurde die Tapferkeit zur christlichen Tugend geweiht. „Auf, lasst uns gehen!" – Mit diesem Wort gehen auch wir den schwersten Aufgaben und Stunden entgegen. Geht es in Stellung, nach vorne und wieder nach vorne, von Bunker zu Bunker, geht es zum Sturm oder geht es auf den Operationstisch: „Auf, lasst uns gehen!"

4. Tapferkeit zeigt sich nicht nur im Angriff, sondern wesentlich im Standhalten. Ja, das Standhalten kann viel tapferer sein als der Angriff. Jeder Frontkämpfer sagt es, dass der Sturmangriff nicht so viel sittliche Kraft erfordert wie das standhafte Aushalten im Trommelfeuer, und jeder Schwerverwundete weiß, dass das Aushalten auf dem Operationstisch noch darüber hinausgeht …

Wie manch ein Regiment war im Russlandfeldzug tage- ja wochenlang ganz auf sich allein angewiesen und vom Verpflegungs- und Munitionsnachschub abgeschnitten, und gerade in diesen Tagen hat es den höchsten Grad seiner Tapferkeit erreicht.

Denken wir an die Helden des Alkazar in Toledo, die 70 Tage lang gegen einen übermächtigen Feind sich verteidigen mussten. Sie hatten keine Kanonen, keine Bomben, keine Minenwerfer, kein Flugzeug, nur ihre Karabiner, kein Licht in der Nacht, kein Grab für die Toten, für die Lebenden nur ein wenig Brot und Wasser. Aber um jeden Stein haben sie gekämpft, heldenhaft! – Von oben regnete es Bomben, aus der Ferne schlugen die Granaten ein, aus der Erde spien die Minen den Tod. Aber sie hielten aus. Und wie haben sie es fertig gebracht? Diese Frage haben sie alle hernach selbst einmütig beantwortet: „Gott und die Heilige Jungfrau haben das Große in uns bewirkt!“ – Zweimal des Tages haben sich alle, die abkommen konnten, im Kellergewölbe versammelt und den Rosenkranz gebetet, „und dann gingen wir mit neuem unbesiegbaren Mut an die Arbeit für Gott und das Vaterland“ …

C. So, liebe Kameraden, sehen Feuerproben der Tapferkeit aus. Gleichmut in schwierigster Lage, Ausdauer, „ein Verharren im Guten“ sind allerdings nicht möglich ohne die „Beharrlichkeit im Gebete“. Das sollen wir auch wissen …

Unser Anteil am Bau der neuen Zeit

Täglich sehen wir es mit eigenen Augen, wie der Acker einer vergangenen Zeit mit Gewalt aufgebrochen wird. Gerade hier spüren wir es. Wir sind lebendigste Mitvollzieher des gigantischen Werks, gerade als Soldaten. Mit unserer eigenen Kraft bauen wir an der Zukunft unseres Volkes, an dem Entstehen einer neuen Welt. Darin liegt ein großes Maß an Verantwortung. Die inneren Werte, die wir einmal mit zur Heimat bringen, sind Grundlage und Ausgangspunkt einer Zeit, die vor der Ewigkeit bestehen soll …

(Seit der REIHE XII gab es über die Predigtvorschläge hinaus in unregelmäßigen Abständen eine Rubrik *„Stimmen aus der Arbeit"*, in der „Erfahrungen bei der Seelsorgearbeit" und „Schilderungen bezeichnender Erlebnisse" veröffentlicht wurden, die nach Auffassung der Schriftleitung „in ihrer Art Beachtung verdienen"; H.M.).

„Ein Kriegspfarrer zur religiösen Lage des Soldaten im Osten":
… „Gottesdienst hat der Frontsoldat selten. Er ist immer auf dem Marsch oder im Kampfe. Aber wenn die Leute Gelegenheit zu Gottesdienst haben, dann machen sie davon Gebrauch, auch wenn sie im Freien stehen bei unwirtlichem Wetter, auch wenn der Anmarsch durch die Weite und den Schlamm des russischen Raumes geht. Der Gottesdienst mit seinen Gebeten und Gesängen ist dem Soldaten ein Stück Heimat in diesem fremden Land. Auch wenn die Möglichkeit besteht, die heiligen Sakramente zu empfangen, findet man immer dankbare Teilnehmer. Schon mancher Offizier und einfache Soldat kam in stiller Stunde zu seinem Divisionspfarrer, um ohne innere Hemmungen fürder im Kampf stehen zu können …

Eine ruhige Sicherheit liegt über den Todbedrohten, weil sie sich sagen können, ihrem Vaterland das Höchste geopfert zu haben, ihr junges Leben. Aber sie nehmen es mit Dank und innerer Freude an, wenn ein Priester mit ihnen betet und sie stärkt für ihren schwersten Gang …

Der Glaube des Soldaten ist massiv, er will etwas hören von seinem Gott und der Ewigkeit, vom Frieden der andern Welt, in die ihm seine gefallenen Kameraden vorangegangen.

Im Innersten ergriffen steht er vor den Gräbern seiner Kameraden, er vergisst dem Pfarrer nie, was er hier gesprochen, fast jeder hat in diesen Augenblicken Tränen in den Augen und ist aufgeschlossen für die metaphysische Deutung dieses widerspruchsvollen Daseins.

Darüber darf man sich keiner Täuschung hingeben, der Krieg wirkt auf die Dauer wie der Weltkrieg *abstumpfend für alle besseren Gefühle*. Man ist als Soldat froh, sein Dasein zu fristen mit all dem, was unbedingt dazu gehört, das Leben zu erhalten. Allem anderen gegenüber wird man merkwürdig gleichgültig. Ja, in einer sonderbaren Ambivalenz der Empfindungen plant der Kämpfer, der eben dem Tod entronnen, nun erst recht das Leben zu genießen. Thema I ist viel erörtert und nicht im edelsten Sinn!

In diesem russischen Kriege hat der Soldat *einen unersetzlichen Anschauungsunterricht dafür, was ein Volk ohne Religion ist* in seinem dumpfen Dahinvegetiern. Und wenn man etwa an einem Sonntagnachmittag sein Grammophon bei Verwundeten vorführt mit Glocken-, Orgel- und Gesangsplatten, dann kann man ein inneres Mitgehen dieser jungen Menschen feststellen …

Am meisten imponieren muss, wie unsere Soldaten zu sterben wissen. Da ist aber auch fast nie einer, der die Nerven verliert oder klagt. Mit Ergebung nehmen sie ihr Geschick auf sich, bitten, mit ihnen zu beten, für sie zu schreiben. Manche traf ich, die voll Freude erklärten: „Ich wusste, dass ein katholischer Pfarrer zu meinem Sterben kommt, haben Sie Dank dafür Jetzt komme ich doch zu meinem Gott!"

XIII. REIHE (für die Pfingstzeit 1942)

Nr. 8: Gott ist nicht grausam.
Kameraden!

A. Einer von uns ist gestorben. Hier am Sarge, unter der Flagge des Reiches, ruht still und stumm einer, der noch kürzlich mit uns marschierte, der Tisch und Stube mit euch teilte, der schlicht und treu tagtäglich seinen Soldatendienst tat.

Er musste sein irdisches Zelt abbrechen, musste sich lösen von seinen Lebensplänen und Wünschen, von der Hoffnung auf Wiederkehr zur deutschen Heimat, zum alten Arbeitsplatz, zu Frau und Kindern. Wie hat er wohl am Leben gehangen, als Mann, als Vater und als Soldat! Wie hat seine Familie wohl für ihn zu Gott gefleht, dass sein Leben gerettet werde! – Und doch nahm Gott das Leben. – Kann Gott so grausam sein, dass er solch ein Leben auslöscht, solch bitteres Leid in einer braven Familie aufrichtet?

B. Gott ist nicht grausam, auch wenn er ein Leben nimmt! Wir verstehen das, wenn wir die Gedanken hören, die ein junger Kamerad niederschrieb über das eigentliche Leben und den Sinn alles irdischen Mühens. Voriges Jahr in Frankreich ist ein lebensfroher Junge im Maschinengewehrfeuer gefallen; einer, der sich geformt hatte zu kernchristlicher Lebensgestaltung – er war auf dem Wege ins Priestertum –, einer, der als Soldat mit feuriger Begeisterung seine Kraft einsetzte für das Reich. Er schrieb im Hinblick auf den bevorstehenden Einsatz die Worte nieder: „Wir können Gott nur bitten um Sein Leben, das die Liebe ist, und uns mühen, dafür frei zu sein, immer wieder, ein ganzes Leben lang.

I. „Wir können Gott nur bitten um Sein Leben." Nicht die unbedingte Erhaltung des irdischen Lebens darf unsere Bitte sein. Wir glauben ja, dass Gott in Liebe alles Leben schafft und löscht. Und die wir das Wort des Herrn empfangen haben: „Ich bin die Auferstehung und das Leben, wer an mich glaubt, wird leben, auch wenn er gestorben ist", wir sollten uns nicht verkrampfen in den hinfälligen Besitz der irdischen Dinge und Lebenskraft. Gewiss stehen wir mit beiden Beinen auf der Erde und packen zu mit beiden Fäusten, um große Dinge aufzubauen und Widrigkeiten zu bezwingen. Aber nie sollen wir darüber unsere letzte Bestimmung aus den Augen verlieren: das Leben mit Gott, die ewige Teilnahme an der Fülle des göttlichen Lebens. Das ist unsere Bestimmung, dass wir nach unserem leiblichen Tode erst zur Entfaltung unserer besten Anlagen, zur vollkommenen Freude, zum Vollbesitz Gottes kommen sollen.

Dieser unser verstorbener Kamerad hat seine Bestimmung gekannt. Er musste Liebes in der Welt lassen. Aber er ging froh und zuversichtlich dem neuen Leben entgegen. Ich habe ihn beten gehört vor seinem Tode! Das ist der starke Trost vor jedem Sterben, *das nimmt dem Grab seine Dunkelheit*: Gottes Eingriff ist nicht Vernichtung, sondern *Berufung zu seinem Leben*. „Wir können Gott nur bitten um Sein Leben."

II. *„… und uns mühen, dafür frei zu sein,* immer wieder, ein ganzes Leben lang." Da steht es in einem kurzen Satze, wozu aller Lebenskampf dienen soll, was alles irdische Ringen für einen Sinn hat: Frei zu werden für Gott. Gott drängt uns sein Leben nicht auf. Es ist unsere Sache, uns darum zu mühen.

Kampf um Freiheit ist unser Leben. Wir haben gehört, wie Kameraden es fertig brachten, aus der feindlichen Gefangenschaft zu entwischen. Wie haben sie darüber gegrübelt und aufgepasst, ob sie etwas fanden, das ihrer Flucht dienlich sei! Wie war jeder Gedanke und jede Kraftanspannung eingesetzt auf das eine Ziel hin: frei zu werden, frei für die Heimat!

Kameraden. Unser Lebenskampf dient dem einen Ziel: frei zu werden, frei für Gott. Dass wir uns nicht einfangen lassen von den Dingen der Welt! Dass wir mit kühnem Mut die Fesseln der Sinnlichkeit und des Ehrgeizes zerreißen! Dass wir mit aller Kraft den Ring der bloß irdischen Bindungen sprengen, um durchzustoßen zu Gott! Durchbruch zur Freiheit ist dann der Tod. Durchbruch zu einer Herrlichkeit des Lebens, die alle Mühe lohnt. Der Tod ist nicht vernichtender Volltreffer auf das Lebenswerk des redlichen Mannes, sondern Ziel aller irdischen Mühen: Durchbruch zur Freiheit. „Wir können Gott nur bitten um Sein Leben, das die Liebe ist, und uns mühen, dafür frei zu sein, immer wieder, ein ganzes Leben lang!"

C. Und wenn trotz ehrlichen Mühens unser Werk noch Mängel hat, so will der Herr sein Ohr in Gnaden unserm Bittgebet neigen. Geben wir dem Kameraden, den wir hier in fremde Erde betten, noch ein Liebes mit: ein kleines Gebet! Beten wir, dass der Herr des Lebens ihn frei mache von den letzten Fesseln irdischer Verstrickung, dass er ihn in Gnaden *frei mache* für Sein Leben. Amen.

Nr. 9: Alles ist Übergang – zur Heimat hin.
… Die Wanderung seines Lebens ist zu Ende. Mag sein Tod in Anbetracht des gewaltigen Einsatzes aller deutschen Menschen in diesem Krieg gering erscheinen, mag dieses Opfer des deutschen Freiheitskampfes unbedeutend sein in der Gesamtzahl derer, die als Soldaten ihr Leben lassen – vergessen wir nicht, dass hier ein Mensch starb, dass einer von uns den persönlichsten und schwersten und entscheidendsten Schritt seines Daseins tat, den Schritt durch das Tor des Todes …

XIV. REIHE (August 1942): Zu verschiedenen Anlässen

Nr. 1. Vor neuem Einsatz.
Nr. 2. jeder stirbt seinen eigenen Tod.

… So wurdest du aus der wohltuenden Umnachtung des Geistes schließlich doch unbemerkt hinübergeleitet in die noch dunklere Nacht des Todes. Aber als du dessen Schwelle überschritten hattest, da ging den Augen deines Geistes ein neues Licht auf. Und deine Lippen, die oft gerufen nach dem Trunk, der dir den heißen Durst lösche, sie öffnen sich jetzt jenem Quell des ewigen Lebens, der jedem, der davon trinkt, allen Durst löscht, sodass ihn in Ewigkeit nicht mehr dürstet. Und um deinen Mund, der so oft den Namen deiner Braut gerufen, die nun daheim um dich trauern wird, um diesen deinen Mund spielt jetzt das Lächeln überirdischer Verzückung …

Nr. 3: Auf dein Grab setzen wir das Kreuz, Kamerad!
… Du, mein lieber toter Kamerad, hast mit Tausenden und Millionen anderen das Schwert ergriffen, bist in den Kampf geeilt und hast mitgeholfen, Sieg und Ruhm an unsere Fahnen zu heften. Nun ist es dir dabei ergangen wie manchem anderen: eine Kugel traf dich, und sie traf dich schwer. Aber du hast gewusst, dass es immer wieder Menschen geben muss, die bereit sind, sich in die Fundamente der Menschheit einstampfen zu lassen, damit das Gebäude der Gesamtheit nicht wanke. Darum hast du immer ein Lächeln auf deinem Antlitz gehabt, wenn man dich besuchte, ein Lächeln, das verklärt war durch das unsägliche Leid, das du Wochen hindurch schweigend getragen …

Nun hast du ausgekämpft und ausgelitten. Du hast den guten Kampf gekämpft, und der Herr über Leben und Tod hat dir hinterlegt die Krone des ewigen Lebens. Denn du bist ja ein lebendiges Gleichnis dessen geworden, der gesagt hat: „Niemand hat eine größere Liebe, als wer sein Leben hingibt für seine Brüder!" Wie Christus am Kreuz in den Tod gegangen ist für das Leben der ganzen Menschheit, so bist auch du in den Tod gegangen für das Leben deines Volkes. Darum richten wir über deinem Grab auf das Zeichen des Kreuzes. Wir richten es dir auf mitten in einem Land, das den Glauben verwarf, das seine Toten nicht mehr mit dem Kreuze beehrt, sondern nur mit einem Pfahl, an den man den Namen heftet.

Dir aber, lieber Kamerad, setzen wir das Kreuz! Denn es ist uns das Zeichen und der Inbegriff aller wahren Opferbereitschaft, der Inbegriff allen heroischen Mutes, der seines eigenen Lebens nicht achtet. Ja, noch mehr: es ist uns das Zeichen des Sieges und der Auferstehung! Also glauben wir, hoffen und beten wir, dass dein Name nicht nur fortlebe unter den Toten deines Volkes, sondern dass dein Name vom ewigen Gott selbst aufgehoben sei im Buche des Lebens. Darum: „Bleib' du im ew'gen Leben, mein guter Kamerad!". Amen.

XV. REIHE (September 1942.)

Nr. 1: Soldat und Christ.

Aus dem Tagebuch eines im Westen gefallenen Kameraden: „Der Soldat weiß nicht wohin, nicht wann, nicht warum. Weiß nur den Befehl. Tut seine Pflicht – und fertig. Der Christ sieht nicht durch das Dunkel, weiß nicht, warum Gottes Wille anders ist als der Wunsch seines Herzens. Tut aber den Willen Gottes – und fertig! So einfach ist es nicht immer. Und doch, Soldat und Christ. Der Erste muss hart sein. Der andere härter." (Der Weg des Soldaten Johannes).

Echtes Christentum und soldatische Haltung begegnen sich: Der Weg des Christen ist immer als Weg des Kampfes geschaut und begriffen worden (die Kirche als Gemeinschaft der Glaubenden nennt sich die „soldatisch kämpfende": militans – das göttliche Leben wird den Menschen weitergegeben unter dem heilig-verpflichtenden Symbol des Fahneneides: denn „sacramentum" heißt nichts anderes als Fahneneid – und der zur Reife des mündigen Menschen wachsende Christ empfängt in einem eigenen Sakrament die Berufung und Befähigung zum kämpferischen Leben: Firmung). So wächst aus dieser gegenseitigen Ergänzung einer soldatischen Zucht des Leibes und des Charakters und einer gnadenmäßig-christlichen Vollendung des Geistes und der Seele das *Vorbild des Mannes*.

Das hat unser Volk immer gewusst. Erscheinungen wie der Deutsche Ritterorden, Kunstwerke wie die Stifterfiguren des Naumburger Domes – uns allen vertraut – sind die Jahrhunderte überdauernden Zeugnisse dieses Wissens. Darum konnte vor mehr als einem Jahrhundert, in einer anderen Entscheidungsstunde unseres Volkes, ein Ernst Moritz Arndt jedem Soldaten in die Freiheitskriege die Losung auf den Weg geben: „Ja, der Soldat soll ein Christ sein, er soll es tief in seinem Herzen empfinden und glauben, dass über ihm und seinem Schicksal ein heiliges Wesen waltet ..." (Katechismus für den teutschen Kriegs- und Wehrmann)

So erfüllt der christliche Soldat einen zweifachen Dienst, gibt seine Freiheit und seine Kraft Gott und dem Volke und erfährt aus dieser doppelten Hingabe, dass nur eine Wahrheit verborgen zugrunde liegt: die, dass wir nur aus dem Opfer uns vollenden.

Nr. 3: Vor dem Einsatz an der Front.
Der Krieg ruft euch zum Einsatz an die Front. Die Front des Krieges ist auch die Front Gottes. Steht Ihr unmittelbar in Kampf und Gefahr, so seid Ihr auch unmittelbar in Gottes Hand. Der Einsatz an der Front ist auch – und vielleicht am allermeisten – der Einsatz Eures Glaubens an den ewigen Gott – an eine ewige Güte – an ein ewiges Licht, das in den Dunkelheiten der Erde leuchtet. Mit Euch gehen sollen Worte des Herrn, der durch die hl. Kommunion in Euch wohnt, der Euer Leben in sein Leben aufgenommen hat, – Worte, die Euch mahnen, ermuntern und trösten …

Nr. 4: Zur Zeit der Ruhe unmittelbar nach mehreren Einsätzen.
„Der Herr ist mein Licht und mein Heil, vor wem sollt ich mich fürchten? Der Herr ist meines Lebens Hort, vor wem sollt mir grauen? Die Feinde, die mich rings bedrängten, kraftlos stürzten sie zu Boden! Stünd selbst ein Kriegsheer gegen mich auf: mein Herz kennt keine Furcht!" (Psalm 26)

Wem würden diese Worte heute nicht zuinnerst ans Herz greifen! Wochen- und monatelange harte Kämpfe habt Ihr hinter Euch. Eure Einheiten sind zurückgezogen worden aus Einsätzen, in denen ihr Gewaltiges geleistet, in denen ihr erneut euren Mut und eure Tapferkeit bewiesen habt, eine Tapferkeit, die besiegelt ist mit dem Blut all derer, die ihr verloren! Ihr aber, die ihr davon zurückgekehrt seid in diese kurze Ruhepause, ihr empfindet es heute mit Dankbarkeit, dass ihr lebt. Noch nie habt ihr es so empfunden, dass das Leben und die Gesundheit wirklich eine Gnade sind, ein Geschenk, für das man täglich und stündlich dankbar sein kann, dankbar mit ganzer Inbrunst. Und mit jenem alten Psalm möchtet ihr singen: „Wir aber, die wir leben, preisen den Herrn von nun an bis in Ewigkeit!" (Psalm 113) Denn wer am Rande des Todes gestanden, der ständiger Todesgefahr entronnen ist, der hält es für dumm und vermessen, nur vom Zufall oder von bloßem Glück zu sprechen: im Tiefsten hat er die lebendige Erfahrung gemacht, dass unser aller Leben in der Hand Gottes steht. Denn nicht eine blind daherirrende Kugel, nicht die wild umhersausenden Splitter einer Granate legen den Menschen um, sondern jene Bestimmung Gottes, die von Ewigkeit her weiß und festgesetzt hat, wann, wo und wie unserem Leben ein Ende sein wird. Kugel und Granatsplitter sind dabei nur unwesentliche Werkzeuge. Genauso gut kann es auch ein Ziegel sein, der in der Heimat irgendwo vom Dach fällt. Durch das Wissen um diese ewige Vorsehung, die über unserem Leben waltet, fühlen wir uns geborgen in jeder Lage; denn wir glauben und vertrauen auf den Gott, der unser Vater ist, ohne dessen Wissen und Willen kein Haar von unserem Haupte fällt. Und wenn er uns aufgespart, errettet hat aus dem Ringen, dem vielfältigen Feuer, das hinter uns liegt, dann wissen wir es ihm allein zu verdanken. Und mit Freude stimmen wir ein in jenes alte Lied des Sängers David: „Der Herr ist mein Licht und mein Heil, vor wem sollt ich mich fürchten! Der Herr ist meines Lebens Hort, vor wem sollt mir grauen! Die Feinde, die mich rings bedrängten, *kraftlos stürzten sie zu Boden*!" …

Nr. 5: Ansprache zum Fahneneid.
Vorbemerkung: Die Ansprache muss außerhalb der militärischen Vereidigung gehalten werden, von der laut Bestimmung die religiöse Feier zu trennen ist. Gedacht ist der Rahmen eines Feldgottesdienstes vor oder nach der Vereidigung, Wo die Ansprache umgeben würde von entsprechenden Liedern und Gebeten. Besonders in Frage kämen zur Umrahmung Teile aus Psalm 26 und 27 wie das Lied „Ich hab mich ergeben" u.a. Zum Schluss Gebet für Führer, Volk und Wehrmacht aus dem Feldgesangbuch.

Kameraden! Es ist etwas Heiliges um den Eid, um das Versprechen, das mit den erhobenen drei Fingern der rechten Hand gegeben wird. Durch Mark und Bein fährt einem solch ein Schwur. Denn er reißt unsere ganze menschliche Existenz auf, er reißt uns heraus aus den Fugen unserer bloß menschlichen Willkür, aus der Enge und dem Verhaftetsein unseres eigenen Strebens nach Glück und Wohlergehen und bindet uns an eine über uns stehende große Sache. Er sprengt die Fesseln unseres kleinen Ich, das immer sich selbst sucht, und kettet uns auf Gedeih und Verderb an ein Ziel, eine Aufgabe, eine Idee, die über uns liegen. Wer ist nicht im Tiefsten ergriffen gewesen bei der Aufführung des „Wilhelm Tell", wenn da eine Hand voll Männer, die die Freiheit ihres Vaterlandes über alles liebten, schwur und rief: „Wir wollen sein ein einig Volk von Brüdern, in keiner Not uns trennen und Gefahr!"? In keiner Not uns trennen und Gefahr! Eine heilige Rücksichtslosigkeit ist das, eine Haltung, die des eigenen Lebens, der eigenen Wünsche nach dem Glück dieses Daseins nicht achtet, die einfach sich preisgibt um des Höheren, Gemeinsamen willen. Keiner ist wohl, der nicht spürt, dass ein solcher Eid Sache von Männern ist, Sache derer, die ein starkes und tapferes Herz haben.

Aber nicht nur an Sachen und Ideen und Personen bindet der Eid, nicht nur an Volk und Vaterland, nicht nur an Führer und Reich – er bindet noch an Größeres. Und darin liegt die tiefste Gewalt des Eides, die uns innerlich erschauern, die uns das Blut in den Adern gerinnen lässt, darin, dass wir uns hier in einer Minute ein für alle Mal binden an Gott! „Ich schwöre bei Gott diesen heiligen Eid, dass ich dem Führer des Deutschen Reiches und Volkes, Adolf Hitler, dem Obersten Befehlshaber der Wehrmacht, unbedingten Gehorsam leisten und als tapferer Soldat bereit sein will, jederzeit für diesen Eid mein Leben einzusetzen." Das ist der Fahneneid des deutschen Soldaten. Ich schwöre bei Gott! Wisst ihr, was damit geschieht? Eine Truppe, die so schwört, stellt sich feierlich vor das Angesicht Gottes, sie ruft den allmächtigen Herrn und Gebieter der Welt selber zum Zeugen an, dass sie die Wahrheit sagt, zum Zeugen für die Unbedingtheit ihres Gelöbnisses. Gott soll es hören, dass sie, solange es einen Führer unseres Reiches gibt, solange es einen Obersten Befehlshaber unserer Wehrmacht gibt, solange es überhaupt ein deutsches Volk gibt, sich unverbrüchlich bindet an diesen Führer und Obersten Befehlshaber, an dieses deutsche Volk! Gott soll Zeuge sein, dass diese Truppe bereit ist, den Tod nicht zu fürchten und alles dahinzugeben. Geradezu Furcht erregend ist das! Denn das Angesicht Gottes auf sich herabzurufen ist wahrhaft keine kleine Sache. Dieses Angesicht Gottes durchschaut uns nämlich bis in unser innerstes Herz hinein, es prüft unsere geheimsten Gedanken, vor allem aber: es lässt seinen Blick nun *nicht mehr los von uns*. Es schaut vielmehr unser ganzes Leben auf uns und wacht eifersüchtig, ob wir unserem Versprechen auch treu bleiben, treu im Kleinsten wie im Größten, treu im Gehorsam durch Zucht und Disziplin wie auch treu im letzten Einsatz unseres Lebens. Hierdurch erst gewinnt der Eid seine volle Kraft, seine stärkste und tiefste Bindung, eine Bindung, wie sie menschliche Autoritäten und irdische Gegebenheiten niemals zustande bringen können. Denn: gibt es nicht so viel Zuchtlosigkeit, die niemals geahndet wird? So viel Mangel an innerer Disziplin und Gehorsamsbereitschaft, der von keinem Offizier oder Unteroffizier jemals erkannt wird? Gibt es nicht so viel geheimes Sichdrücken vor der Gefahr und dem wirklichen Einsatz des Lebens, das von keiner staatlichen Autorität jemals gesehen werden kann? Gott aber sieht das alles, und er weiß einem jeden zu vergelten auch nach seinem geheimsten Tun! Darum kann keine Verpflichtung gegenüber irgendeiner Sache oder Person größer sein als die, die im Angesichte Gottes geschieht. Denn nicht „das Auge des Gesetzes" allein macht ein Volk stark und bindet es zusammen, sondern das Auge des allmächtigen Gottes, das über die Pflichten der Staatsbürger wacht, das wacht über die Erfüllung und Heilighaltung ihrer Eide. Ohne den Glauben an diesen lebendigen, persönlichen Gott, der die Macht hat, einen jeden vor die Schranken seines Gerichtes zu fordern, kann ein Volk wohl in jugendlicher Begeisterung aufstehen zu stürmischen, rauschenden Taten, aber es wird niemals seine wahre, vollendete Größe wirken; denn es nagt an ihm der Totenwurm des Egoismus, der letzten Endes doch den Eigennutz vor den Gemeinnutz stellt. Wer kann mich denn wirklich verpflichten in meinen geheimsten Gedanken, in meiner innersten Bereitschaft zum Tode? Wohl kann mich eine rohe Gewalt in den Tod treiben, nicht achtend der Willigkeit meines Herzens – so sahen und sehen wir es in Russland!

Eine Preisgabe aller Menschenwürde aber ist das, so, wie man das Vieh zum Schlachten treibt. Damit reift kein Volk zu wirklicher Größe! Im Gegenteil: mag rohe Gewalt es auch für einige Zeit zusammenhalten, die Zersetzung beginnt doch bei den geheimsten Gedanken, bei der inneren Haltung, über die keine Gewalt wachen kann, worin kein Mensch einen Menschen verpflichten kann. Gott aber wacht darüber, sein Angesicht verpflichtet uns. Er wacht und verpflichtet uns auch dann, wenn wir schwach zu werden drohen, wenn uns Feigheit und Furcht überwältigen wollen – so, wie es einmal im Weltkrieg geschah: Ein Bataillon geriet ins Wanken, es wandte sich und floh vor der Übermacht des Feindes. Da aber sprengte ihm der Divisionspfarrer entgegen, hoch zu Ross – nicht mit der Pistole in der Hand wie die russischen Kommissare – sondern nur mit dem Satz auf den Lippen, den er den Männern entgegenschleuderte: „Kerls, haltet ihr so euren Fahneneid?!" Die Truppe stutzte, einer nach dem anderen kehrte um, und die Flucht wurde in einen herrlichen Sieg gewendet. Nicht der Divisionspfarrer nur hatte so gerufen – nein, die Stimme Gottes war es, die durch den Pfarrer den Männern ins Gewissen rief, die ihnen jene feierliche Stunde zurückrief, da sie vor seinem Angesichte die Hand zum Schwur erhoben. Hier wird es deutlich, dass Gott in Wahrheit eines Volkes „Kraft und Starke" ist, dass der Glaube an ihn immer noch das Fundament einer Nation ist. Ohne diesen Gott und ohne diesen Glauben kann keine Staatsführung ihren Untergebenen trauen, sie kann nur der Schlechtigkeit und Feigheit der Menschen misstrauen und wird an ihr über kurz oder lang zerbrechen

(Es folgen Ausführungen über das Wort „Fahneneid" und über die Bedeutung der Fahne in früheren Zeiten; H.M.)

Heute freilich stürmen wir nicht mehr mit wehenden Fahnen zur offenen Feldschlacht. Der moderne Krieg hat die Tarnung notwendig gemacht, und darum lassen wir die Fahnen in der behüteten Heimat. Aber was sich äußerlich geändert hat, ist innerlich geblieben. Geblieben ist, dass die Fahne Zeichen und Symbol einer höheren Einheit ist, sie ist Hoheitszeichen des Reiches. Und überall, wo sie draußen auf den Gebäuden ausländischer Botschaften weht, da kündet sie von der Größe unserer Nation. Und überall, wo man ihr draußen Schmach antut, wo man sie herunterreißt und in den Staub zerrt, da wird dieses Reich selber beleidigt, da wird die Hoheit unserer Nation missachtet. Denn die Fahne verkörpert uns selbst, unser Leben, unser Volk. Und weil dies alles heilige Dinge sind, die uns von Gott geschenkt, hohe Werte, die Gott uns zu Schutz und Bewahrung anvertraut, darum ist auch das andere geblieben, dass die Fahne uns heilig ist: denn schon mancher hat sein Bestes dafür hingegeben. Heilig und kostbar ist sie uns wie unser Leben. Ja, die Fahne ist unser Leben! Die Fahne, die flattert im Winde, ist sie nicht ein wunderbares Symbol alles Lebendigen, aller Freiheit, alles stürmischen

Siegeswillens, alles zuversichtlichen Mutes? In der griechischen Liturgie wird zur Opferung das Kelchvelum wie eine Fahne über den Opfergaben hin- und hergeschwenkt. Das soll bedeuten: das Wehen und Leben des Heiligen Geistes möge herabkommen auf Brot und Wein, um beides zu beleben zu jener heiligen Opfergabe, die Christus in seinem Leben spendenden Fleisch und Blut selber ist. Ein ähnliches Symbol ist die Fahne. Ihr Leuchten und Wehen in freier Luft künden uns Geist und Leben unseres Selbst. Dieses Leben eines Volkes schließt aber auch den Tod des Einzelnen mit sich ein: denn der Tod hat neben seinen dunklen Schatten auch eine helle Seite: er ist der große, unerbittliche Erneuerer der Völker. Indem er das Alte und Kranke auslöscht, schafft er dem jungen und gesunden Leben Raum. Und selbst dieses junge und gesunde Leben eines Volkes kann nur reifen und stark werden, kann nur dann zu neuen Siegen, die die Geschichte vergangener Generationen überstrahlen, aufbrechen, wenn es die tapfere Bereitschaft zum Tode kennt. Auch das kündet uns die Fahne, wie es wunderbar ein Lied unserer Tage singt: „Deutschland, sieh uns, wir weihen dir den Tod als kleinste Tat, grüßt er einst unsre Reihen, werden wir die große Saat. Drum lasst die Fahnen wehen in das große Morgenrot, das uns zu neuen Siegen leuchtet oder brennt zum Tod!"

Hier aber sind wir dahin gelangt, wo über der Fahne unseres Reiches, wo über allen Fahnen der Völker jene Fahne sichtbar wird, von der die Fahnen dieser Erde erst ihren seligsten Glanz erhalten, jene Fahne, die der alte deutsche Liederdichter Venantius Fortunatus in seinem Karfreitagshymnus besingt: „Vexilla Regis prodeunt – des Königs Fahne weht einher, es glänzt geheimnisvoll und hehr das Kreuz, daran das Leben starb und Leben aus dem Tod erwarb!" Denn dieses Kreuz, es ist auch wohl ein brennendes Mahnmal des Todes, das Mahnmal heroischer Opferbereitschaft für andere; aber es ist zugleich das leuchtende Zeichen ewigen Sieges, der den Tod bezwang. Und er, der am Kreuze verstarb, wurde jene große, göttliche Saat, aus der neues Leben erwuchs für die Völker, für alle, die glauben an Christus, den Auferstandenen.

So tritt der Christ zum Fahneneid, wissend, dass über der Fahne seines Reiches die Fahne des Kreuzes aufstrahlt und damit jenes Zeichen, in dem einst Kaiser Konstantin der Sieg verheißen ward. In hoc signo vinces! In diesem Zeichen sollst auch du siegen, Kamerad! Und wenn du selbst auch den irdischen Sieg nicht erleben solltest – du weißt: der Sieg ist dennoch dein! Im Zeichen des Kreuzes, in dessen Kraft du deiner Fahne treu warst, wirst du die Krone ewigen Lebens erringen und die Erfüllung jener Schlussbitte aus dem Karfreitagshymnus erfahren: „Hast uns des Kreuzes Sieg gewährt, nun sei uns auch der Lohn beschert!“ Amen.

Nr.7: Der Treueid vor Gott.
Als Soldaten habt ihr euren Fahneneid geschworen. Ihr wollt ihn halten als tapfere, treue deutsche Männer, die ihr Vaterland lieben. Und voll Stolz seid ihr über alles, was ihr in Erfüllung eures Fahneneides in diesem Kriege schon geleistet habt ... Und es ist euch eine Selbstverständlichkeit, dass ihr ihn weiter erfüllen werdet, wie lange auch dieser Kampf um Recht und Freiheit des Vaterlandes währt ... Deshalb halte deinen Treueid auch dem Herrgott Trotz aller Gefahr und Versuchung ... „Wenn alle untreu werden, so bleiben wir doch treu.“

Ich und du, wir alle, wollen mit der auf ihrer Fahne sterbend zusammensinkenden Jungfrau von Orleans in Schillers Drama vor Gott sprechen: Nicht ohne meine Fahne darf ich kommen, von meinem Meister ward sie mir vertraut. Vor seinem Thron muss ich sie niederlegen: Ich darf sie zeigen; denn ich trug sie treu!

XVI. REIHE (Oktober 1942):
Für die Advents- und Weihnachtszeit

Nr. 11: *Christliches Weihnachten und deutsches Weihnachten.*
Beides sind nicht Gegensätze, die sich ausschließen, sondern Einheit. Vielleicht feiert kein Volk so tief und bewusst Weihnachten als das deutsche.

a) Weihnachten führt uns an die Wiege. Die Wiege aber bedeutet wachsendes Leben, Zukunftsglauben, Fern-Hoffnung. Der heutige Krieg ist Glockenguss der deutschen und damit der europäischen Zukunft. Dass diese Glocke mit reinem Klang aus der zersprengten Form auferstehe und Friede ihr Erstgeläute sei, ein Friede im wahren Sinn, nicht bloß ein Waffenstillstand, ein konstruktiver Friede, der die Herzen der

Völker eint, das ist unser deutsches Beten an der Krippe des Friedensfürsten Christus in der 4. Kriegsweihnacht.

Gott hat dem deutschen Volk in diesem Krieg eine höchste Sendung gegeben. Neuordnung Europas. Dieser Neubau stehe im Zeichen Christi. Bolschewismus bedeutet Europa ohne Gott, ohne und gegen Christus. Die Front der jungen Völker unter Führung Deutschlands will ein Europa mit Gott, mit Christus So feiern wir als Deutsche ganz bewusst das Fest der Geburt Christi. Christentum ist eben nicht bloß die Werkstätte höchster seelischer Kultur, sondern auch die Bauhütte völkischer Größe und Kraft …

XVII. REIHE (Anfang 1943)

Nr. 2: *Der Christ und die Tapferkeit.*
… Und christlicher Geist ist in Wirklichkeit ein Geist der Tapferkeit, ja geradezu ein soldatischer Geist. Wir sehen das an Christus selbst, an den Forderungen, die er an die Seinen stellt, an den großen Gestalten, die er geprägt hat … Von Anfang an ist Christus eine durch und durch kämpferische Persönlichkeit. Wie ein Soldat steht er ein ganzes Leben unter dem Befehl: Ich bin nicht gekommen, um meinen Willen zu tun, sondern den Willen meines Vaters, der im Himmel ist … Er soll eine neue Gotteserkenntnis, eine neue Gemeinschaft der Menschen mit Gott bringen. Und steht damit gegen die Vertreter eines entarteten Buchstabengeistes, der glaubt, mit einer rein äußerlichen und verlogenen Erfüllung des Gesetzes den heiligen, lebendigen Gott bestechen zu können. Steht gegen die mächtige, herrschende Partei der Pharisäer und Schriftgelehrten ganz allein, ohne jegliche Hilfsmittel, ohne Waffen, ohne Anhänger … Wo der jüdische Krämergeist sogar in heilige Bezirke sich einnistet, zögert er nicht, den ganzen Haufen der Verkäufer und Geldwechsler zornentflammt aus dem Tempel zu peitschen Ebenso stahlhart wie sein Angriffsgeist war sein Standhalten; gegen die gesammelte Wucht seiner Feinde, gegen die Gewalt, mit der sie ihn äußerlich zu Fall bringen … Jawohl, das Christentum fordert die ganzen Kerle, die großen, starken Menschen, und hat gerade sie von jeher angezogen und hervorgebracht, Menschen, die nicht zu feige waren, gegen alles Halbe und Unechte,

gegen alles Verlogene und Gemeine in sich den Kampf aufzunehmen, und zuerst sich selber und dann die Umwelt für Gott zu erobern …

Nicht die Anwendung brachialer Gewalt macht also das Wesen des Tapferen aus, sondern der Kampf um das Edle und Gute und der Einsatz dafür selbst um den Preis des Lebens. Darum ist auch der Christ tapfer in der Verwirklichung des Reiches Gottes, in der unbedingten Erfüllung des Willens Gottes. Da das Vaterland zu den höchsten gottgewollten Gütern gehört, ist der Christ auch von seinem Glauben her verpflichtet, dieses Vaterland zu verteidigen, auch mit der Waffe in der Hand. Gerade der Christ bringt zu diesem Kampf mit der Waffe besondere Voraussetzungen mit. Denn er nimmt Verwundung und Tod umso leichter in Kauf, weil er sich nicht einem blinden Schicksal ausgeliefert, sondern sein Leben in der Hand eines gütigen Vaters geborgen und ein ewiges Leben und eine ewige Heimat für sich in jedem Fall gesichert weiß.

Nr. 3: Ansprache am Ende eines Kampfabschnittes.
… Der Einsatz, der uns noch bevorsteht, die Aufgaben, die uns noch gestellt werden, zwingen uns gläubige Männer förmlich auf die Knie, um wie die deutschen Freiheitskämpfer vor mehr als 100 Jahren Gott um seinen Segen, um seine Hilfe zu bitten.

Kameraden! In den letzten Jahren vor diesem Krieg wurde in unserem Volk viel über den Herrgott, über die Ewigkeit, über die Religion und religiöse Dinge gesprochen und geschrieben in volkstümlicher und wissenschaftlicher Form. Das zeigte, dass auch die Menschen im Dritten Reich Gott suchen, um ihn so oder so zu finden. Wir Männer, die wir Kampf und Not zur Genüge erlebt, die wir dem Tod ins Angesicht geschaut, wir sind keine Gottsucher. Wir haben Gott gefunden, darum singen wir in dem alten, deutschen Lied: „Wir loben dich droben, du Lenker der Schlachten“ … Darum geben wir dem Frontkämpfer des Weltkrieges Recht, der da geschrieben hat: Der Herrgott hat uns Männer wahrlich nicht so stark erschaffen, dass wir den Glauben an ihn eines schönen Tages wie einen überflüssigen Ballast über Bord werfen könnten.

Welches waren denn überhaupt unsere Gedanken in den vergangenen Monaten des Krieges? Seit wir im Morgengrauen des 22. Juni über die Ostgrenzen unseres Vaterlandes zogen zum harten Kampf?

Zuerst waren unsere Gedanken geradeaus gerichtet: Feindwärts. Das ist deutsche Soldatenart und Soldatenpflicht, dem Feind ohne Furcht und Bangen entgegenzutreten, Heimat und Herd zu schützen. Einst schworen wir als deutsche Männer und Christen in einer feierlichen Stunde den Fahneneid, einen heiligen Eid, für Führer, Volk und Vaterland einzustehen in jeder Stunde und Gefahr. jetzt im Ernstfall galt es diesen Eid in die Tat umzusetzen. Die Straßen unserer Siege, quer durch die Baltenländer, zeugen von unserem tapferen soldatischen Einsatz. Und an den Wegrändern erheben sich Mahnmale; Kreuze, stahlhelmgekrönt, zeigen, dass dort einst Kameraden mit uns marschierten in gleichem Schritt und Tritt … Darum haben wir uns auch in dieser gottgeweihten Stunde um den Opferaltar zusammengefunden. Wir wollten Gott loben, denn er hat unser Volk in uns kämpfenden Männern gesegnet …

Nr. 5: Helden und Heilige.
… Einen wichtigen Beziehungspunkt können wir noch zwischen Helden und Heiligen feststellen: sie sind das Gesicht der Gemeinschaft. Unsere Helden sind das Gesicht der Nation. Alle sie, die Blut und Leben und das eigene Glücklichsein hingeben, damit das Volk leben kann, sie formen den Typ des deutschen Mannes. Von allen ihren Gestalten lesen wir es als die Summe ab: so ist der Mann unseres Volkes, so ernst, so gehorsam, so todesmutig, so kalt gegen jede Gefahr, so kameradschaftlich, so hilfsbereit. So gewinnen wir von den einzelnen Gestalten den Typ

Nr. 6: Versteht den Willen Gottes!
Standhalten müssen. Der Krieg ruft uns Menschen wieder in die Nähe Gottes. „Der Urlaub von Gott" (der Titel einer modernen Erzählung) ist zu Ende … Kriegszeiten sind Gezeitenstunden der Religion … Wäre das nicht ein wunderbares Resultat der Kriegszeit, wenn dieser oder jener wieder sich selbst findet! Dass er wieder wüsste, dass Menschen nicht bloß Ziegelsteine sind, aus denen man beliebige Gebäude bauen könnte! … Die harte Luft des Krieges kann die herrlichsten Blüten christlicher Innerlichkeit hervorbringen. Statt der Bewahrung tritt jetzt die eigene Bewährung in den Vordergrund … Kriegszeit kann eine große Gnadenzeit sein …

Nr. 11: Ansprache zum Heldengedenken.
... Nicht nur der Einzelne gedenkt heute, sondern ein ganzes Volk steht bereit. Es steht voller Stolz heute an den Gräbern seiner Soldaten, denn es weiß, dass seine besten Söhne dort ruhen. Aus ihrem Opfer, aus dem Herzblut, das sie hingaben, erneuert sich die Kraft eines Volkes. Darum aber ist auch der innere Gradmesser für den Wert eines Volkes daran zu erkennen, wie es zu seinen Toten steht. Wehe dem Volke, das die Mahnung des Dichterwortes: „Vergiss, mein Volk, die teuren Toten nicht!" in den Wind schlägt ...

Die Botschaft dieses Heldengedenktages ist an uns ergangen:
Unsere toten Kameraden leben weiter in der lebendigen Erinnerung unseres Herzens, in dem stolzen Gedenken unseres Volkes, im ewigen Leben Gottes. Schließlich wollen wir mit dem Worte, mit dem Perikles, der geniale Staatsmann und Feldherr, vor fast zweieinhalb Jahrtausenden seine Gedenkrede für die Gefallenen des peloponnesischen Krieges beschloss: „Diese Männer bestanden die Tat mit ihrem Leibe. Auf einer ganz schmalen Schicksalsschneide, vom höchsten Atem des Ruhmes umweht, fern aller Furcht, sind sie geschieden! Die Überlebenden aber sollen, wenn sie auch beten mögen um ein gnädigeres Schicksal, keine minder herrliche Gesinnung vor dem Feinde erweisen!"

Nr. 12: Drei Grabansprachen ...
2. Ansprache: „Ich habe den guten Kampf gekämpft, den Lauf vollendet, den Glauben bewahrt. Nun wartet auf mich die Krone der Gerechtigkeit, die mir der Herr, der gerechte Richter, verleihen wird." (2 Timotheus 4,7) ... Du, mein guter Kamerad, hast wirklich den guten Kampf gekämpft! Du hast wie wir den Marsch nach Osten angetreten, den Marsch in die endlose Weite des russischen Raumes, den Marsch in die Gefahr, in den Bannkreis des Todes. Du hast im Freiheitskampf unseres Volkes tapfer deine Waffe geführt gegen einen harten und zähen Feind. Auch deine Sehnsucht suchte den Sieg. Aber dann kam jenes tückische Geschoss ... Gott fand dich seiner schon würdig, mein guter Kamerad. Dieses Wort vermag auch uns zu trösten über dein frühes Sterben. Denn Gott hat dich abberufen aus dieser Welt, weil du in seinen Augen ein Vollendeter warst, ein Frühvollendeter, der reif war zur Ernte für die Ewigkeit ... Dieser junge Kamerad hier hat in das Saatfeld der deutschen Zukunft

sein irdisches Leben hineingesät, und wir glauben, dass er dafür ewiges Leben ernten wird …

XVIII. REIHE (Fastenzeit 1943)

Nr. 8: … *zum Ostertag*
… Auch hier in Russland läuteten früher die Osterglocken, bis jene dunkle Nacht der Gottlosigkeit auf die russische Erde niedersank. Kein Ende schien ihr beschieden zu sein. Aber dann kam jener Tag, an dem unsere Waffen die Tore Russlands aufbrachen. Und heute feiern wir als christgläubige deutsche Soldaten schon das zweite Osterfest auf russischem Boden … Harte, unendlich harte Wochen und Monate liegen hinter uns. Mannhaft habt ihr in siegreichem Vorwärtsstürmen im Sommer Hitze und Sonnenglut, brennenden Staub und quälenden Durst ertragen. Auch die Kämpfe im Regen und Schlamm der Herbstzeit haben euch den Mut nicht rauben können. Mit letzter Kraft habt ihr auch die Eiseskälte des zweiten russischen Winters mit seinen furchtbaren Abwehrschlachten durchstanden. Nun liegt das alles hinter uns. Gerade heute am Osterfest wollen sich unsere Gedanken losreißen von allem Vergangenen und wollen vorwärts stürmen in den jungen Frühling, zu neuen Taten und zu neuen Siegen

Im Weltkrieg fand man auf einem Schlachtfeld in Russland einen blutjungen gefallenen Soldaten, der in seiner erstarrten Hand einen Zettel hielt mit einem Abschiedsgruß an seine Lieben. Als letzten Satz hatte er die Worte niedergeschrieben: „Jesus ist bei mir, so stirbt sichs leicht." Kameraden! Dieses letzte Wort eines gefallenen Helden soll uns ein heiliges Vermächtnis sein. Jesus ist bei mir, so stirbt es sich leicht! ja, so wird uns alles leicht, das Leben wie das Sterben, das Kämpfen wie das Siegen. Denn wo der siegreiche Osterheiland mit mir ist, da vermag ich alles, weil er mich stärkt. Amen.

XIX. REIHE (Mai 1943)

Nr. 6: Von der Freiheit des Christen.

... Es gab in den verflossenen Zeiten äußerer Knechtung unseres Vaterlandes nach dem Zusammenbruch in der roten Revolution von 1918 wahrhaftig viele Prediger der so genannten Freiheit! Und falsche Freiheit stand da hoch im Kurs! Jedes Sudelerzeugnis der Presse und jedes Machwerk auf dem Büchermarkt nannte sich Freiheit. Jede noch so volksschädliche Meinung, ob sie nun gegen gottgewollte Autorität, gegen Anständigkeit, gegen Eigentum, gegen Leben, gegen Moral und Ehre ging, fuhr unter der Flagge falsch verstandener Freiheit ... Die Zeiten sind, meine Kameraden, Gott sei Dank, vorbei, und es kam im neuen Deutschland und seinem Ideengut echte Deutung echter Freiheit wieder zu Recht ... Und so ist es kein Zufall, dass unsere Soldaten im Freiheitskampf unseres Volkes, der am Ende auch innerlich die Welt frei machen soll, das „Gott mit uns" auf dem Koppelschloss tragen – als katholische Soldaten mit Ihm und unter Ihm dieses Werk zu vollbringen.

XX. REIHE (Juni 1943)

Nr. 10: Am Grab eines Majors und eines Leutnants.

„Glücklich sind die Toten, die im Herrn starben, denn ihre Werke folgen ihnen nach." (Apokalypse 14,13)

Kameraden! Wenn irgendwann, dann gilt an diesen offenen Gräbern das Wort von der stolzen Trauer. Wir trauern um das harte Geschick, das zwei unserer besten Offiziere hinweggerafft hat. Major N. stand auf der Höhe seines Mannesalters, in wachsendem Soldatenruhm, Leutnant N. im Frühling seines Lebens und seiner Taten. Tausend schöne Hoffnungen, leuchtend winkende Erfolge tragen wir mit ihnen zu Grabe ... Wir beklagen ihren Verlust für die deutsche Wehrmacht. Polen, Frankreich, Serbien, Russland sahen die Leistungen und Erfolge von Major N. ... Mitten im kühnsten Einsatz fanden beide den Heldentod – den „Helden"tod, ja Helden können wir sie nennen, wenn wir an ihre bisherigen Leistungen, wenn wir an ihren mutigen Tod denken. Es erfüllt uns Trauer, aber eine stolze Trauer. Der Ehrensalut, den wir ihnen über das

Grab schießen, soll ein dreimal weckender Anruf an die Welt sein, aufzuhorchen und vor Ehrfurcht stille zu stehen, da wir Helden hinabsenken in die Erde

Unsere beiden Toten waren Christen. Als solche wussten sie, dass Gott der Herr ihr Leben lenkte, ihr Schicksal bestimmte, dass er letztlich sie an die Stelle rief, an der sie ihren Mann stellten, an der sie fielen. Die Treue zu ihrem Fahneneid, die Treue zu ihrem Volk, folgen ihnen nach. Der ewige Richter wird ihnen ihr Tun lohnen, umso mehr, als es Sache der persönlichen Entscheidung, Sache ihres Gewissens war. Den Lohn sind sie bereits angetreten. Sie durften im Tode eingehen ins ewige Glück, in den Frieden mit Gott … Darum sind „glücklich die Toten, die im Herrn sterben, denn ihre Werke folgen ihnen nach". Amen.

Nr. 12: Für einen Offizier, dem Pfarrer nicht näher bekannt.
… Der Herr über den Tod ist auch der Herr über das Leben. Und Gott ruft niemanden von dieser Erde, der seinen Auftrag noch nicht erfüllt hat. Es gibt kein blindwirkendes Schicksal, es gibt keinen Zufall im Menschensterben – das ist der große Trost und die große Zuversicht für uns Soldaten. Erst dann fallen wir, wenn Gott, unser Vater, es zulässt; erst dann sterben wir, wenn wir unsere Aufgabe erfüllt haben, die Gott uns stellte. Es ist ein tiefes Wort, das unsere Soldaten gebrauchen, wenn sie unsere Heldenfriedhöfe als „Wachregimenter" bezeichnen. Wahrhaftig, sie sind nicht tot, die für das Vaterland gekämpft haben, die gefallen sind und begraben wurden. Nein, sie halten selbst im Tode noch die Wacht fürs Vaterland! Und dies mag uns ein Trost sein, wenn an allen Fronten die Feinde gegen uns anstürmen: an allen Fronten liegen auch unsere Wachregimenter und rufen uns zu: haltet aus, wie wir es taten! Es ist daher bei allem Leid ein erhabener Gedanke, dass nun wieder ein Offizier eingegangen ist in die große, Länder und Meere verbindende Kameradschaft deutscher Soldaten und Helden! Jedes Soldatengrab ruft uns das Wort zu, das über den Gräbern der dreihundert spartanischen Soldaten steht: Wanderer, kommst du nach Sparta, verkünde dorten, du habest uns hier liegen gesehen, wie das Gesetz es befahl! …

Auch über diesem Offiziersgrab werden wir das Deutsche Eiserne Kreuz setzen, als Zeichen einer Gemeinschaft, die lebende und tote Helden des Deutschen Vaterlandes eint. Dieses Kreuz aber gemahnt uns an unsere Vorfahren, die deutschen Ordensritter, die den Pflug und das Schwert führten, die für Gott und die Heimat stritten, die das Schwert aus der Hand legten, wenn Gott und die Heimat gerettet waren. Den letzten Sinn des Eisernen Kreuzes aber verstehen wir erst, wenn wir an das erste Kreuz denken, das auch über einem Grabe stand, aber nicht als Zeichen einer Vernichtung, sondern als Siegespanier – dass Not und Tod nun endlich besiegt seien und ein ewiges Leben in Gott angehoben habe – für Christus und die Christen!

So ist auch uns, Deutsche Soldaten, das Kreuz auf diesem Offiziersgrab, ein Zeichen des Sieges: Er musste im Kriege sterben, damit die Kinder unseres Volkes in Frieden leben können!

XXI. REIHE

Nr. 3: Vom christlichen Vorsehungsglauben.

... Gerade der Krieg mit seiner Not und Gefahr hat im christlichen Soldaten allezeit jenes, ich darf sagen, blinde Vertrauen in Gottes gütige Vorsehung und heiligen Willen geweckt, in dem sich der Soldat geborgen weiß im Leben und im Sterben. „Gott dir ergeb ich mich, wenn mich die Donner des Todes begrüßen, wenn meine Adern geöffnet fließen. Fürs Leben und Sterben segne mich: Vater, ich rufe dich.“ So hat einer der besten deutschen Soldaten gesungen, der Dichter mit Leyer und Schwert. Beide großen Kriege wissen erschütternde Beispiele solch heldischen Gottvertrauens zu erzählen durch den Mund des einfachen Soldaten wie des hohen Offiziers. Sie gehören zu den heiligsten Erlebnissen des Frontsoldaten, die er zwar nicht gerne breit schlägt, die er aber tief im Herzen bewahrt

Das Gesicht der unheilen Welt ist verklärt im Licht und Sterben des gläubigen Christen, ist verklärt im Heldentod der gefallenen Soldaten. Wie viele Soldaten gehen auf dem Schlachtfeld in ihrem Blute lächelnd in die Ewigkeit. Not, Schmerz und Tod ist Wandlung in ein besseres Sein. Diese Verklärung liegt als schönster und unverwelklicher Kranz auf dem einsamen Grab des Gefallenen.

XXII. REIHE (September 1943)

Nr. 1: *Von der Freude des Christen (Im Kriege angesichts von Leid und Not).* „Siehe, ich habe dir geboten, dass du getrost und freudig seist." (Josua 1)

(Der Prediger erinnert zunächst an die Geschichte Israels, an seine Frühzeit in der Fremde; H.M.)

… Verwirrung in den eigenen Reihen, denn der das Volk geleitete – Moses – war tot. Volk ohne Raum, Volk ohne Kraft, Volk ohne Kopf, und dennoch: ich habe dir geboten, dass du getrost und freudig seist. Wort, das das „ganz Andere", was Gott nun einmal immer ist, in ein Volk stellt, das nicht wie wir den Trost und die Gewissheit hatte, von Gott gesegnet zu sein, gesegnet im Erfolg des Kampfes um das tägliche Brot, um den Schutz des Reiches und den Platz an der Sonne. – Ich habe dir geboten, dass du getrost und freudig seist. Nein, das ist nicht Vergangenheit, ist nicht Episode des „einst", ist nicht Geschichte, die ein „es war einmal" trägt, denn so bekennen und glauben wir: was dort geschrieben ist, zu Eurer Belehrung ist's geschrieben. Und so klingt gleiche Gottesbotschaft in unsere Tage, gleiche Gottesbotschaft in unser Soldatendasein, für uns alle und jeden Einzelnen, die wir hier in der Heimat oder draußen auf dem Posten stehen, nicht um Machthunger zu befriedigen, nicht um ungerechtfertigte Eroberung zu machen, nicht um Brandstifter der Welt zu sein, nein, einzig und allein, um unsere Existenz und unsere Zukunft, um Deutschlands Leben und sein Morgen und Übermorgen mit Blut und in Stahl zu verteidigen und zu erkämpfen. Gleiche Gottesbotschaft an uns, deren Koppelschloss das „Gott mit uns" trägt, deren Eid „bei Gott" gewesen ist. – Gleiche Gottesbotschaft in ähnlicher Situation, wo hinter uns das Elend eines verlorenen Weltkriegs liegt mit hungernden Kindern, zerbrochenen Existenzen, verachtet und in Not, wo vor uns auch ein Marsch ins ungewisse Morgen steht ..., festgegründet auf des Herrn Wort: Ich habe dir geboten, dass du getrost und freudig seist! Und von dem wir wissen, dass am Ziele Gottes Segen steht, wenn wir mit Ihm den Weg gegangen und vor Ihm das Unsrige getan, gekämpft, gelitten haben …

Nr. 2: Eine Christus-Predigt.
... Man kann Christus aufnehmen, man kann Ihn auch abweisen. Das Judenvolk hat Ihn damals abgewiesen, sich gegen Ihn verhärtet, hat Seine Liebe mit Hohn und Undank vergolten. Es geht noch heute als verfluchtes Volk über die Erde. In unserer Gegenwart ist die Gleichgültigkeit, die Feindschaft und der Abfall von Christus auch in unserem Volke groß und es zieht sich da auch Schuld und Strafe über unseren Häuptern zusammen ...

Nr. 3: Über die Reinheit.
[Die Erzählung von der Heilung eines Aussätzigen (Matthäus 8,1-13) und das Wort Jesu „Ich will, sei rein" wurde früher oft als Aufforderung zur Keuschheit interpretiert und auch von diesem Prediger so gedeutet; H.M.]

... Die Geschichte ist ein Massengrab abgelebter Nationen, die Sinnenlust, Unzucht und Unkeuschheit als Ziel ihres Lebens ansahen. Und wir in unseren Tagen können den Niedergang einer der Großmächte Europas sehen, die unterging, nicht nur weil ihm die geeigneten Führer fehlten, nicht nur weil ihm das rechte System fehlte, sondern weil sie die falsche Sittlichkeit hatten. Weil ihre Menschen wohl die Lust der Unkeuschheit kennen, nicht aber Reinheit und Verantwortung des Ehelebens.

Es geht um unser Volk, um seine Größe, um seinen Bestand. Jeder muss innerlich sich nachprüfen, jeder innerlich wieder aufrütteln, weil er weiß, es geht ums Letzte in seinem Volk. Der Staat kann Maßnahmen ergreifen zur Förderung des äußeren Menschen. Ihr aber sollt durch Christi Wort euer Inneres umgestalten. Auf dem Grabstein so vieler Völker steht als Mahnung für die lebenden und blühenden Völker: Ich will, sei rein. – Ernst ist die Forderung, ernst ist die Zeit. Wer es fassen kann, der fasse es. Er, der das Wort „Ich will, sei rein" dir zuruft, er, der den Kranken vom Aussatz heilt, kann auch dein Inneres heilen. So geht denn mit Gottes Hilfe wieder hinaus in den Kampf um ein reines Leben, betet und kämpft und haltet die Fahne der Reinheit hoch. Gebe Gott, dass Ihr im Kampfe sprechen könnt wie der junge Cornet Rilke, der als Fähnrich im Türkenkrieg an seine Mutter schrieb: Mutter, sei stolz, ich halte die

Fahne, sei ohne Sorge, ich trage die Fahne, hab mich lieb, Mutter, ich trage die Fahne.

Ja, tragt das hohe Banner der Reinheit, haltet es fest mit ganzer Kraft. Amen.

Nr. 4: Die Forderung unserer Zeit (Kurzpredigt von Kampf und Geschichte). Kameraden. Wir stehen in einem gigantischen Kampf, in einem Schicksalskampf, dessen ganze Tiefe und Bedeutung wir gerade in diesen Tagen spüren. Mit allen Fasern unseres Herzens fühlen wir die Größe unserer Aufgabe, den Ruf dieser Stunde. Und wenn ich euch in dieser Stunde das Wort Gottes künde, so richtet es sich nicht nur an euer eigenes Geschick, es ist auch hineingesprochen in die Zeit und das Geschehen unserer Tage. Denn alle Zeit will erfüllt sein, alle Zeit wartet auf uns, dass wir sie vollenden. Da denken wir wohl zuerst an die Aufgabe, an das Geschick, an die Geschichte unseres Volkes. So wie wir heute, so steht immer der Mensch, das Volk in Sendung und Auftrag seiner Zeit. Was aber ist Zeit, was Geschichte? Ist sie nur ein Wechselspiel menschlicher Bewährung, menschlichen Versagens? Geschichte ist nicht bloß eine Aneinanderreihung menschlicher Taten oder gar das Ergebnis der Politik – *Geschichte ist im Tiefsten ein Geheimnis*, ein Mysterium, dessen Wurzeln dort fasern, wo Gott und Satan, Christus und Antichrist, Sein und Sünde in ewigem Kampf liegen. … Ja, Kameraden, „Uns rufet die Stunde, uns dränget die Zeit, zu Wächtern, zu Rittern hat Gott uns geweiht.“ … Je mehr wir – wie in Russland – die Inkarnation des Gottlosen erleben, umso größer muss sich in uns die Herrlichkeit Gottes offenbaren. Äußere Tüchtigkeit und innere Tugend müssen sich paaren. Tugend meine ich nicht im verbrämten Sinne, Tugend kommt von dem lateinischen Wort: virtus, das aber heißt eigentlich übersetzt: Männlichkeit, die ihre letzte Kraft und Bereitschaft aus der Reinheit der Gesinnung und der Tiefe des Glaubens holt. „Gott mit uns“ steht auf unserem Koppelschloss. Wenn aber Gott mit uns sein soll, so muss er auch in uns leben. Und das ist der Sieg über alle Gewalt der Finsternis. Welch eine Kraft muss in unser Kämpfen und Siegen überströmen, wenn wir so diese Stunde verstehen. Alles kann ich in dem, der mich stärkt …

Nr. 6: Christi Kreuz.
… sie haben in Russland erlebt, was es heißt, dass ein Volk kein Kreuz mehr hat, wo die Kirchen entblößt und ausgeraubt sind, dass das Geheimnis des Kreuzes Christi nicht mehr zugegen ist: Bestien sind die Menschen geworden …

XXIII. REIHE (Oktober 1943)

Nr. 7: Gedanken zur heiligen Opferfeier: „Unser Leben ein Dienst vor Gott".
… Und wie vom Leben und Sterben Christi das Heil ausging für die Welt, so vertrauen wir, dass das Leben und Sterben von Soldaten, die mit Christus verbunden sind, nie umsonst ist, mögen sie auch manchmal auf verlorenem Posten stehen, sondern dass unsichtbar Segen davon ausgeht für unsere Zeit. Ein großes Sterben im Opfergeist. – Unter denen, die schon im Frankreichfeldzug ihr Leben opferten, war auch ein junger Kamerad: Hans Niermann. Er hatte sich immer heiß bemüht, aus seinem Leben wirklich einen Dienst, eine Gabe für Gott zu machen, das Wort zu verwirklichen: „Bringt euren Leib als ein lebendiges, heiliges, Gott wohlgefälliges Opfer dar." Seine Kameraden … gaben ihm nach seinem Tode ein wunderbares Zeugnis. „Hans … fiel beim Sturm auf ein Dorf. Als das Dorf genommen war, holten wir am Abend seine Leiche. Wir trugen sie in die Kirche und legten sie auf die Stufen des Altares, den Kopf nach oben. Einer nahm das weiße Altartuch und legte es unter den Toten. Die Leuchter stellten wir zu beiden Seiten. Sie brannten die ganze Nacht. So lag nun Hans auf dem weißen Opfertuch des Altares, die Hände kreuzweise über der Brust gefaltet, wie eine lebendige Opfergabe vor dem Altar des Herrn, so brachte er sein Lebensopfer dar …"

Als ich das las, Kameraden, da verstand ich erst richtig, was der heilige Paulus uns sagen wollte mit dem Wort: „Bringt euren Leib als ein lebendiges, heiliges, Gott wohlgefälliges Opfer dar." Dieser Soldat hatte das bis zum Letzten verwirklicht. Da verstand ich auch erst, wie eng unser Soldatenleben mit dem heiligen Messopfer verbunden ist. Dieser Kamerad hatte so oft dabei gestanden, wenn Brot und Wein auf dem Altartuch lag … „Wie dieses Brot und dieser Wein soll mein Leben Gott gehören", hatte er dann gesagt, „mit Christus will ich mein Leben Gott als

Gabe anbieten", und war dann wieder mit neuer Opferkraft zu seinem Dienst gegangen. Nun hatte er vollendet, was er am Altare gelobt. An der Stelle, wohin ihn Gott gestellt hatte, war er wie Christus gehorsam gewesen bis zum Tode, hatte er wie Christus sein Leben hingegeben für die Brüder. Nun lagen nicht mehr die stellvertretenden Gaben von Brot und Wein auf dem Altartuch, sondern er selber, sein eigener, geopferter Leib, der dem geopferten Leibe Christi ähnlich geworden war …

XXIV. REIHE (Ende Oktober 1943)

Nr. 4: Zum 4. Adventssonntag.
… Sind diese Trümmer (der beiden Kriege des letzten Vierteljahrhunderts; H.M.) nicht ein Gleichnis dafür, dass es Wüste in unserem Herzen geworden ist? Sind sie nicht Symbol eines weitgehenden Zusammenbruchs von Sittlichkeit, Geradheit und Sauberkeit der Gesinnung? Wenn wir es beklagen, dass die Dome, die Kirchen in unserem Vaterland und anderswo durch Bomben zerstört werden, ist es nicht viel beklagenswerter, dass die Dome des Glaubens in unseren Herzen vielfach schon längst in Trümmer gesunken sind, dass die Pfeiler des Gebetes, mit denen die Menschheit aufstrebt zu Gott, schon längst geborsten sind, dass die Gewölbe des Gottvertrauens, unter denen gläubige Geschlechter sich als unter der Vorsehung Gottes stehend geborgen fühlten, schon längst zusammengebrochen sind? Was beklagen wir die äußeren Dinge, was die Trümmer, die wir mit unseren Augen sehen, da wir schon längst weinen und wehklagen müssten über den Schutt, der aufgerichtet ist in den Herzen der Menschen: Wenn wir es tief bedauern, dass in den beiden Kriegen so viel Menschenblut fließen muss, dass so viel echte, gesunde, junge Volkskraft vernichtet wird – müssen wir nicht etwas anderes noch viel tiefer bedauern? Haben die Völker Europas nicht vorher schon über sich selbst das Todesurteil gesprochen, haben sie nicht das Zeichen des Todes sich selbst auf die Stirn geschrieben, da sie sich freiwillig zu sterbenden Völkern machten infolge des Geburtenrückganges? Wenn auch in den letzten Jahren ein erfreuliches Ansteigen der Geburtenziffern in unserem Volke zu bemerken war, so musste doch eine öffentliche reichsstatistische Vorausschau feststellen, dass bei gleich bleibender Geburtenkurve

aus den Jahren vor dem Kriege im Jahre 2000 – ganz abgesehen von den Kriegsausfällen – weniger Deutsche auf der Erde sein werden als noch 1938. Und ein bedeutender Erbbiologe unserer Tage bemerkt dazu in einer öffentlichen Schrift, dass die Ursache dieses Bevölkerungsschwundes letzten Endes in der *sittlichen Entartung* zu finden sei. Stehen wir da nicht unmittelbar vor der Forderung des Johannesrufes: Denket um? Umkehr halten müssen wir, Wandlung der Gesinnung und der Herzen, wenn wir auch nur unser natürliches Leben, das Leben unseres Volkes retten wollten! …

XXV. REIHE (Dezember 1943)

Nr. 2. Zum Neuen Jahre: Du aber bist immer derselbe. (Psalm 101)
… Inmitten der zerstörenden Gewalten schreitet und ruft uns der, der die Sünden der Welt auf das Kreuzesholz trug, der auch die Lasten dieses Krieges auf seine geduldigen Schultern genommen.

Lächelnd schreiten wir zum Opfergang.

Und darum: Überall, wo Christen stehen, haben auch sie das Gesetz der Unordnung zu tragen bis zum Tode, gleich ob sie eine Krankheit schlägt oder eine Kugel trifft. Lächelnd sogar tragen sie diesen Bannfluch, weil auch er den Tod starb in einer unbegreiflichen, unfassbaren Tiefe …

XXVI. REIHE (Januar 1944)

Nr. 6: Von der Nähe Gottes in diesen Kriegszeiten.
… Kriege werden nicht mit Waffen gewonnen, sondern mit dem Herzen der Männer, die sie führen. Und ist das Herz frei, dann kann man mit dem Soldaten des Weltkrieges sagen: mein Herz gehört Gott, mein Leben dem Vaterland; frei bin ich, alles zu wagen. – Was dieses Freisein im Einsatz bedeutet, das wisst Ihr Alten unter uns, Ihr, die Ihr neu kommt, werdet es spüren in den kommenden Tagen des Kampfes. Und darum ein Wort in herzlicher Kameradschaft und priesterlicher Sorge: geht nicht weg aus dieser Stunde, geht nicht weg aus dem Erlösungsopfer der heiligen Messe, wo Gott darauf wartet, auch Dich zu retten vom Tode …

Und wärest Du auch fahnenflüchtig gewesen bei Gott, hättest in *Satans Lager* gestanden in der schweren Sünde und den Eid geleistet auf die Verfassung des Gottesfeindes, in jahrelangem Fernbleiben von Kirche und Gottesdienst – vergiss auch dann nicht: Gott wartet auf Dich trotzdem …

XXVII. REIHE (In der ersten Fastenwoche 1944)

Nr. 4: Bejahung des Lebens: Von der rechten Wertung unseres Auferstehungsglaubens.

… Es war in den ersten Jahren der Bolschewistenrevolution. Da war in Moskau im größten Saale eine Massenversammlung angesetzt, auf der der Unterrichtsminister Lunatscharski selber reden sollte. Und von allen Plakatsäulen verkündeten es mächtige Schlagzeilen: „Lunatscharski beweist, dass es keinen Gott gibt." Was der Redner im Saal kundgab, waren die alten, abgedroschenen, oft genug schon gehörten seichten Phrasen. Es wurde zur Diskussion aufgerufen. Wer würde es auch wagen, dem allmächtigen Unterrichtsminister zu widersprechen? Zuerst war auch eisiges Schweigen. Aber dann meldete sich zum Staunen aller ein junger, unansehnlicher Dorfgeistlicher. Der Minister fragte erstaunt: „Sie wollen reden? Fünf Minuten gebe ich Ihnen Zeit." „Damit komme ich aus, die brauche ich nicht einmal" … Und dann geht er zum Rednerpult und ruft mit mächtiger Stimme in die Versammlung hinein: „Meine Brüder und Schwestern! Christus ist *erstanden*! …

Und da sprangen die meisten auf und rufen wie ein Mann, wie es in der Osternacht die russische Gemeinde antwortet: „Ja, er ist wahrhaftig auferstanden." Das war wie eine Erlösung, Tränen rannen vielen über die Wangen … Die Osterbotschaft blieb dem gequälten Volke im Herzen, und heute nach 25 Jahren Bolschewismus ruft es wie einst das russische Volk in der Osternacht: „Christus ist auferstanden! Ja, er ist wahrhaftig auferstanden!" und schöpft aus diesem Glauben den Mut für die Zukunft …

XXIX. REIHE (Mai 1944)

(Die Sendung enthält Skizzen zu folgenden Themen; H.M.): I. Von der göttlichen Zuflucht. Ansprachen bei einer Bittwoche zur Kriegszeit. 1. Dass wir unsere Not vor Gott bringen sollen. – 2. Dass wir unsere Schuld vor Gott bringen sollen. – 3. Dass wir in der Not recht beten sollen. – 4. Dass wir in der Schuld bereit sein sollen zur Buße. – 5 . Dass wir alles mit Jesus tun sollen. – 6. Selig sind die Trauernden, denn sie werden getröstet werden. – II. Nach Pfingsten und Allgemeines. 7. Zum Fronleichnamsfest. – Gedanken zu einer Herz-Jesu-Predigt. 9. Zum 4. Sonntag nach Pfingsten. – 10. Zum 5. Sonntag nach Pfingsten. – 11. Über die Heilige Schrift. – III. Grabansprachen.

Aus einer Grabansprache.

… Wir stehen als Christen und als Deutsche all dem Grausigen, dem erschütternden Geschehen der letzten Wochen gegenüber, das uns getroffen hat. … ist gefallen als deutscher Soldat, so wie Tausende, ja Millionen im Laufe der Jahrhunderte aus unserem Volke ihr Leben im Kampf hingegeben haben. Es war ihm das Leben und Sterben nur Pflichterfüllung, Treue zu seinem Fahneneid. … wollte nichts sein als ein Soldat, der seine Pflicht tut wie jeder andere Kamerad. Uns tröstet der Gedanke, dass er sein Leben hingab im Kampf gegen den Bolschewismus. Für diesen Kampf ist es wert, das Beste, alles einzusetzen, um die christlichen deutschen Werte unseres Volkes zu erhalten … Ist dieser Krieg nicht eine furchtbare und doch gerechte Heimsuchung Gottes? Hatten die Menschen unserer Zeit sich nicht zum großen Teil gegen Gott gestellt? Was gaben die Menschen um Gottes Willen und Gesetz? Legten die Menschen nicht sich die Gesetze Gottes zurecht, wie es ihnen passte? Schafften Gebote Gottes ab, wenn es ihnen nicht mehr passte? …

VI.
Der große Irrtum

Es ist nicht möglich, die hier unterbreiteten Texte im Einzelnen zu analysieren und auf jedes der angesprochenen Themen einzugehen, denn sowohl bei den Briefen als auch bei den Predigtentwürfen sind die Aspekte zu vielfältig, als dass sie hier alle erörtert werden könnten, seien es die zuweilen peinliche (damals weithin übliche) pathetische Sprache oder gelegentlich zutage tretende antisemitische Tendenzen, das Fortleben antidemokratischer Vorurteile oder – positiv – die hoffnungsvollen ökumenischen Ansätze. Zudem sind die in den Predigten erörterten Themen – weil an Soldaten als Adressaten gerichtet – anderer Art als die Fragen, denen die Gedanken der Briefschreiber gelten und die sich vorwiegend mit dem Problem befassten, wie in diesem Krieg die eigene priesterliche Berufung und Existenz zu deuten sei. Außerdem kann die Tatsache, dass die Verfasser der Briefe oft einige Jahre jünger waren als die Verfasser der Predigten, zu der Vermutung Anlass geben, dass sie dem Soldatenleben und dem Krieg eine andere Bedeutung zugemessen haben als die Angehörigen älterer Jahrgänge, da sie stärker als die einige Jahre früher Geborenen der nationalsozialistischen Erziehung und Propaganda ausgesetzt gewesen waren.[80] Auch der Versuch, die Einflüsse verschiedener damals viel gelesener theologischer Schriftsteller oder einiger Gruppen der Jugendbewegung auf das Denken und die Vorstellungen der Kriegspfarrer und Priestersoldaten aufzuspüren und nachzuweisen, würde den Rahmen dieser Analyse sprengen. Darum werde ich mich im Folgenden auf die Erörterung einiger Themen beschränken, die unter theologischem und pastoralem Aspekt besonders wichtig sind.

---

[80] Vgl. die Bemerkung bei Karl HOFMANN, Eine katholische Generation zwischen Kirche und Welt. Studien zur Sturmschar des Katholischen Jungmännerverbandes Deutschlands, Augsburg 1993, 388.

In dieser Analyse werden Vorgänge behandelt, die inzwischen Jahrzehnte zurückliegen, und insofern könnte der Eindruck entstehen, es handle sich hier um eine Untersuchung, die ausschließlich historisch orientiert ist. Doch es geht hier nicht allein darum, vergangene Ereignisse zu erinnern, den Gründen und Motiven des Verhaltens von Theologen und Priestern in jenen Jahren nachzuspüren und eine Annäherung an das Verständnis damaliger Denk- und Verhaltensweisen zu versuchen. Beim Durcharbeiten der zwischen 1940 und 1944 entstandenen Texte drängte sich mehr und mehr eine bestürzende Einsicht auf: Die seit 1945 – und auch die seit dem Zweiten Vatikanischen Konzil – zu verzeichnenden Wandlungen und Umbrüche in Theologie und Kirche scheinen tiefe Schichten katholisch-kirchlicher Mentalität fast unberührt gelassen zu haben, so dass zwar mit Recht von Veränderungen in vielen Bereichen des kirchlichen Lebens gesprochen werden kann, nicht jedoch von einer wirklichen Wandlung der kirchlichen Mentalität oder einer „Umkehr". Sicher, es hat „Reformen" verschiedener Art gegeben, deren relative Bedeutung nicht heruntergespielt werden soll. Doch angesichts der ungeheuren Katastrophen unseres Jahrhunderts und auch angesichts der Versäumnisse und Verfehlungen der Kirche wäre eine bis in die Wurzeln unserer Existenz als Volk und als Kirche reichende Besinnung und eine „radikale" Umkehr die einzig angemessene Antwort gewesen. Doch dazu ist es nicht (oder nur in Ansätzen) gekommen, weil es – so meine Vermutung – nicht zu einer Einsicht in die Schuldverstrickung und nicht zu einem Bekenntnis der Mitschuld gekommen ist. Und was – auch seit dem Zweiten Vatikanischen Konzil – als Erneuerung und Reform ausgegeben wird, erscheint im Verhältnis zu dem, was geschichtlich gefordert war und ist, als oberflächliche und im Grunde belanglose Kosmetik.

Die ausgebliebene Umkehr und Renovatio dürfte eine der Ursachen sowohl für den Integrations- und Legitimationsschwund der Kirche in den letzten Jahrzehnten sein als auch dafür, dass für überwunden gehaltene Denkmuster und Verhaltensweisen nicht nur wieder aufleben, sondern auch sich durchsetzen und das Leben der Kirche nachhaltig bestimmen. Statt gemeinsam mit allen Gläubigen nach den „Zeichen der Zeit" zu fragen und sie als Herausforderungen Gottes zu verstehen, verweigert sich die Kirchenleitung in einer „geradezu militante(n) Abschottungs- und Verweigerungsmentalität“[81] wie ehedem in der Geschichte und verbietet ihren Theologen – teilweise sogar unter Androhung von Sanktionen – die Diskussion über diese durch die Situation aufgegebene Problematik. Die Entscheidungen der verantwortlichen Männer der Kirche werden vorwiegend vom Interesse am Funktionieren der für sakrosankt gehaltenen Institution und an der Verteidigung dessen bestimmt, was die Amtsträger als „reine Lehre“ ansehen und weniger vom Schicksal, den Nöten und Bedürfnissen der Menschen; nach wie vor kommt der Einordnung in die (von Männern geprägten) Strukturen und dem („religiös“ genannten) „Gehorsam des Willens und des Verstandes“ ein größeres Gewicht zu als der Gewissens- und Entscheidungsfreiheit des einzelnen Menschen und der Freiheit des Denkens; obwohl die Kirchenleitung die Würde des Menschen immer wieder betont und die Anerkennung der Menschenrechte von anderen einfordert, verweigert sie den Mitgliedern der eigenen Kirche bis heute die in einem modernen Gemeinwesen selbstverständlichen Rechte. Die Ausführungen in den Kapiteln des folgenden Teils werden deutlich machen, wie die Vergangenheit in die Gegenwart hineinwirkt.

1.
Eine überraschende Erfahrung

Idealistisch gestimmt und politisch unbedarft, oft geprägt durch die Jugend- sowie die biblische und liturgische Erneuerungsbewegung, zudem motiviert durch eine Mischung aus national-patriotischem Empfinden und religiöser Überzeugung, hatten die jungen Priester und Theologen, von denen die meisten bei Kriegsbeginn unter 30 Jahre alt waren, vor allem eins im Sinn: Sie wollten den jungen Menschen, mit denen sie

[81] Hermann-Josef GROßE KRACHT, Kirche in ziviler Gesellschaft. Studien zur Konfliktgeschichte von katholischer Kirche und demokratischer Öffentlichkeit, Paderborn 1997, 255. Große Kracht analysiert in einem Kapitel „Die Renaissance einer angstbesetzten Abwehrmentalität: Das roll-back in den Vatikanischen Mediendokumenten der 1990er Jahre“, ebd. 249-258.

in den Gemeinden und Jugendgruppen gearbeitet hatten, auch „im Feld“ nahe sein – als Kameraden unter Kameraden.

Sie waren ein behütetes und streng geregeltes Leben in einer abgeschirmten religiösen Welt gewohnt, in dem Gebet und Meditation, Studium und knapp zugestandene freie Zeit ihren festen Platz hatten. So weit sie bereits als Seelsorger tätig waren, hatten sie es überwiegend mit Menschen zu tun, die ihrer Kirche verbunden waren und die ihnen, den „hochwürdigen Herren“, mit Respekt und Ehrfurcht begegneten. Ein größerer Gegensatz zwischen der ihnen bis dahin bekannten Welt und der des Militärs war kaum vorstellbar. Sie trugen nun nicht mehr die klerikale Kleidung, die sie von allen anderen Menschen deutlich abhob und als Angehörige eines besonderen Standes kennzeichnete, sondern eine Uniform, die sie in nichts unterschied von unzähligen anderen Soldaten. Statt allein und zurückgezogen, privilegiert und abgeschirmt zu wohnen, fanden sie sich jetzt in Kasernen und Baracken wieder, gezwungen, mit Menschen unterschiedlichster Einstellung auf engstem Raum zusammenzuleben, nicht selten gehänselt oder verspottet wegen ihrer christlich-kirchlichen Überzeugung, und erst recht dann, wenn bekannt wurde, dass sie Priester waren oder werden wollten. Traditionelle Absicherungen des klerikalen Standes entfielen ebenso wie die mit der Ausübung des Amtes verbundene Autorität.

Was sie bei der Begegnung mit dieser fremden und erschreckenden Wirklichkeit und in dieser für sie völlig neuartigen Situation erlebten, spiegelt sich in den Rundbriefen *„Lieber Kamerad!“*. In den hier zusammengefassten Briefen wurden in bisher nicht gekannter Deutlichkeit und Intensität Erfahrungen an- und ausgesprochen, für die sich in keinem Lehrbuch Beispiele fanden und zu deren Verarbeitung die bislang angebotenen Formeln und frommen Übungen nicht ausreichten. Sie entdeckten, dass das Leben vielgestaltiger und komplizierter war als das, was sie in ihren Philosophischen Vorlesungen gehört und in ihren moral-theologischen Handbüchern gelesen hatten. Keine aszetische Übung oder Standesunterweisung hatte sie auf ihr Leben unter Soldaten vorbereitet, ganz zu schweigen von der Frage, wie man sich in einem blutigen Kriegsgeschehen verantwortlich verhalten könne. Mehr noch: Was sie bisher als wichtig angesehen hatten, erwies sich oft als irreal oder hohl, während sie das neue Miteinander der Kameraden nicht nur als Herausforderung, sondern auch als Bereicherung erfuhren und als Eröffnung einer neuen Lebensmöglichkeit entdeckten, das die Konturen eines „Priesterbildes der Zukunft" als ein Leben mit – und nicht neben – den Menschen erahnen ließ.

Gelegentlich wurden auch Gedanken geäußert, die eine tradierte kirchliche Auffassung vom Priestertum durchbrachen oder unterliefen. Die katholische Dogmatik lehrte, dass allein durch den „Ordo", die sakramentale Priesterweihe, sowohl der priesterliche „ Charakter" als auch die priesterliche Vollmacht vermittelt werden. Die Begegnung mit dem Tod und die Deutung der eigenen Existenz im Krieg führten einen Theologen zu der Erwägung, dass sie, die noch nicht durch den Bischof die Priesterweihe empfangen hätten, doch „schon mitten drin in unserer Berufung" seien, zum einen, weil Gott sie „im Tode für sich" weihe, zum anderen, weil diejenigen, die sich für die Kameraden opferten, „jetzt schon Priester" seien, weil sie auf diese Weise am „Opfer des ewigen Hohepriesters" Anteil hätten, zwar nicht im engeren Sinne sakramental, doch (ebenso) real.[82] Berufung und Weihe würden also – so die Überlegung – nicht erst durch den Vollzug eines liturgischen Ritus vermittelt, sondern würden konkret durch die gelebte Praxis des Daseins für andere, durch die Hingabe für die Kameraden. Dieser Gedanke knüpft erkennbar an die in der Kirche seit den ersten Jahrhunderten bekannten Vorstellungen an, dass ein ungetaufter Katechumene, der in Verfolgungszeiten bis zur letzten Konsequenz des Martyriums an der Gemeinschaft mit Christus festhielt, die „Bluttaufe" erhielt, welche dann die „Wassertaufe" ersetzte. –

Mit der Vorstellung vom Priestertum ist die Idee der Opferung und Wandlung eng verbunden. Unter den angehenden Priestern waren der Gedanke und die Hoffnung weit verbreitet, der Krieg werde sie verwandeln und zu neuen Menschen machen. Der sowohl in den Briefen als auch in den Predigten oft zitierte Hans Niermann – der letzte Reichsführer der „Sturmschar", dem bedeutendsten Zweig der katholischen

---

[82] Vgl. auch folgende Erwägung eines jungen Theologen: „Jetzt wäre ich schon ein Jahr Priester. War ich es auch in meiner Soldatenzeit ohne Weihe? Ich will es nicht sofort bejahen oder verneinen." Zit. nach Karl HOFMANN, Eine katholische Generation zwischen Kirche und Welt, a.a.O., 391.

Jugendbewegung[83] – notierte in seinem Tagebuch: „Das grausame und starke Erleben des Krieges ‚wird uns wandeln. Aber wozu? Zu Männern, die sich nichts vormachen und den Dingen auf den Grund gehen und Gleichmut haben?'"[84] Die Wandlung des eigenen Lebens, das sich in der Annahme des Hier und Heute als Aufgabe vollzog,[85] würde – das war der alle Belastungen erträglich machende Glaube – ein neues Deutschland, eine christliche Zukunft, ein größeres Leben bewirken. Während die Amtsträger und die älteren Jahrgänge vorwiegend die traditionelle Auffassung vertraten, dass der Dienst als Soldat eine moralische Pflicht gegenüber der staatlichen Autorität und dem Vaterland sei, sind die Vorstellung und der Wille der jüngeren Generation eher durch den Glauben bestimmt, der Einsatz der eigenen Existenz und die persönliche Hingabe würden Deutschland und die Welt verwandeln.

Allein die Tatsache, dass persönliche Erfahrungen unversehens ein solches Gewicht erhielten und dass die gewohnte und weithin formelhafte Kirchen- und Theologensprache hier und dort gesprengt wurden, wirkte in manchen kirchlichen Kreisen alarmierend. Stellte doch für sie die Sprache der Neuscholastik und des Kirchenrechts die Norm des Denkens und Lebens dar. Wer die tradierten Sprachregelungen nicht beachtete, machte sich des Subjektivismus und Modernismus verdächtig. Was heute nach den inzwischen vollzogenen Wandlungen und Umbrüchen in Kirche und Gesellschaft als harmlos oder selbstverständlich erscheint, bedeutete in jenen Jahren vielfach einen Durchbruch: Die täglich erfahrene Unsicherheit ließ überkommene Anschauungen von Sicherheit als problematisch erscheinen; alte Ordnungsmuster zerbrachen, und neue waren noch nicht erkennbar.

Die im Zusammenleben mit anderen Menschen gemachten Erfahrungen eigener Unzulänglichkeit und menschlichen Unvermögens hinsichtlich der Glaubensvermittlung führten zu Anfragen an das tradierte Priesterbild sowie an den gewohnten Stil kirchlich-pastoraler Praxis.

---

[83] Vgl. Hans SCHROER, Sturmschar im Aufbruch, in: *Sie hielten stand*, a.a.O., 11-30.

[84] *Der Weg des Soldaten Johannes.* Aus seinen Briefen und Tagebuchblättern. Als Manuskript gedruckt, Düsseldorf o.J. (1940), Eintragung vom 24. Mai 1940. Zu Hans Niermann und zur Schrift „Der Weg des Soldaten Johannes" vgl. Walter VORDERWÜLBECKE, Hans Niermann, in: *Sie hielten stand*, a.a.O., 185-203, bsd. 199 f.

[85] Vgl. *Der Weg des Soldaten Johannes*, Eintragung vom 26.12.1939.

Wer aber die gewohnten und in der Vergangenheit bewährten Formen des Denkens und Lebens verließ, stiftete „Verwirrung"; wer vom „Priesterbild der Zukunft" und von einer neuen Lebensweise mit den Menschen redete, stellte althergebrachte – und allein dadurch vermeintlich schon geheiligte – klerikale Lebensformen in Frage; wer angesichts der neuen Erfahrungen den „Sinn für das Wesentliche" sowie „Echtheit" und „Wahrhaftigkeit" wachsen sah, unterstellte damit Defizite im bisherigen priesterlichen Lebensstil. Das konnten und wollten die kirchlichen Behörden nicht widerspruchslos hinnehmen.[86]

Die Einsichten in die Notwendigkeit einer durch die Zeitumstände geforderten Wandlung christlicher und priesterlicher Existenz sind Zeichen für das Bemühen um die im „*Rundbrief*" oft eingeforderte „Erkenntnis der Wirklichkeit". Hier wurde angesprochen, was in den 1920er-Jahren Ernst Michel und andere bewegt hatte, nämlich die Suche nach einem neuen Glaubensverständnis mit Konsequenzen für eine neue Sicht von Welt und Geschichte. Für Ernst Michel hieß Glaube, sich der geschichtlichen Situation zu stellen; statt wie in der neuscholastischen Theologie einer zeitenthobenen Begrifflichkeit und Systematik zu verfallen, käme es darauf an, „Gehorsam gegen die Wirklichkeit" zu lernen.[87] Was das damals bedeutete, können wohl nur diejenigen verstehen, welche die absolute Dominanz eines an Institution und Doktrin orientierten Denkens und Verhaltens erlebt haben, für das sowohl die Geschichte als

---

[86] Was den Erzbischof Dr. Conrad Gröber in jenen Tagen – kurz nach der Beendigung der Schlacht um Stalingrad! – wirklich „beunruhigte", legte er am 9. Februar in der Konviktskirche zu Freiburg in einem Vortrag dar und verschickte dessen Thesen am 18. Januar 1943 als Memorandum „an den Hochwürdigsten großdeutschen Episkopat". In diesem Vortrag bzw. Memorandum nennt Gröber seine, wie man im Klerus spöttelte, „17 Beunruhigungen". Dazu gehörten u.a. die „liturgisch ‚Bewegten'", „eine „wachsende Minderbewertung der scholastischen Philosophie und Theologie", „der wachsende Einfluss der protestantischen Dogmatik auf die katholische Glaubensdarstellung", „die Grenzöffnung anderen Kirchen gegenüber", „die Überbetonung des allgemeinen Priestertums". Vgl. Bruno SCHWALBACH, Erzbischof Conrad Gröber und die nationalsozialistische Diktatur. Eine Studie zum Episkopat des Metropoliten der Oberrheinischen Kirchenprovinz während des Dritten Reiches, Karlsruhe 1985, 244-263.

[87] Ernst MICHEL, Politik aus dem Glauben, Jena 1926, 146. Vgl. Ulrich BRÖCKLING, Katholische Intellektuelle in der Weimarer Republik. Zeitkritik und Gesellschaftstheorie bei Walter Dirks, Romano Guardini, Carl Schmitt, Ernst Michel und Heinrich Mertens, München 1993.

auch die einzelne Person mit ihrem Empfinden, Wünschen und Leiden – trotz der theoretisch behaupteten Einmaligkeit und Würde der Person als Ebenbild Gottes – eine völlig untergeordnete Bedeutung hatte. Das Programm der damaligen Priesterausbildung und -erziehung lautete: Sich nicht wichtig nehmen – sonst verstieß man gegen die Demut; sich ein- und unterordnen – sonst sündigte man durch Stolz; (freudige) Hingabe auch des eigenen Lebens – sonst war man selbstsüchtig. Es hat noch viele Jahre gedauert, bis mit dem 2. Vatikanischen Konzil der Bedeutung der Erfahrung für den Glauben und für die Vermittlung des Glaubens ansatzweise Rechnung getragen wurde.

2.
Die totale Überforderung

Einige Bedingungen für ein adäquates Verständnis von Texten aus vergangenen Zeiten sind oben bereits dargelegt worden. Vor der Erörterung einiger Probleme der Rundbriefe und der Predigten müssen wir uns jedoch noch einen besonderen Aspekt der Situation der jungen Priester und Theologen vergegenwärtigen, welche als Autoren oder Adressaten in Betracht kommen.

War es für die meisten schon schwer genug, dem zermürbenden Alltagstrott des soldatischen Lebens ausgeliefert zu sein oder in Lazaretten den Verwundeten und Sterbenden beizustehen, so lastete noch schwerer das Gefühl der Ausweglosigkeit, als Priester in diesem von vielen als ungerecht bewerteten Krieg Aufgaben erfüllen zu müssen, denen sie im Grunde nur mit schlechtem Gewissen nachkommen konnten. Viele haben über Jahre in einem Gefühl des Gebrochen- und Gespaltenseins leben müssen – ohne kaum einmal darüber sprechen zu können. Mehrfach kommt in den kurzen Berichten ehemaliger Kriegspfarrer zum Ausdruck, dass sie sich „überfordert" oder „dem Ganzen nicht gewachsen" fühlten. Ein Divisionspfarrer sprach Jahrzehnte später aus, was viele in den Jahren während des Krieges empfanden: „Im Grunde konnte man das nicht verkraften".[88]

In solchen Situationen musste es besonders deprimierend wirken, wenn ein Priester von seinem Bischof nie einen Brief erhielt oder dass „von einer Pfarrei oder vom bischöflichen Amt … die ganze Zeit über kein schriftliches Zeichen einer Verbundenheit" kam.[89] Auf seine Schreiben an die Diözese bekam ein Pfarrer „nicht einmal eine Antwort"; als er sich nach seiner Heimkehr zurückmeldete, „fragte kein Mensch, wie es mir denn ergangen sei, wo ich den Krieg über war. Kein freundliches Wort …"[90] Es ist kein Einzelfall, wenn ein damals etwa 30 Jahre alter Priester sich noch fast 50 Jahre später erinnert: „Irgendwie hatte ich über all die Jahre im Krieg den Eindruck, dass die Amtskirche daheim uns einfach vergessen hatte: Für die gab es uns nicht mehr."[91] Ein anderer berichtete vom „Gefühl des ‚Abgeschriebenseins'"[92]. Unter diesen Umständen ist es nicht verwunderlich, dass Heinrich Höfler mit seinen Rundschreiben und der darin erkennbaren Anteilnahme am Schicksal der Theologen und Priester ein so starkes Echo gefunden hat. Der „Laie" hat sich im Unterschied zu den „Confratres" als wahrer Bruder erwiesen. –

Aber es waren nicht nur der Krieg, das Zurückgeworfensein auf die eigene Existenz und die ungewohnten, strapaziösen und Leib wie Seele belastenden Umstände der Feldseelsorge oder des Sanitätsdienstes, die zu diesem Gefühl der Überforderung führten. Die jungen Priester und Theologen bekamen – ohne dass ihnen dieser Zusammenhang bewusst wurde – jahre- und jahrzehntelange Versäumnisse, Einseitigkeiten und Fehlentwicklungen in Theologie und Kirche leidvoll zu spüren. Sie waren für die Gemeindeseelsorge ausgebildet, und das hieß nach dem damaligen Verständnis, dass der Spendung der Sakramente und der Erteilung des Katechismusunterrichts der absolute Vorrang zukam. Die Seelsorge wurde ausschließlich vom Hirtenamt her verstanden, der Priester

---

[88] Vgl. *Priester in Uniform*, a.a.O., 133; *Mensch, was wollt ihr denen sagen?*, a.a.O., 19; 82.

[89] *Priester in Uniform*, a.a.O., 31; 116; 223. Vgl. auch Mensch, was wollt ihr denen sagen?, a.a.O., 158.

[90] *Priester in Uniform*, a.a.O., 238. Über eine bessere Erfahrung vgl. ebd., 174.

[91] *Mensch, was wollt ihr denen sagen?*, a.a.O., 134.

[92] Ebd., 144.

versah als Stellvertreter Christi Engels- und Mittlerdienst an den Einzelseelen und am Kirchenvolk, die als Objekte der Seelsorge galten. Eine überwiegend juristisch geprägte, spiritualistisch verdünnte und individualistisch verkürzte Ausbildung lenkte das Augenmerk auf die Erfüllung der Amtsobliegenheiten und die Wahrung des Berufsethos. Das Glaubensverständnis war auf Orientierung an der Lehre der Kirche und auf Kirchengehorsam ausgerichtet, die Sorge galt der einzelnen Seele und ihrem ewigen Heil, der Plural „cura animarum" (Seelsorge, wörtlich: Sorge für die Seelen) war rein quantitativ gemeint und zielte nicht auf originäre und authentische Gemeinschaftsbeziehungen. So geriet die Schöpfung ebenso aus dem Blick wie die Geschichte; das christliche Leben wurde auf binnenkirchliche Lebensvollzüge mit moralischen Konsequenzen für das Alltagsleben reduziert. Es wurde völlig übersehen, nicht erkannt oder nicht ernst genommen, dass die Geschichte der menschlichen Freiheit und Verantwortung anheim gegeben ist, dass „Gott" nicht unmittelbar und unvermittelt am Menschen vorbei in die Geschichte hineinwirkt. Befangen im Ordnungs- und Prinzipiendenken, wurde die Heilsrelevanz der Realgeschichte ebenso verkannt wie die Freiheit und Verantwortung der Gläubigen; an die Stelle der Verpflichtung zum Zeugnis – im Sinne von 1 Petrus 3,15 – trat der privatistische Heilserwerb, der seinen deutlichsten Ausdruck in der in zahlreichen Kirchen zu findenden, an Kreuzen angebrachten Aufforderung „Rette deine Seele!" erhielt. Solche Befangenheiten und Blindheiten waren nicht zuletzt Folgen einer Abwehrhaltung der römischen Kirche gegenüber den neuzeitlichen geistigen Strömungen, die sowohl zu einer Isolierung des (deutschen) Katholizismus im 19. Jahrhundert führten als auch zu der Unfähigkeit, Impulse zur Erneuerung in den eigenen Reihen als solche zu erkennen und aufzugreifen.

Seit dem 1. Vatikanischen Konzil hatte sich die römische Kirche dem Anruf der Realgeschichte fast völlig entzogen und in einer festungsartigen Mentalität jeglichen Kooperationen und Koalitionen verschlossen, mit deren Hilfe es vielleicht möglich gewesen wäre, ein freies Verhältnis zur Demokratie zu finden, den Herausforderungen durch die soziale Frage angemessener zu begegnen, der Entwicklung zum Ersten Weltkrieg entgegenzuwirken und schließlich auch den Machtantritt Hitlers zu verhindern. Faktisch waren Kirche und Katholizismus in den letzten

200 Jahren geschichtlich-konstruktiv kaum präsent – was nichts aussagt über die Leistungen auf anderen Gebieten. Seit der Mitte des 19. Jahrhunderts hatte sich zwar ein ungemein blühendes katholisches Vereinswesen entwickelt, doch Sensibilität für gesellschaftlich-politische Probleme war nur in seltenen Fällen zu verzeichnen. Einzelpersonen oder Gruppen, die ein Gespür entwickelten für diese fehlende Präsenz, waren zu schwach, um in die Bresche zu springen.[93]

Das gestörte Verhältnis der katholischen Kirche zur Demokratie und insbesondere zur Weimarer Republik sowie die Abschottung der Kirche und des Katholizismus in Deutschland gegenüber der Gesamtentwicklung der Neuzeit hatten die meisten Katholiken blind gemacht für die mit Hitler heraufziehende Gefahr. Wie die Kirche sich im 19. Jahrhundert auf die Verurteilung von Irrtümern verschiedener philosophischer, sozialer und politischer Systeme beschränkt und sich von ihnen abgegrenzt hatte, hat sie auch die weltanschaulichen Irrtümer des Nationalsozialismus früh und entschieden verurteilt.

Selbstverständlich war und ist die Abgrenzung der Kirche von irrigen Zeitströmungen legitim; wenn jedoch nicht gleichzeitig auch nach den Ursachen für diese Irrtümer, nach der möglichen Mitschuld von Christen und Kirchen am Aufkommen dieser Bewegungen und auch nach den „Wahrheitskörnchen“ in diesen Irrtümern gefragt wird, werden die in allen Vorgängen (indirekt) enthaltenen Fragen an die Kirche und die Christen nicht wahrgenommen, und folglich bleibt eine der geschichtlichen Stunde entsprechende Selbstkorrektur der Kirche aus. Aus der Abgrenzung wird eine Abschottung, die schließlich zur Gettobildung und zum Abschneiden von der gesamten geschichtlichen Entwicklung führt.

Eine der Ursachen für die Desorientierung, die Hilf- und Ratlosigkeit vieler Menschen während der NS-Zeit insgesamt und besonders während des Zweiten Weltkriegs dürfte auch darin zu sehen sein, dass das Menetekel des Ersten Weltkriegs durch Theologie und Kirche nicht wahrgenommen wurde. Zwar hatte Papst Benedikt XV. schon 1915 den

---

[93] Vgl. z.B. Heinz BLANKENBERG, Politischer Katholizismus in Frankfurt am Main 1918-1933 (VKZG, Reihe B, B. 34), Mainz 1981: zu Ernst Michel, Karl NEUNDÖRFER, Theodor Steinbüchel, Friedrich Dessauer.

Krieg hellsichtig als „Selbstmord des zivilisierten Europa", als „Gemetzel" und „Wahnsinn" charakterisiert[94], die meisten Theologen aber haben nach 1918 so weiter gearbeitet und gelehrt wie vor dem Krieg, als hätte es die grauenvollen Schlachtereien und den Zusammenbruch Europas nicht gegeben – blind für die „Zeichen der Zeit", taub für prophetische Stimmen.

Besonders die wachen und kritischen Katholiken – nicht zuletzt die bewussten Gläubigen der jüngeren Generation – befanden sich während der NS-Zeit in einer tragischen Grundsituation: Um des Glaubens willen konnten und wollten sie ihre Kirche nicht verlassen, die sie ihrerseits amtlich durch den Abschluss des Konkordats mit der Hitler-Regierung zur Anerkennung dieses Systems gezwungen und zur politischen Passivität verurteilt hatte; sie wurden durch die Amtsträger ihrer Kirche genötigt, dem von ihnen abgelehnten NS-Staat Gehorsam zu leisten.

Kurz: Das Gefühl der Überforderung und das Bewusstsein der Unzulänglichkeit ist nicht oder nicht vorrangig auf Versagen, Fehler und Mängel der einzelnen Menschen zurückzuführen, sondern eine Folge von z.T. weit zurückliegenden Unterlassungen oder Fehlentwicklungen, für die vorrangig die Amtsinhaber und die Vertreter der Institution verantwortlich zeichnen. Als Opfer einer sich und ihrem originären Auftrag entfremdeten Kirche vermittelten die Priester den Gläubigen höchst problematische – wenngleich formal korrekte – Glaubensvorstellungen.

Doch was ist das für eine „Orthodoxie", die zwar die nationalsozialistische Rassenlehre verurteilt, die aber gleichzeitig willfährig macht, auf Befehl der Herrschenden Europa mit Krieg zu überziehen und die Völker zu unterjochen? Was ist das für ein „Glaube", der zwar dazu führt, sich gegen eine Anordnung zur Entfernung von Kreuzen in den Schulen zu wehren, der sich aber gleichzeitig einer Menschen verachtenden Tyrannei beugt und sich mit der Diskriminierung, der Verfolgung und der Deportation der jüdischen Nachbarn – Brüder und Schwestern des Gekreuzigten – und schließlich mit der Vernichtung des jüdischen Volkes schweigend abfindet oder sie nicht einmal zur Kenntnis nimmt? Es ist nicht überraschend, wenn viele Menschen einen solchen „Glau-

---

[94] Quellen zum Friedensverständnis der katholischen Kirche, hg. von Hubert MADER, Wien-München 1985, 55; 49 ff.

ben" für überflüssig halten und das Vertrauen in die Künder eines solchen „Glaubens" verlieren. Die Gläubigen insgesamt waren nicht dazu erzogen worden – und darum auch weithin nicht fähig – eigenständig Verantwortung wahrzunehmen; die gesamte Kirche war für die Herausforderungen der damaligen Zeit nicht gerüstet.

Ein ehemaliger Divisionspfarrer gibt seinen Erinnerungen die Überschrift „Kriegspfarrer – ein seltsamer Stand" und schließt seine Überlegungen mit der Feststellung: „Kriegspfarrer: Propheten einer anderen Welt! Der Anspruch war zu groß!"[95]

Ostpreußen, Feldgottesdienst für deutsche
Soldaten in einem Wald am 2.6.1941 – Foto Walter Henisch
(Bundesarchiv, Bild 146-2005-0193 / CC-BY-SA 3.0)

[95] Fritz ANDREAE, in: *Mensch was wollt ihr denen sagen?*, a.a.O., 188-196.

3.
Der problematische Gehorsam

Es ist bekannt, dass Staatstreue und Gehorsam gegenüber den Vorgesetzten in Kirche und Staat seit eh und je zu den besonders gepflegten christlichen Tugenden gehörten und im christlichen Erziehungsprogramm eine wichtige Rolle spielten, gemäß der traditionellen Interpretation der Forderung des Apostels Paulus in seinem Brief an die Römer, dass jeder sich der obrigkeitlichen Gewalt unterwerfen solle, da sie von Gott komme. „Wer demnach sich der (obrigkeitlichen) Gewalt widersetzt, der widersetzt sich der Anordnung Gottes; und die sich (dieser) widersetzen, ziehen sich selbst die Verdammnis zu" (13,1 f.)[96]. „Verdammnis!" – dieses nur allzu bekannte, mit Angst und Schrecken verbundene Wort aus christlicher Predigt und Erziehung verbannte jeden Gedanken an Ungehorsam. Die Katholiken hatten in ihrem Religionsunterricht gelernt und in den Predigten gehört: „Befehle der Obrigkeit sind Befehle Gottes"[97], sie sei „ Gottes Stellvertreterin"[98]. Die Verpflichtung zum Gehorsam kannte nur eine Grenze: den Verstoß einer staatlichen Anordnung gegen Gottes Gebot. Im Zweifelsfall aber galt, dass die Obrigkeit über die bessere Erkenntnis und Einsicht verfüge als der einfache Bürger, man also auch in diesem Fall zu gehorchen habe. Der Dominikaner Dominikus Maria Prümmer schrieb in seinem Lehrbuch der katholischen Moraltheologie: „In unseren Zeiten und Gebieten ist es nicht mehr Sache des einzelnen Soldaten oder der unteren Beamten, über die Erlaubtheit oder Unerlaubtheit eines Krieges zu urteilen; es ist nämlich für einen Privatmann völlig unmöglich, alle Motive zu durchschauen, welche die so genannte nationale Diplomatie dazu brachten, einen Krieg zu

---

[96] So lauteten die in der römisch-katholischen Kirche an der Vulgata orientierten Übersetzungen der berühmten Stelle im Römerbrief („ipsi sibi damnationem acquirunt"). Erst seit der am griechischen Text orientierten Einheitsübersetzung von 1972 bzw. 1979 gibt es für den Ungehorsam als Strafe nicht mehr die „Verdammnis", sondern das „Gericht".

[97] Franz SPIRAGO, Katholischer Volks-Katechismus, Zweiter Teil: Sittenlehre, Vierte Auflage, Trautenau 1898, 86.

[98] Franz Xaver BRORS SJ, Klipp und klar. Apologetisches Taschenlexikon für jedermann, 2. Auflage 1921, Kevelaer 1921, 49.

beginnen. Daher sind die Soldaten nicht mehr frei, ja, sie würden mit dem Tod bestraft, wenn sie sich weigern würden zu kämpfen."[99]

Angesichts der durch das Konkordat festgeschriebenen Rechtslage und bedingt durch das vorherrschende Verständnis von Staat, Vaterland und staatsbürgerlichen Pflichten haben die deutschen Bischöfe sowohl bei Beginn des Krieges als auch während seines Verlaufs die Gläubigen wiederholt und z.T. unter ausdrücklicher Berufung auf ihre Amtsautorität zur „Pflichterfüllung" und Tapferkeit, zur Opferbereitschaft und zum Gehorsam gegenüber der Staatsführung bis zur Hingabe des eigenen Lebens aufgerufen. Damit haben sie den Gläubigen die aktive Teilnahme an Hitlers Krieg zur Gewissenspflicht gemacht. Das führte in den Predigten folgerichtig zum Glauben an eine „Pflicht gegenüber Volk und Glauben" und zu „bedingungsloser Einsatzwilligkeit" im „Dienst an Gottes Wille zu Gottes Reich".

Heinz Hürten kommt zu dem Ergebnis: „Die Frage nach der Gerechtigkeit dieses Krieges als Voraussetzung für die Bejahung dieser Pflicht ist anscheinend nicht oft gestellt worden, vielleicht im Bewusstsein, sie nicht entscheiden zu können und darum die Verantwortung dafür bei denen lassen zu müssen, die ihn führten."[100] Bis auf den Feldbischof Rarkowski hat meines Wissens kein Bischof den Krieg Deutschlands als „gerecht" bezeichnet. Doch: Wenn die Bischöfe der Überzeugung waren, dass die Katholiken als Staatsbürger – traditioneller Morallehre gemäß – zur Teilnahme am von der Obrigkeit verordneten Krieg verpflichtet

---

[99] Dominikus Maria PRÜMMER, Moraltheologie, 4. Aufl. 1928, 123, zit. nach Rupert FENEBERG, „Gerechtigkeit schafft Frieden". Die katholische Friedensethik im Atomzeitalter, München 1985, 97 f.

[100] Heinz HÜRTEN, Deutsche Katholiken 1914-1918, a.a.O., 463. Mit Datum vom 18.9.1984 hat der frühere Mitarbeiter beim Deutschen Caritasverband, Freiburg, Dr. Karl Borgmann, mir mitgeteilt: „Als die Nazis 1939 ihren verbrecherischen Krieg gegen Polen begannen, fragte (Alfons) Erb den Bischof Preysing von Berlin: ‚Was machen Sie nun? Wir wissen doch aus unserer Kriegstheologie, dass man an einem ungerechten Krieg nicht teilnehmen darf.' Darauf Preysing: ‚Ich hätte für mich den Mut, das auch zu schreiben. Aber was sollen die hunderttausende katholischer Soldaten, die bereits unter Waffen stehen, damit anfangen?' Preysing zog für sich die Konsequenz, sich zum Krieg nicht zu äußern, sondern in seinem Hirtenbrief über die vollkommene Reue in Lebensgefahr zu schreiben". Dieses von Preysing durchgehaltene Schweigen zum Krieg war sicher ebenso mutig wie die berühmt gewordenen Predigten des Bischofs von Münster im Juli und August 1941.

seien, müssen sie die Kriegführung für rechtens gehalten haben. Anderes anzunehmen hieße, den Bischöfen zu unterstellen, sie hätten wissentlich über Jahre hin die Gläubigen dazu verpflichtet, an einem ungerechten Krieg teilzunehmen. Dass sie damit nicht – wie es ihre Absicht war – für das Vaterland sich eingesetzt haben, sondern Hitlers Krieg unterstützten und „de facto für die Erhaltung und Ausbreitung des NS-Regimes kämpften“[101], scheinen sie durchweg nicht erkannt zu haben. Und es darf wohl als tragisch bezeichnet werden, dass ausgerechnet jene Menschen Hitler bei der Durchführung seiner Pläne unterstützt haben, die zu den entschiedensten Gegnern der nationalsozialistischen Ideologie gehörten. –

Das Festhalten katholischer Theologen und Amtsträger an der behaupteten Gehorsamsverpflichtung gegenüber der Reichsregierung und dem „Führer“ bis zum bitteren Ende des Krieges ist umso rätselhafter, als das damals gültige Kirchliche Gesetzbuch (Codex juris Canonici von 1917) in den Canones 1316 bis 1321 klar umschrieben hat, wie ein Eid bindet und unter welchen Umständen er nicht mehr verpflichtet. Nach katholischer Tradition sind Versprechen und Eid nichtig, „wenn die übernommene Verbindlichkeit Dritten zum Schaden gereicht, dem öffentlichen Wohl oder dem ewigen Heil abträglich ist“. Außerdem ist jeder Eid „strikte zu interpretieren, und zwar so, dass der Schwörende nicht beabsichtigte, eine mit dem Recht in Widerspruch stehende Verbindlichkeit einzugehen“[102]. Während kirchliche Behörden ansonsten sehr gewandt mit den Vorschriften des Codex umzugehen verstehen und sie zumindest gegenüber den Untergebenen zur Geltung bringen, haben sie während der Zeit des „Dritten Reiches“ auf die Anwendung der im Codex genannten Kriterien verzichtet. –

Im Zusammenhang mit Auseinandersetzungen über seine Rolle als Feldgeneralvikar der Deutschen Wehrmacht schrieb Georg Werthmann am 12. April 1959 an M.K.: „Ich habe als Priester bei meiner Priesterweihe Gehorsam versprochen und mich in den 35 Jahren meiner priesterlichen Tätigkeit grundsätzlich immer nur im Gehorsam rufen und

---

[101] Thomas BREUER, Verordneter Wandel?, a.a.O., 301.

[102] Eduard EICHMANN, Lehrbuch des Kirchenrechts auf Grund des Codex juris Canonici, II. Band, Paderborn 1930, 204 f.

damit berufen lassen." Sein ganzes Leben hat Georg Werthmann sich an dieses Gehorsamsversprechen gehalten, und es sieht aus, als habe er auch eigene bessere Einsichten zugunsten des Gehorsams zurückgestellt. –

1935 hatte er ein Büchlein herausgegeben *„Wir wollen dienen!"* mit dem Leitspruch: „Glaubenskraft als Quelle der Wehrkraft!" und mit der Widmung: „Der wehrfähigen Mannschaft des deutschen Volkes als Ruf und Vermächtnis der Gefallenen". Die einzelnen Kapitel sind militärisch-markig überschrieben: „Soldatenehre" (Gehorsam; Pflicht; Kameradschaft; Treue), „Soldatentugend" (Manneszucht; Mut; Kraft; Wahrhaftigkeit) und „Soldatenfrömmigkeit" (Gotteserlebnis; Gottesfurcht; Gotteshilfe; Gottesnähe). Im Nachwort „Soldatenseelsorge" schrieb Werthmann: „Gesundes religiöses Glaubensleben gibt der soldatischen Haltung ein Fundament, das tiefer verankert ist als jedes andere …" Im Ersten Weltkrieg habe die Feldseelsorge „Vorbildliches im Dienste von Volk und Vaterland" geleistet. „Ohne diese Pflege des religiösen Geistes wäre die Disziplin des Heeres kaum so lange und so straff zu halten gewesen. Religiöse Haltung trieb zur Pflichterfüllung bis zum Opfertode und zum Durchhalten über alles Versagen der Nerven hinaus."[103]

Im Kapitel über den Gehorsam als „Angelpunkt des Soldatentums" ist zu lesen: „Ob ein Mensch gehorchen kann oder nicht, ist entscheidend für seine Brauchbarkeit im Leben. Ob eine Truppe gehorchen kann oder nicht, ist entscheidend für ihre Brauchbarkeit im Frieden wie im Kriege. So ist Gehorsam die erste Soldatentugend, innerste Voraussetzung für wahres Soldatentum. Ihn befiehlt das eherne Soldatengesetz, ihn schützt die Autorität des vierten Gebotes … Es ist nicht Soldatenart, sich erst in endlosen Debatten darüber auszusprechen, ob dieses oder jenes unternommen werden soll."[104]

Beim Beginn des Krieges hatte der Feldgeneralvikar gefordert, dass die Arbeit der Wehrmachtsseelsorge und der Kirchlichen Kriegshilfe „im Dienste des deutschen Siegeswillens" stehen müsse. Wenige Wochen nach dem Ende des Krieges schrieb er während seiner Internierung in einer fiktiven Ansprache an die gefallenen Mitbrüder: „Ihr habt Euch

---

103 Georg WERTHMANN, „Wir wollen dienen!", Berlin 1935, 93ff.

104 Ebd., 11 ff.

geirrt wie Wir; Ihr habt Eure Soldatenpflicht aufgewandt für Phantome, die Euch vorgespiegelt waren. Aber Ihr habt geirrt in bestem Glauben und in reiner Meinung. Wir dagegen müssen noch geläutert werden, und mit der aufdämmernden Erkenntnis von einigen Tagen und Wochen ist es da nicht getan; in harten Entbehrungen müssen wir die Armut im Geiste wieder lernen …" (28. Juni 1945). Und am 19. Juli 1945 notierte er: „Wir haben alle Deutungen der allein Gott zustehenden Hoheit des Gerichts an uns zu reißen versucht und gingen in vermessener Selbstgerechtigkeit an die äußere Vernichtung des Bolschewismus. Mit den Waffen wollten wir ein Gericht abhalten über die Macht im Osten und haben dabei alle bolschewistischen Methoden bejaht, dadurch – was noch schlimmer ist – alle antibolschewistischen Glaubensinhalte – Christentum, Volk, Persönlichkeit, Freiheit – den Dämonen des bolschewistischen Weltempfindens ausgeliefert und eben damit den Bolschewismus noch in jener Höhenlage bejaht, von der aus er allein wirksam bekämpft werden kann."

Am Anfang also die Überzeugung, in treuer Pflichterfüllung für den deutschen Sieg eintreten zu müssen; am Ende die beschämende Einsicht, einem ungeheuren Irrtum erlegen und Opfer von Phantomen geworden zu sein, in vermessener Selbstgerechtigkeit gehandelt und sich faktisch bolschewistischen Methoden angepasst zu haben. –

Wie aber stand es mit der Aufarbeitung des Irrtums? Wie vollzog sich das neue Erlernen der „Armut im Geiste"?

Im Dezember des Jahres 1951 erbat der Apostolische Nuntius in Bonn von dem in Angelegenheiten der Militärseelsorge erfahrenen Georg Werthmann eine „Denkschrift" zur Seelsorge an künftigen deutschen militärischen Einheiten. Werthmann, wiederum gehorsam, erstellte innerhalb weniger Wochen einen knapp 33 Seiten umfassenden Text – ohne eine politische oder militärische Bedrohungsanalyse und ohne jede theologische oder ethische Reflexion der grundsätzlichen und situationsbedingten Problematik eines militärischen Dienstes – und übersandte ihn dem Nuntius am 29. Januar 1952 in dreifacher Ausfertigung: ein Exemplar für den Nuntius, ein weiteres für den Apostolischen Stuhl, ein drittes für Kardinal Frings. Am 4. April schickte Werthmann eine Kopie an seinen alten Freund Heinrich Höfler –inzwischen Bundestagsabgeordneter für die CDU – mit der Bitte, „die Sache uneingeschränkt vertraulich zu behandeln und weder direkt noch indirekt von deren Inhalt Gebrauch zu machen"[105]. Wieder einmal war die römisch-katholische Kirche – wie schon 1933 – frühzeitig auf dem Plan: Gut vier Jahre vor der Wiedereinführung der allgemeinen Wehrpflicht 1956 lag das Konzept der Bundeswehrseelsorge in wesentlichen Grundzügen vor. –

1962 erhielten die katholischen Soldaten der Deutschen Bundeswehr als Weihnachtgabe ein Buchgeschenk „*Die Parole*" mit Aufsätzen, die Werthmann – so heißt es im Vorspann – „erstmals veröffentlicht (hat) in der Soldatenausgabe des MANN IN DER ZEIT"[106]. Bis auf kleine Änderungen – aus dem „Krieg" wurde z.B. nun der „Ernstfall", die „erste Soldatentugend" wurde etwas degradiert zu „eine(r) der vornehmsten Soldatentugenden" – glich der neue Text über den Gehorsam dem oben schon erwähnten von 1935. –

Der „Kalte Krieg" nahm alle Kräfte in Anspruch, für ein Lernen der „Armut im Geiste" blieb ebenso wenig Zeit wie für eine Besinnung auf die Rolle der katholischen Kirche und der Militärseelsorge im Zweiten Weltkrieg. Über viele Jahre war die katholische Kirche in Deutschland die zuverlässigste Stütze der Politik Konrad Adenauers, von der Wiederaufrüstung bis zur atomaren Bewaffnung. Hier wird als Realität greifbar, was vor einigen Jahren David Seeber in der Herder-Korrespondenz als verbreiteten Eindruck beschrieben hat: Der deutsche „Katholizismus identifiziere sich so sehr mit diesem Staat, dass ihm im Sprechen und Verhalten Differenzierung, geschweige denn Distanz kaum noch möglich ist."[107]

Nach wie vor steht der Gehorsam bei den Kirchenmännern hoch im Kurs. Auch Papst Johannes Paul II., dessen entschiedenes friedenspolitisches Engagement nicht zu bezweifeln ist, hat den Militärdienst als „würdig, schön und edel" bezeichnet, da er dazu geeignet sei, Disziplin einzuüben und die Tugend des Gehorsams aufzuwerten.[108]

---

105 Eine Kopie sowohl der (bisher unveröffentlichten) „Denkschrift" als auch des Briefes an Heinrich Höfler befindet sich in meinem Besitz.

106 *Die Parole*, hg. vom Katholischen Militärbischofsamt, Bonn-Paderborn (1962), 4. „Gehorchen können", ebd. 96-101. 235.

107 Herder-Korrespondenz 1985, 298.

108 Frankfurter Rundschau, 7. April 1989. Vgl. L'Osservatore Romano, deutsche Ausgabe, 5. Mai 1989, Beilage XV: Dokumente. Unter anderem Aspekt urteilt JOHANNES XXIII. über

Seit dem 1. März 1989 ist für einen bestimmten Kreis von Funktionsträgern in der römisch-katholischen Kirche das Ablegen einer neuen Bekenntnisformel und eines „Treueids" vorgeschrieben, in dem die Forderung nach „religiös gegründetem Gehorsam des Willens und des Verstandes"[109] gegenüber der Kirchenleitung erhoben wird. Mit dem Motu Proprio von Johannes Paul II. *„Ad tuendam fidem"* (Zum Schutz des Glaubens) vom 29. Juni 1998 hat die verhängnisvolle Entwicklung ihren vorläufigen End- bzw. Höhepunkt gefunden. Für Bernhard Häring waren die Erlebnisse der Kriegszeit „eine Schule, die mir half, den einzigartigen Wert der Freiheit des Gewissens, die Dimensionen der eigenen Verantwortlichkeit, einen wohlverantworteten Gehorsam und Ungehorsam zu entdecken und so auch ein neues Verständnis für den Sinn des Gesetzes und der Mitverantwortung in der Kirche zu finden."[110] Er hat gelernt, „den Gehorsam gegenüber jedem System und jeder Autorität, einschließlich der kirchlichen Autoritäten, kritischer zu überprüfen[111]. Viele Kirchenmänner hingegen scheinen nach wie vor Autonomie und Selbstbestimmung, Emanzipation und Eigenverantwortung mit Eigenwilligkeit und Selbstherrlichkeit, mit Willkür und Verweigerungshaltung gleichzusetzen. Ihr Glaube an die Wirksamkeit von Disziplinierungsmaßnahmen zur Erzwingung von Gehorsam und Unterwerfung ist größer als ihr Vertrauen zu den Menschen und deren Bereitschaft, als vernünftig erkannte Regeln und Weisungen zu akzeptieren.

Mit diesen Feststellungen wird der Gehorsam nicht abgewertet oder gar behauptet, er sei prinzipiell abzulehnen. Aber es wird entschieden darauf bestanden, dass Widerspruch und Ungehorsam ebenso wichtig und unverzichtbar sind wie Gehorsam: Dies wenigstens sollte eine der

---

das Militär: „Während meines Militärjahres habe ich es mit Händen greifen können. Das Militär ist eine Quelle, aus der Fäulnis aufsteigt, um die Städte zu überschwemmen." „Auch ich habe den Militärdienst auf mich nehmen müssen, der für deine Diener eine ungerechte und barbarische Verpflichtung ist." JOHANNES XXIII., Geistliches Tagebuch und andere geistliche Schriften, Freiburg, 3. Aufl. 1964, 112; 113.

[109] So die Formel nach der von den österreichischen Bischöfen herausgegebenen Übersetzung, in: Theologie der Gegenwart 35 (1992) 209.

[110] Bernhard HÄRING, Als es um's Überleben ging. Kriegserinnerungen eines Priesters, Graz-Wien-Köln 1977, 102.

[111] Ebd., 112.

Einsichten und Lehren aus der Zeit der nationalsozialistischen Herrschaft sein.

4. Die missverstandene Bewährung

Die Zustimmung des Zentrums zum Ermächtigungsgesetz und der Abschluss des Reichskonkordats – also die Fehlentscheidungen von 1933 – hätten nicht auch zwangsläufig zum Fehlverhalten bei den Pogromen von 1938 und beim Kriegsbeginn 1939 führen müssen. Aber: Die wohl verhängnisvollste theologische Desorientiertheit der Gläubigen und der Kirche bestand in der Reduktion des Glaubenszeugnisses auf die Glaubensverkündigung einerseits und die Annahme der kirchlich vermittelten Glaubenslehre anderseits. Wo das Bewusstsein fehlt, selber Kirche zu sein, stattdessen jedoch die Zugehörigkeit zur Kirche betont wird, bestand und besteht die Gefahr, dass Glaube weithin in Kirchengehorsam und Institutionskonformismus aufgeht. Wird hingegen der Primat des Kirche-Seins erkannt und anerkannt, da steht die personale Eigenverantwortlichkeit der Gläubigen in und an der Welt im Vordergrund, für die das Amt keine Zuständigkeit besitzt, die zu entwickeln und zu fördern jedoch seine vorrangige Aufgabe darstellt. Es ist zwar verständlich, dass Leitungsorgane gern die Zügel in der Hand behalten und den Spielraum für Eigenentscheidungen der „Untergebenen" klein halten möchten, da zwischen den Entscheidungen und Maßnahmen der kirchlichen Institution auf der einen und dem Vollzug christlicher Existenz auf der anderen Seite keineswegs eine prästabilierte Harmonie besteht. Das Schwergewicht christlichen Lebens liegt jedoch außerhalb der Reichweite kirchenamtlicher Maßnahmen und Entscheidungskompetenz.

Die Kirchenleitung hat sich 1933 und später weitgehend auf jene Maßnahmen beschränkt, welche die Funktionsfähigkeit der Institution zu sichern schienen. Das ist nicht von vornherein negativ zu bewerten oder gar zu verurteilen. Doch es war und bleibt problematisch, dass die Frage nach der Realisierung des Evangeliums einerseits auf rein binnenkirchliche Vollzüge konzentriert, anderseits individualistisch verkürzt wurde. Und hier setzt die Rede von der „Bewährung" des Einzelnen ein.[112]

Nirgendwo findet sich eine Beschreibung dessen, was unter Bewährung verstanden wird. Es meint vermutlich das in christlicher Gesinnung Vollziehen dessen, was man als (von Gott abgeforderte) Pflicht im Hier und Heute verstand. Matthias Laros schrieb – und mit dieser Aussage gab er offensichtlich die Meinung vieler Menschen wieder –: „Die Freiheit der Wahl liegt nicht mehr in dem, was wir tun müssen, sondern wie wir es tun."[113] Es bleibt eine offene Frage, ob die Betonung der Bewährung „in" der vorgefundenen und von einem bestimmten Zeitpunkt an nicht mehr zu verändernden Situation des Krieges, den man nicht gewollt hatte und den man nun als „ein unentrinnbares ‚Muss'"[114] ansah – verfügt durch den Willen Gottes oder durch ein nicht näher definiertes Schicksal –, zu einer (Selbst-)Beschwichtigung und Rechtfertigungsideologie dafür wurde, nicht oder nicht rechtzeitig aktiv in das politische Geschehen eingegriffen zu haben. Um der Gegenwart und um der Zukunft willen muss jedoch gefragt werden, ob es darauf ankommt, sich „ in" oder „an" der jeweiligen Situation zu bewähren.

Heinz Hürten ist der Auffassung, dass die Katholiken jener Jahre „das Entscheidende für ihr Leben und ihre Zeit nicht im Handeln nach eigener Einsicht, sondern in der gläubigen Hinnahme von Gottes Willen sahen, der ihnen nun auch die Heimsuchung eines neuen Krieges auferlegte"[115]. Ob Historiker sich auf eine solche Feststellung beschränken können, bleibe dahingestellt; wenn es der Kirchenhistoriker tut, stellt sich zumindest die Frage, ob und warum seine Wissenschaft zu den theologischen Disziplinen zählt; der Moral- oder der Pastoraltheologe darf sich jedoch mit einem bloßen Konstatieren solcher Deutungen nicht zufrieden geben. Er muss nach den Gründen und Ursachen für die Ansicht fragen, dass Gott der Urheber der „Heimsuchung" des Krieges und dass „das Frontsoldatsein kein schicksalhafter Zwang, sondern … Gottes Wille" sei. Welche Erklärungen von Gott und seinem Handeln, welche

---

[112] Vgl. auch *Priester in Uniform*, a.a.O., 51; 156; 172; 197.

[113] Matthias LAROS, Was ist zu tun?, Dülmen, 3. Aufl. 1940, 6.

[114] Ernst TEWES, Seelsorger bei den Soldaten, a.a.O., 12.

[115] Heinz HÜRTEN, Deutsche Katholiken 1914-1918, a.a.O., 459.

Interpretationen menschlicher Freiheit und Verantwortung, welche Deutungen von geschichtlichen Ereignissen und Prozessen sind den Gläubigen durch Predigten und religiöse Unterweisungen vermittelt worden, dass sie von Menschen herbeigeführte Situationen als (von Gott) gegeben, und nicht als ihnen zur Veränderung aufgegeben – d.h. ihrer Verantwortung übergeben – ansahen? –

Viele haben die nicht gesuchte Situation oft unter schwersten Bedingungen in persönlicher Lauterkeit bestanden. Darum wäre es verfehlt, an dieser Stelle Schuldzuweisungen vorzunehmen. Es gilt im Gegenteil: Das Festhalten vieler Menschen an Wahrhaftigkeit, Glaubensbekenntnis und Menschlichkeit in einer Zeit, da Lüge, Verführung und Gewalt herrschten, verdient höchsten Respekt. Reinhold Schneider schrieb: „Ich achte einen jeden, der sich geopfert hat – auch wenn es unter dem verkehrten Zeichen geschah." Dem ist ebenso zuzustimmen wie der folgenden Aussage: „Dennoch ist die sittliche Forderung die Erste."[116] –

1933 und später waren der Widerstand und die Kooperation mit allen human gerichteten Kräften gegen die Nationalsozialisten objektiv gefordert, und es bleibt die bohrende Frage, warum demokratisch gesinnte Menschen – Christen und Atheisten, Liberale und Sozialdemokraten – nicht zu einem Bündnis gegen die Nationalsozialisten in der Lage waren. Und als politischer Widerstand im strengen Sinn wegen fehlender Erfolgsaussichten ethisch nicht mehr gerechtfertigt werden konnte, stellte sich die Frage nach dem Martyrium, auf keinen Fall aber der von den Kirchenoberen eingeforderte Gehorsam gegen eine Obrigkeit, deren verbrecherischer Charakter hätte manifest sein können für alle, die sehen wollten.

Die Frage nach dem Martyrium wird nicht von einem Späteren willkürlich oder leichtfertig in die Debatte geworfen, und sie wird erst recht nicht gestellt, um irgendjemanden darum anzuklagen, weil er oder sie das Martyrium damals nicht auf sich genommen hat. Sie drängt sich vielmehr geradezu auf, weil ja bis zum Überdruss sowohl von Kirchenmänner als auch von Parteifunktionären vom Lebensopfer, von der Lebenshingabe, vom Opfertod für Führer, Volk und Vaterland geredet wurde, von den Klerikern pseudotheologisch überhöht durch die

[116] Reinhold SCHNEIDER, Verhüllter Tag, Köln-Olten, 4. Aufl. 1956, 186.

Ineinssetzung mit dem Opfertod Jesu Christi. Warum also sollte es fern liegen, unerlaubt oder gar vermessen sein, von einer Lebenshingabe zu sprechen, die als Folge der Weigerung vollzogen wird, ein barbarisches Herrschaftssystem anzuerkennen oder an einem verbrecherischen Krieg teilzunehmen? Warum für Hitler-Deutschland sterben und nicht im Kampf gegen das dem „Führer"-hörige und andere Völker unterdrückende Land? Die Deutungen des Soldatentodes durch die Prediger – „Helden des Glaubens", „Helden der Liebe", der Tod für das Vaterland sei „ein Opfern und Sterben für ewige Werte" – treffen doch wohl eher für das Sterben jener Menschen zu, die nicht im Krieg für das Deutschland Hitlers, sondern im Widerstand gegen das NS-System den Tod auf sich genommen haben.

Zum anderen aber ist die Bereitschaft zum Martyrium schon damals als notwendige Antwort auf das Geschehen in Deutschland erkannt worden. Franziskus Stratmann, Dominikanerpater und führend im Friedensbund deutscher Katholiken bis zu dessen Auflösung 1933, richtete im April 1933 angesichts der Judenverfolgung einen flammenden Appell an Kardinal Faulhaber, in dem er u.a. feststellte, „dass die bischöfliche Autorität durch die Quasi-Approbation der nationalsozialistischen Bewegung bei zahllosen Katholiken und Nichtkatholiken ins Wanken geraten" sei, und er konstatiert: „Am Opportunismus geht das echte Christentum zugrunde." Hellsichtig erkannte er das Gebot der Stunde: „Nur durch Bekennertum und Martyrertum kann die dar-niederliegende Christenheit wieder hochkommen."[117]

Zu den Problemen des politischen Widerstandes und des Martyriums können hier nur einige Anmerkungen gemacht werden. Während für die sittliche Erlaubtheit eines politischen Widerstandes eine gewisse Aussicht auf Gelingen der Aktion gefordert ist, ist ein innergeschichtlicher Erfolg keine Bedingung für die Annahme des Martyriums. Beim Martyrium geht es darum, in der Konsequenz des Taufgelöbnisses dem Bösen in jeglicher Ausprägung zu widerstehen und den Glauben an Gott

[117] Akten Michael Kardinal Faulhabers 1917-1945, Bd. I: 1917-1934, bearb. von Ludwig Volk (VKZG, Reihe A, Bd. 17) Mainz 1975, 710 f. Zum dringend erörterungsbedürftigen Problem des Martyriums Vgl. Paul Gerhard SCHOENBORN, Franz Jägerstätter und Dietrich Bonhoeffer. Ökumenische Aspekte einer Theologie des Martyriums, in: Orientierung 61 (1997) 242-246.

und seinen Christus auch um den Preis des eigenen Leidens oder gar des Todes vor denen zu bezeugen, welche die Vernichtung von Recht und Wahrheit zum Ziel haben. Zwar darf ein Christ sich nicht nach dem Martyrium drängen, er ist im Gegenteil nach alter christlicher Lehre verpflichtet, das Martyrium so lange zu fliehen, bis es wirklich unvermeidbar ist. Die Entscheidung darüber, ob das Martyrium unentrinnbar gefordert ist, obliegt unvertretbar dem je eigenen Gewissen. Auch das kirchliche Amt hat darüber keine Weisungs- oder gar Verfügungsgewalt. Doch auch das Gewissen verfügt nicht von sich aus über die Situation, in und an der es sich zu bewähren gilt; es hat vielmehr die Aufgabe, die aus der realen Konstellation der geschichtlichen Verhältnisse sich ergebende Situation und den darin enthaltenen Anruf Gottes zu erkennen. Das ist wohl auch der Sinn jenes Psalmtextes, der seit Jahrhunderten im kirchlichen Nachtgebet gesprochen wird: „Ach, würdet ihr doch heute auf seine Stimme hören! ‚Verhärtet euer Herz nicht!'" (Psalm 95,7 f.)

Die Annahme des Martyriums ist in dem Augenblick gefordert, wenn das Letztzeugnis nur vermieden werden kann um den Preis des Glaubensverrats durch eigenes Unrechttun oder durch die aktive Teilnahme am Unrechttun anderer. Das kirchliche Amt hat alles ihm Mögliche zu tun, das Entstehen einer Situation zu verhindern, in der die Gläubigen vor eine solche Entscheidung für den letzten Glaubens- und Liebeserweis gestellt werden. Denn Belastungen, die über seine Kräfte gehen können, müssen dem Menschen – wenn eben möglich – erspart werden. Wenn aber die Stunde des Martyriums geschlagen hat, geben die Märtyrer in einer Zeit des Wahns und der Gewalt das Zeugnis der Wahrheit und der Hoffnung, dass Lüge und Gewalt nicht das letzte Wort haben; gleichzeitig leiden sie stellvertretend für die Kirche, die als Ganze nicht den unbedingten Anspruch des Reiches Gottes bezeugt. –

Der österreichische Bauer Franz Jägerstätter – ohne Studium der (Moral-)Theologie und ohne Priesterweihe – bewies „ein höheres Maß an Einsicht in die Realität des totalitären nationalsozialistischen Systems als mancher andere"[118]: Er nahm lieber die Hinrichtung auf sich, als dass er sich durch eine aktive Teilnahme am Hitler-Krieg schuldig machte. Der

[118] Heinz HÜRTEN, Deutsche Katholiken 1918-1945, a.a.O., 468.

Bischof von Linz, Joseph Calasanz Fliesser, lehnte es aber noch 1946 ab, im Kirchenblatt seiner Diözese einen Artikel erscheinen zu lassen, in dem Jägerstätter als Vorbild hingestellt wurde.[119] Nach seiner Meinung war Jägerstätter „ein ganz besonderer Fall, der mehr zu bewundern als nachzuahmen und darum nur in der entsprechenden eindeutigen Darstellung dem Volk bekannt zu machen ist"[120].

Millionen katholischer Männer haben den Eid auf Hitler geleistet und sind den Befehlen ihrer Vorgesetzten gefolgt. Dagegen hat es nur sieben namentlich bekannte katholische Kriegsdienstverweigerer gegeben, und diese wenigen mussten ihren Weg in den Tod allein gehen, ohne Ermutigung oder gar Unterstützung durch ihre Kirche erfahren zu haben. Und manch einer, der an der propagierten Gerechtigkeit der deutschen Sache seine Zweifel hatte, zog seine Uniform an, weil Bischöfe und Priester den Kriegsdienst befürworteten und Moraltheologen eine Verweigerung ablehnten. Warum auch sollten sie – seit Generationen zum Gehorsam erzogen und in der Regel außerstande, ohne Auftrag oder wenigstens Ermutigung seitens der Autoritäten eigenverantwortlich zu handeln – in diesem Fall aus der Reihe tanzen, wenn sogar der päpstliche Nuntius Cesare Orsenigo Jahr für Jahr beim Neujahrsempfang dem Reichskanzler Adolf Hitler ein langes Leben wünschte, und sie hier und dort hören mussten, dass die ins KZ eingelieferten Priester „Märtyrer ihrer eigenen Dummheit" seien?[121]

Einsatzbereitschaft und Tapferkeit, Bewährung und Hingabe des Lebens sind und bleiben lobenswerte Verhaltensweisen und Tugenden – wenn sie richtig eingesetzt werden. Schon Thomas von Aquin stellte fest, dass Tapferkeit ebenso durch Klugheit informiert wie der Gerechtigkeit dienstbar sein müsse. „Und darum hängt das Lob der Tapferkeit irgend-

---

[119] Ludwig LEMHÖFER, Zur tapferen Pflichterfüllung gerufen, a.a.O., 96.

[120] Gordon C. ZAHN, Er folgte seinem Gewissen. Das einsame Zeugnis des Franz Jägerstätter, Graz-Wien-Köln 1979, 191.

[121] Vgl. Ernst T. MADER/Jakob KNAB, Das Lächeln des Esels. Das Leben und die Hinrichtung des Allgäuer Bauernsohnes Michael Lerpscher (1905-1940), Blöcktach 1987, 54. Die von Mader/Knab wiedergegebene Aussage des Nuntius ließ sich nicht verifizieren. Nach Mader/Knab wurde dem wegen Kriegsdienstverweigerung zum Tode verurteilten Pater Franz Reinisch SAC im Gefängnis 1942 die Kommunion verweigert, weil er „nicht im Stande der Gnade" sei. Ebd., 83, Anm. 11.

wie von der Gerechtigkeit ab." Und er zitiert Ambrosius: „Tapferkeit ohne Gerechtigkeit ist Mutterboden des Unrechts."[122] Wenn Thomas mit dieser Beurteilung Recht hat, muss auch das Reden von der „Tapferkeit" deutscher Soldaten im Zweiten Weltkrieg auf seine Berechtigung hin neu überdacht werden. –

Die Frage muss erlaubt sein: Wie wäre die deutsche Geschichte wohl verlaufen, wenn die unzähligen opferwilligen Männer ihre Gesundheit und ihr Leben nicht in vermeintlicher Pflichterfüllung „für Deutschland" eingesetzt hätten, sondern für Demokratie und Menschenrechte, für die Rettung jüdischer und anderer von den Nationalsozialisten verfolgten Menschen, nicht für Hitlers Krieg, sondern für den Widerstand gegen das Regime oder für die von Deutschland überfallenen und ausgeplünderten Länder? Ein solcher Lebenseinsatz wäre einem humanen und christlichen Verständnis von Tapferkeit und Bewährung wohl eher angemessen gewesen. Theoretisch wurde in der katholischen Moraltheologie die Auffassung vertreten: „Als Höhepunkt der Tapferkeit gilt das Martyrium."[123] Doch zu einer dementsprechenden Einsicht und Praxis waren damals offenkundig nur wenige Menschen fähig. Die gängige spiritualistische Auffassung von Berufung und Sendung, das amtlich verordnete und von den meisten Kirchenmitgliedern akzeptierte Verständnis von Obrigkeit und pflichtschuldigem Gehorsam gegenüber staatlicher und kirchlicher Autorität hatte sie – uns! – unfähig gemacht, die Wirklichkeit unverstellt wahrzunehmen und Eigenverantwortung zu übernehmen. –

Das Denkbild vom gewandelten priesterlichen Leben mit den Vorstellungen von Bewährung, Hingabe und Opfer, denen als Elementen eines bewusst christlichen Lebens zweifellos ein hoher Stellenwert zukommt, wurde konkret mit einer Interpretation der Geschichte und des Krieges verbunden, dass das Reden von Bewährung und Opfer in solchem Kontext schlechterdings als verhängnisvoll bezeichnet werden muss. Denn je treuer ein Soldat die kirchlichen Weisungen befolgte,

---

[122] Summa Theologica II-II, 123, 12 (21. Bd. der deutschen Thomas-Ausgabe, Heidelberg-Graz-Wien-Köln 1964, 40.) Josef Pieper übersetzt: „Tapferkeit ohne Gerechtigkeit ist ein Hebel des Bösen." In: Das Viergespann, München 1964, 176.

[123] Otto SCHILLING, Grundriss der Moraltheologie, Freiburg, 2. erweiterte Aufl. 1949, 104.

desto zuverlässiger fungierte er als Hitlers Werkzeug; je mehr sich ein katholischer Soldat „bewähren“ wollte, desto entschiedener kämpfte er gegen die „Feinde Deutschlands“ – für Nazi-Deutschland eben. War es der Schrecken, den die Einsicht in diesen Zusammenhang auslöste, der das Gespräch über den Krieg in der Kirche nach 1945 fast unmöglich machte?

5.
Eine verfehlte Sinngebung

Sowohl in den Briefen der Theologen als auch in den Predigten der Kriegspfarrer spielte der Versuch, dem Kriegsgeschehen und dem eigenen soldatischen Dasein einen (höheren) Sinn zu geben, eine große Rolle. Diese Versuche einer Sinngebung zeigten sich in zweifacher Weise. Zum einen betrafen sie das konkrete Kriegsgeschehen, das (vor allem seit 1941) als Spiegelung eines metaphysischen Kampfes gedeutet wurde; zum andern bezogen sie sich auf die Existenz eines jeden einzelnen Pfarrers und Soldaten, wobei die Theologen ihr Soldatendasein mit der priesterlichen Funktion Christi identifizierten. Beide Deutungen hatten ihre spezifischen Auswirkungen: Im ersten Fall wurde die blutige Realität des Krieges heruntergespielt oder nicht einmal mehr wahrgenommen, weil die metaphysischen Auseinandersetzungen ja das „eigentliche“ Geschehen darstellten; im zweiten Fall waren die Theologen so sehr auf sich selbst fixiert, dass sie – trotz ihres Redens von Dienst und Hingabe – das konkrete Leben der von den Deutschen eroberten und unterdrückten Völker gar nicht wahrnahmen. –

Wer die Jahre der nationalsozialistischen Herrschaft erlebt hat und zumal während des Krieges nicht wusste, ob er den nächsten Tag noch erleben werde, fand Halt, Trost und Zuversicht in dem Gedanken – und dieser „ Gedanke“ war für viele Menschen eine Realität! –, Gott habe ihn in diese Zeit und an diesen Platz gestellt; mehr noch: Gott werde sein Leben als Opfer annehmen und es – wie die eucharistische Opfergabe – verwandeln zum Segen für Deutschland und für Die Kirche, wenn nur der Mensch in reiner Gesinnung dazu bereit wäre. Diese Vorstellung von einer geheimnisvollen Verwandlung des eigenen Lebens und Todes war in all ihrer Unbestimmtheit dennoch stark und verbreitet. Und weil viele Menschen in ausweglosen Situationen in ihrer Not und Ratlosigkeit für sich selber in diesen Deutungen Rückhalt, Stärkung und Hoffnung gefunden haben, ist es nicht erlaubt, diesen „Glauben" herabzusetzen oder gar schlecht zu machen – er hat immerhin Menschen vor der Verzweiflung bewahrt, und das wiegt viel in aussichtsloser Zeit.

Reinhold Schneider hat gegen Ende seines Lebens die Verfassung jener Traktate, die von der Kirchlichen Kriegshilfe zur Stärkung und Tröstung christlicher Soldaten vieltausendfach verschickt wurden, als „religiösen Sanitätsdienst" apostrophiert.[124] Das ungemeine Echo auf die von Heinrich Höfler versandten Schriften zeigt, wie sehr die Männer nach solchem Trost verlangt haben.

Der ermutigende Verweis auf den hier und jetzt zu erfüllenden unerforschlichen „Willen Gottes" war aber nur die eine Seite der priesterlichen Mahnung; sie galt dem einzelnen Menschen in seiner Einsamkeit und Ratlosigkeit. Daneben gab es die in den Briefen und Predigten deutlich zu erkennenden Versuche einer Sinngebung des Krieges, die mit den politischen Realitäten nichts zu tun hatte. Die Realgeschichte diente vielmehr lediglich als Folie dafür, das „Metaphysische", das „Wesentliche", das „Übernatürliche" als das „Eigentliche" zur Geltung zu bringen, um dessentwillen die tägliche Last des militärischen Dienstes anzunehmen sei. Wer zudem in Russland die „Inkarnation des Gottlosen" zu erkennen glaubte, konnte seinen eigenen Dienst im Heere Hitlers mit vermeintlich gutem Gewissen als Kampf gegen den „Einbruch dämonischer Mächte in den Raum der Geschichte" rechtfertigen; nahm er doch auf diese Weise teil an dem großen Kampf zwischen den Mächten des Lichtes und der Finsternis.

Es bleibt rätselhaft, dass auch nach dem Offenbarwerden des Menschen verachtenden, unchristlichen und kirchenfeindlichen Charakters des NS-Regimes einige Prediger „im neuen Deutschland und seinem Ideengut echte Deutung echter Freiheit" vorfanden; dass sie nicht nur die vorgegebenen Propagandaparolen vom „feindseligen Ausland" und vom „deutschen Freiheitskampf" übernommen haben, sondern dass

[124] Reinhold SCHNEIDER, Winter in Wien, Freiburg, 3. Aufl. 1959, 31.

man – die brutale Realität negierend und an einem idealisierten Bild Deutschlands als Ordnungsmacht Europas festhaltend – den eigenen Einsatz in diesem Krieg auch als Kampf „um das christliche Antlitz Deutschlands" und Europas deutete und dass „die Front der jungen Völker unter Führung Deutschlands … ein Europa mit Gott, mit Christus" zum Ziel habe.

Viele junge Theologen sind durch die katholische Jugendbewegung geprägt worden, und so waren ihnen die Vorstellungen vom „Reich" ebenso vertraut wie der Glaube, dass dem deutschen Volk als dem größten Volk der europäischen Mitte eine besondere Verantwortung für die Ordnung des Abendlandes zukäme. Die Texte aus der Kriegszeit lassen erkennen, wie die katholische Reichsideologie ungewollt nicht nur Zubringerdienste für das Dritte Reich geleistet hat, sondern auch noch im Krieg manchem Zeitgenossen den Blick getrübt hat für die Pervertierung der Reichsidee durch den Nationalsozialismus.[125]

„Der phantastische Glaube an eine „höchste Sendung" des deutschen Volkes, zu einem neuen Ordnungsbild in Europa beizutragen, und daran, „dass unser Volk den ihm von Gott gewiesenen Platz" einnehmen müsse, führte dazu, dass einzelne Vorgänge – wie z.B. die Wiedereröffnung von Kirchen in der Ukraine im Sommer 1941 – „von hoher Kraft der Sinnbildlichkeit" erschienen. Während einige davon fasziniert waren, „lebendigste Mitvollzieher des gigantischen Werkes" zu sein und „an dem Entstehen einer neuen Welt" mitzuwirken, mahnten andere zur Nüchternheit: „Auch an den Schilderungen metaphysischer Hintergründe kann man sich berauschen." Je härter der Alltag, je undurchschaubarer das Kriegsgeschehen wurde, desto größer war die Versuchung und die Gefahr, sich in kontemplativ vergegenwärtigte Sinngewissheiten zu flüchten und dadurch gegen die brutale Realität und aufkommende Ängste zu immunisieren.

Zu solcher „Sinngebung" sind die jungen Theologen möglicherweise auch insofern durch die „Liturgische Bewegung" verleitet worden, als mit ihr eine neue Vorliebe für sakramentale Formen und symbolische Handlungen erwachte. Einer der damals viel gelesenen Autoren war der

---

125 Vgl. Klaus BREUNING, Die Vision des Reiches. Deutscher Katholizismus zwischen Demokratie und Diktatur (1929-1934), München 1969.

ungewöhnlich gebildete und literarisch überaus fleißige Professor für Pastoraltheologie Linus Bopp, der 1937 das Buch *„Christlicher Edelmut zur Ungeborgenheit. Buch der liturgischen Opfer- und Gefahrweihe"* veröffentlichte. In dessen elftem Kapitel „Der Edelmut zu Waffendienst und Kampfgefahr" beschrieb er zunächst die mittelalterliche Schwertsegnung und Ritterweihe, um dann – der damaligen theologischen Konzeption von der Vollendung des „Natürlichen" durch das „Übernatürliche" folgend – deren „erhebende(n) Gehalt" darzustellen: „In diesen Weihen und Segnungen spiegelt sich zunächst die hohe Freude der Kirche über biologische Werthaftigkeit, körperliche Stärke, natürlichen Mut, kriegerische Kühnheit, soldatischen Geist. Wie die eben konsekrierte Jungfrau ihren bräutlichen Ring aller Welt jubelnd zeigen will, um alles an ihrem Glücksgefühl teilnehmen zu lassen, so schwingt der neu geweihte Soldat sein Schwert in mannhafter Weise vor aller Welt. Er hat eine Freud' daran, an seinem Blinken. ja, die Kirche gibt durch solche Weihen und Segnungen Kraft und Mut. ... Die Liturgie bringt den starken Arm des Kriegers in lebensvolle Verbindung mit dem allmächtigen Arm Gottes; so wird ihm Gott zum festen Turm wider seine Feinde."

Ganz im Sinne christlicher Tradition hebt Bopp hervor, dass die kriegerischen Tugenden im Geiste der Liturgie nur dann die letzte Weihe und den höchsten Wert erhalten und auch den besten Schutz gegen Missbrauch und Entartung darstellen, „wenn sie in der Hand des edlen Charakters ruhen. Darum die starke Betonung, wie das Schwert nur gegen das Unrecht und für das Recht gezogen werden darf, wie sich der christliche Soldat als Schützer der Unschuldigen und Schwachen, des Gottesreiches und als Feind des anti-christlichen Reiches fühlen soll."[126] Diese Gedanken Bopps sind vor allem in den von Heinrich Höfler zusammengestellten Briefen wieder zu finden. So schrieb Hans Niermann: „‚Alles Sichtbare ist nur ein Gleichnis'. Auch das Soldatentum. Ein Gleichnis mir für ein anderes Soldatentum, die militia Christi. Beides ist nur möglich aus Liebe ..."[127] Auch für andere junge Christen war „das

---

[126] Linus BOPP, Christlicher Edelmut zur Ungeborgenheit. Buch der liturgischen Opfer- und Gefahrweihe, Freiburg 1937, 147 f. Vgl. Psalm 144, 1 f.

[127] *Der Weg des Soldaten Johannes*, a.a.O., 1.1.1940.

ganze soldatische Tun primär symbolisches Handeln, ein Durchscheinenlassen der erfahrenen Herrlichkeit Gottes"[128].

Waren diese Interpretationen des Soldatendaseins und des Kriegsgeschehens Ergebnisse einer Blindheit für die politischen Realitäten oder eine Selbsttäuschung? Waren sie Flucht aus der anders nicht zu bewältigenden Wirklichkeit oder verzweifeltes Bemühen, im wahnsinnigen Geschehen des Krieges doch noch einen Sinn zu finden? War es eine Mischung aus allem?

Diese Blindheit oder auch Befangenheit in eigenen Vorstellungen und Phantasien blockierte aber nicht nur das Verhältnis zur politischen Wirklichkeit, sondern auch die Wahrnehmungsfähigkeit für das Schicksal jener Menschen und Völker, die Opfer der deutschen Aggression und Besatzung, Unterdrückung und Ausbeutung geworden sind und an denen die Kriegspfarrer und Priestersoldaten als Angehörige der deutschen Wehrmacht ihren Anteil hatten. Es ist verständlich, wenn in den Briefen und Predigten diese Fragen nicht angesprochen und erörtert wurden, weil eine Entdeckung derartiger Äußerungen strenge Strafmaßnahmen – wegen Feindbegünstigung, Wehrkraftzersetzung u.a. – zur Folge gehabt hätte. Ein Bericht aus dem Lager für kriegsgefangene Theologen in Chartres, dem „Seminar hinter Stacheldraht", zeigt jedoch, dass die Furcht vor Sanktionen zumindest nicht der einzige Grund dafür war, die Frage nach den Opfern des von Deutschland begonnenen Krieges auszuklammern.

Im Herbst 1945 gelangte „ein liebenswürdiger Brief" von Madame Dortel-Claudot aus Paris in das Theologenlager mit der Mitteilung, dass man einen „Gebetskreuzzug für Deutschland" ins Leben gerufen habe, und mit der Einladung, sich einem „Gebetskreuzzug für Frankreich" anzuschließen. Der Brief wurde den versammelten Seminaristen vorgelesen. „Die Reaktion, die er hervorrief, war so seltsam und unerwartet wie nur möglich! Zuallererst ein lastendes, abwartendes Schweigen! Dann wurden, mal hier, mal dort, bittere Worte laut: Die Franzosen sollen nur still sein … Sie haben Grund genug, für ihr eigenes Land zu beten … Mit seinem religiösen Leben ist Frankreich viel schlimmer dran als Deutschland. Das haben wir feststellen können. Denn wir haben mitten unter

[128] Karl HOFMANN, Eine katholische Generation zwischen Kirche und Welt, a.a.O., 394.

den Franzosen gelebt. Was wir an Glauben und moralischer Haltung in den Dörfern und Städten Frankreichs überhaupt noch vorgefunden haben, ist für uns wirklich keine Einladung, uns dieses Land zum Beispiel zu nehmen … Das ist mal wieder eine Äußerung mehr hinsichtlich unserer Kollektivschuld. Selbst unsere Glaubensbrüder hier betrachten uns also in einem solchen Maße als schuldig, dass man nur noch für uns beten kann … Diese Pharisäer! Sie würden besser daran tun, uns etwas zu essen reinzuschicken! – So oder so ähnlich war die Reaktion, die dieser Brief hervorrief."[129]

Waren die Verfasser der Briefe und Predigten vor lauter Fixiertheit auf Sinngebungen und Deutungen nicht (mehr) in der Lage, die Wirklichkeit des Vernichtungskrieges und ihre eigene Beteiligung an diesem Krieg zu erkennen, so schienen sie später – unter den bedrückenden Umständen der Kriegsgefangenschaft und auch danach – nur ihr eigenes Schicksal im Auge zu haben und nicht daran zu denken, dass sie nach der Beendigung des Völkermords Gefangene in einem Land waren, das vier Jahre lang unter der deutschen Besatzung gelitten hatte und in dem Deutsche unzählige Verbrechen an Franzosen begangen hatten. –

Nicht nur im Jargon von Staat und Partei, sondern auch in bischöflichen Schreiben an die Hinterbliebenen war es üblich, den Tod der Soldaten als „Heldentod im Dienste unseres Volkes und Vaterlandes" zu bezeichnen. Und falls der Soldat „auf dem Feld der Ehre" im Osten gefallen war, hatte er sein Leben gegeben, „um uns und die ganze Welt vom gottlosen Bolschewismus zu befreien"; ein solcher Tod verpflichte

129 René CLOSSET, Er ging durch die Hölle. Franz Stock, Paderborn, 3. Aufl. 1979, 205 f. Dieser Aufruf zu einem Gebetskreuzzug wurde zum Anstoß für die Gründung der internationalen katholischen Friedensbewegung Pax Christi. – Über die „Kriegsgefangenenmentalität" der Theologen schreibt Joseph Johner, französischer Militärpfarrer und Betreuungsoffizier des Seminars: „Gefangenenpsychose, die man mit einem gewissen Minderwertigkeitskomplex umschreiben kann, ein tiefer Wunsch nach Entlassung und Freiheit und eine Tendenz, immer zu fordern, um wenigstens das zum Leben Notwendigste zu erhalten." In: *Chartres 1945*. Seminar hinter Stacheldraht. Eine Dokumentation, hg. von Karl Heinz KLOIDT, Freiburg 1988, 65. Der hier berichtete Vorgang findet sich in einer Nummer von „*Carnutum*", dem ersten Mitteilungs- und Verbindungsblatt der früheren „Seminaristen hinter Stacheldraht" und stammt von einem ehemaligen Lagerinsassen, der „nichts verbergen und nichts beschönigen", sondern „unser Benehmen von damals in aller Ehrlichkeit und Aufrichtigkeit sehen" wollte.

„uns alle zur Dankbarkeit ..., weil er im Dienste der europäischen Kultur und der Befreiung eines großen geknechteten Volkes stand"[130].

Für Priester und Theologen lag es nahe, ihre eigene Bereitschaft zur Hingabe ihres Lebens und den Tod von Kameraden mit dem Opfer Jesu Christi in Verbindung zu bringen. Doch was hier und dort gepredigt wurde, überschreitet – bei allem Respekt vor der Absicht, ein dunkles Schicksale durch religiöse Interpretation ertragen zu helfen –, die Grenzen des Vertret- und Zumutbaren. Neben der konstruierten Verbindung von Soldatenleben (im Herbst 1943!) und Messopfer ist es vor allem die erschreckende Tatsache, dass die Unerbittlichkeit und Grausamkeit des Todes überspielt wird: Heldentod, Opfertod, der Tod als „Bestimmung Gottes" und als der große „Erneuerer der Völker" – bis hin zu der unsäglichen Aussage: „Lächelnd schreiten wir zum Opfergang ..."[131] Wer den Krieg erlebt und erlitten hat, wer die von Granaten zerfetzten Leiber gesehen und die Schreie der hilflos daliegenden Verwundeten gehört hat, ist zu solcher Aussage unfähig – oder aber sein „Glaube" hat ihn immun gemacht gegenüber menschlichen Schicksalen.

Es lässt sich vieles vorbringen an Vorbehalten, Bedenken und Kritik in Bezug auf das Reden und Verhalten mancher Männer, gleich, ob es sich dabei um einfache Seelsorger oder um Kirchenführer handelt. Doch so berechtigt und notwendig solche Kritik auch ist – es sollte nicht vergessen werden, dass viele aufgrund ihrer Herkunft und Erziehung zu keiner anderen Sicht der Dinge fähig waren. Und wer Menschen in Augenblicken äußerster Verlassenheit zur Seite stand, verdient ebenso höchsten Respekt wie diejenigen, die angesichts der Unmöglichkeit, noch Einfluss auf den Gang der Geschichte zu nehmen, sich durch eine untadelige Lebensführung zu „bewähren" und wenigstens ihre persönliche Integrität zu wahren versucht haben, um in einigen Ehren vor sich selbst bestehen zu können.

---

[130] Aus dem Muster des Kondolenzbriefes von Erzbischof Gröber an die Hinterbliebenen im Krieg, zit. nach Bruno SCHWALBACH, Erzbischof Conrad Gröber, a.a.O., 242.

[131] Wenn der Militärbischof Dyba während eines Soldatengottesdienstes auf dem Katholikentag in Mainz 1998 gesagt hat – so eine Pressemeldung in der Frankfurter Rundschau vom 13. Juni 1998 –: „Für uns beginnt das große Abenteuer des Lebens mit dem Tod", dann ist zu befürchten, dass diese Denkweise noch lebendig ist.

Aber dieser „Glaube“, sich tapfer und todesmutig als Soldat in diesem Krieg „bewähren“ zu müssen, weil „Gott“ uns solchen Einsatz der eigenen Person abforderte, war – auch das muss gesagt werden! – eine (Selbst-)Täuschung, er war „Opium“, verabreicht durch die von uns hochverehrten und geliebten Seelsorger, die ihrerseits Opfer dieses „Glaubens“ gewesen sind, der uns zu Hitlers „willigen Vollstreckern“ seines Eroberungswillens gemacht und bis zum bitteren Ende das Funktionieren der Kriegsmaschinerie garantiert hat. Diesen unbestreitbaren Sachverhalt zu erkennen und anzuerkennen war und bleibt bitter.

Damit wird nicht bestritten, dass im Verlauf des Krieges bei unzähligen Soldaten auch positive Kräfte wirksam geworden sind: Verlässlichkeit, Kameradschaft und Treue, Disziplin und Nüchternheit, in Grenzen sogar der Gehorsam.[132] Diese Erfahrungen und die guten Erinnerungen an bewährte Kameradschaft mögen manchen Betroffenen die Einsicht schwer machen, in welchen Verstrickungen sie sich damals befunden haben. Aber Hitlers Krieg war und bleibt ein Verbrechen, an dem viele – oft ohne persönliche Schuld – mitgewirkt haben.

Bei vielen Männern wuchsen während der Zeit ihrer Kriegsgefangenschaft und in den Jahren danach die Einsicht und das deprimierende Gefühl, belogen, verführt und missbraucht worden zu sein. All ihr guter Wille hat sie nicht davor bewahrt, einem verbrecherischen System dienstbar gewesen zu sein. Sie hatten geglaubt, ihre Pflicht und Gottes Willen zu erfüllen, aber sie – wir! – sind einem Irrglauben erlegen! Alle Mühen und Entbehrungen, alle Ängste und aller Einsatz, alle anderen Menschen zugefügten und selbst empfangenen Wunden – eine ungeheure Verirrung!

---

132 Vgl. Walter DIRKS, Der Nationalsozialismus und der Krieg, in: Pax Christi. Internationale katholische Friedensbewegung, Heft 3/4 1979, 5-8. Bernhard HÄRING, Als es um's Überleben ging, a.a.O., 29.

VII. Haben wir aus der Geschichte gelernt?

Es wäre ungerecht zu behaupten, dass die Christen und die Kirchen keine Lehre aus der Vergangenheit gezogen hätten. Es ist kaum vorstellbar, dass der deutsche Episkopat sich noch einmal in ähnlicher Weise äußern könnte wie im Ersten und im Zweiten Weltkrieg. Der Einsatz für die Verwirklichung der Menschenrechte ist ebenso unverkennbar wie die Bereitschaft, Verantwortung für die „Welt" zu übernehmen. Die Solidarität mit Notleidenden und Unterdrückten, mit Flüchtlingen und Asylsuchenden ist vielfach beispielhaft. Bei den Versuchen, alte und trennende Schranken zwischen Völkern und Nationen zu überwinden und Schritte zur Versöhnung zu gehen, sind ChristInnen und Kirchen oft bahnbrechend beteiligt. Das alles ist auch Ergebnis der Einsicht, dass die Kirchen sich ehedem in vielen Fällen allzu sehr zurückgehalten haben, wenn Reden und Handeln am Platz gewesen wären, dass sie sich oft zu sehr auf die Wahrnehmung der eigenen (durchaus auch legitimen) Interessen beschränkt oder gar den jeweils Herrschenden angepasst haben.

Es muss aber auch – über das bereits Gesagte hinaus – auf einige Probleme verwiesen werden, die noch der Bearbeitung harren. Schon 1951 klagte Reinhold Schneider: „Es ist und bleibt unser Unglück, dass die Vorgänge der letzten zwanzig Jahre, die ja nur im Zusammenhang mit dem Ganzen der deutschen Geschichte verständlich sind, nicht auf dem Boden sittlicher Erneuerung bewältigt wurden. Die große Möglichkeit, die das Unglück uns bot, war eine Gewissenserforschung der Deutschen, die den Anstoß hätte geben können und sollen zu einer Gewissenserforschung der Welt … Zu dieser Gewissenserforschung ist es in ausreichendem Maße nicht gekommen."[133] Daran hat sich im Grunde bis heute nichts geändert. –

Nach wie vor gibt es keine Antwort auf die Fragen, ob das Konkordat von 1933 ein geeignetes und vertretbares Mittel sein konnte, der Herausforderung durch den Nationalsozialismus zu begegnen; ob das Agieren mit diplomatischen Mitteln das in dieser geschichtlichen Situation geforderte christliche Zeugnis ersetzen konnte; ob der vertraglich zugesicherte (erzwungene) Verzicht auf Wahrnehmung des christlichen Weltauftrags und die faktische Reduktion des Glaubens auf private (Kult-)Praxis durch die Sicherung der Funktionsfähigkeit der Institution zu rechtfertigen waren und sind. Diese Fragen haben sich mit dem Zusammenbruch des NS-Systems ja nicht erledigt, sie stellen sich immer wieder neu als Frage nach dem Verhältnis vom so genannten „Eigentlichen" zum „Sekundären", von Erlösung und Befreiung, von Mystik und Politik. Nach Paulus vollzieht sich der „wahre und angemessene", der „vernünftige" oder der „rechte", der „geistige" oder „geistliche" Gottesdienst, der „Gottesdienst, der Gott wirklich gemäß ist" – so lauten die verschiedenen Übersetzungen von Römer 12,1 – im „Alltag der Welt"[134]. Die Frage nach einer genuin christlichen Existenz und Präsenz in der Welt und Geschichte steht nach wie vor unerledigt auf der Tagesordnung. –

Es ist bereits erwähnt worden, dass die Kirche sich in der Neuzeit meistens auf die Abgrenzung und Verurteilung von Zeitirrtümern beschränkt, nicht aber nach deren Ursachen gefragt hat. Das gilt in vielen

---

[133] Reinhold SCHNEIDER, Rechenschaft. Worte zur Jahrhundertmitte, Einsiedeln 1951, 44. In einer Rede vor Studenten in Tübingen hat Romano Guardini 1952 gesagt: „Eine nicht aufgearbeitete geistige Unordnung setzt sich in funktionale Störungen um und diese verfestigen sich allmählich zu organischen. Nicht nur das: sie wird zum immer wieder verwirklichten Schema des späteren Verhaltens. Entsprechendes geschieht im geschichtlichen Leben. Wenn eine Schuld der ‚res publica' nicht erkannt, verurteilt und in irgendeiner Weise gesühnt wird, dann wird sie zur immer wiederkehrenden Form des Verhaltens und zerstört die politische Existenz. Das ist kein Moralgerede, sondern einfache Wahrheit." Romano GUARDINI, Verantwortung. Gedanken zur jüdischen Frage. Eine Universitätsrede, in: Hochland 44 (1951/52) 481-493, hier 492.

[134] Ernst KÄSEMANN, Gottesdienst im Alltag der Welt. Zu Römer 12, in: Ders., Exegetische Versuche und Besinnungen. Bd. 2, 2. Aufl., Göttingen 1965, 198-204.

Fällen auch heute noch, obwohl das 2. Vatikanische Konzil einen wichtigen Anstoß für ein Überdenken des Verhältnisses der Kirche bzw. der Christen zu Irrwegen und Fehlentwicklungen gegeben hat. Im Konzilstext heißt es z. B. hinsichtlich des Atheismus, dass an dessen Entstehung „die Gläubigen einen erheblichen Anteil haben (können), insofern man sagen muss, dass sie durch Vernachlässigung der Glaubenserziehung, durch missverständliche Darstellung der Lehre oder auch durch die Mängel ihres religiösen, sittlichen und gesellschaftlichen Lebens das wahre Antlitz Gottes und der Religion eher verhüllen als offenbaren" (Gaudium et spes 19). Es fehlt nach wie vor an Untersuchungen darüber, ob und wie die Kirche durch ihre Lehr- und Erziehungstätigkeit zum Funktionieren diktatorischer Systeme ebenso beigetragen hat wie zur Ermöglichung von Kriegen. Die von Predigern und von Apologeten häufig mit Genugtuung oder gar Stolz vermerkte stabilisierende Wirkung der „Religion" auf Staat und Militär wären Grund genug für selbstkritische Fragen.

Bei den verschiedenen Gedenktagen während der letzten Jahre ist immer wieder und von vielen bedeutenden Menschen in den Bereichen von Politik und Kirche, Kultur und Wissenschaft die Erinnerung an die NS-Herrschaft und an den Krieg beschworen und vor der Gefahr des Vergessens gewarnt worden. Die Mahnungen werden – auch für die Kirche – nicht ohne Grund ausgesprochen. Auch aus dem kirchlichen Lebensbereich ließen sich bis in unsere Tage hinein zahlreiche Beispiele dafür anführen, dass Erinnerung an damaliges Geschehen unerwünscht ist, dass unbestreitbar Geschehenes schlicht geleugnet wird, dass denjenigen, die Erinnerung Wach halten und Vergessen verhindern wollen, fragwürdige Motive unterstellt werden. Es ist, als wollten die Verantwortlichen in der Kirche eine gefährliche Erinnerung „durch kollektive Abwehrriten des Verschweigens bannen und mit Hilfe eines intellektuellen Totstellreflexes überleben"[135].

Es gibt gute Gründe für die Annahme, dass die wichtigsten Daten und Vorgänge aus der Zeit der nationalsozialistischen Herrschaft be-

[135] Gerd THEIẞEN, Argumente für einen kritischen Glauben, oder: Was hält der Religionskritik stand? München 1978, 16.

kannt sind und dass entscheidend neue Erkenntnisse vermutlich nicht mehr zu erwarten sind, selbst wenn eines Tages die Archive des Vatikans zugänglich gemacht werden sollten. Gelegentlich stoßen jedoch Forscher oder Wissenschaftlerinnen auf Unterlagen im Privatbesitz, die Aufschluss geben über bislang nicht oder nur unzureichend bekannte Vorgänge – wie etwa Antonia Leugers in ihrer Untersuchung über den Ausschuss für Ordensangelegenheiten und seine Widerstandskonzeption. Sie entdeckte dabei, dass so manche Zeugen sich „loyal zur Kirche" verhielten und darum über ihre damaligen unangenehmen Erfahrungen – hier mit leitenden Kirchenmännern – schwiegen[136]. –

Das gilt auch für Georg Werthmann, der testamentarisch verfügt hatte, seine seit Mitte der 1930er-Jahre akribisch geführten Tagebuchaufzeichnungen nach seinem Tod zu vernichten[137]. Mir selber hat er am 1. Februar 1977 mitgeteilt, dass er lange Zeit vorgehabt habe, eine Geschichte der Militärseelsorge zu schreiben. (Der Grundriss dieser geplanten Arbeit ist aus den von Werthmann handschriftlich vorgenommenen Nummerierungen vieler Dokumente im Archiv des Katholischen Militärbischofsamtes zu rekonstruieren.) Er habe jedoch davon Abstand genommen, denn: „Ich hätte zu viel schmutzige Wäsche waschen müssen." Die Frage, ob er mit seinem Schweigen den Menschen und seiner Kirche wirklich gedient hat, wird wohl unterschiedlich beantwortet werden.

Es gibt aber nicht nur die Gefahr zum Vergessen und Verdrängen, nicht nur das Schweigen über eigene bittere Erfahrungen aus Loyalität oder weil das Reden oder Schreiben mit zu großen Schmerzen verbunden ist. Es gibt auch eine Versuchung zum Verschweigen oder gar zum Vertuschen der Wahrheit, weil man diese nicht mehr wahrhaben will. Manche scheuen sich nicht einmal, fatale und peinliche Aussagen aus der Kriegszeit in späteren Neudrucken stillschweigend zu tilgen. Das geschah z.B. mit einigen Sätzen aus der Ansprache von Erzbischof Lorenz Jaeger bei seiner Konsekration im Oktober 1941 und aus seinem Fastenhirtenbrief vom Februar 1942 durch Franz Hengsbach – von 1948

---

136 Antonia LEUGERS, Gegen eine Mauer bischöflichen Schweigens. Der Ausschuss für Ordensangelegenheiten und seine Widerstandskonzeption 1941 bis 1945, Frankfurt 1996, 347.

137 Johannes GÜSGEN, Die katholische Militärseelsorge in Deutschland zwischen 1920 und 1945, a.a.O., 8.

bis 1958 Leiter des Erzbischöflichen Seelsorgeamtes in Paderborn, 1958 bis 1991 Bischof des neugegründeten Bistums Essen und von 1961 bis 1978 Militärbischof – in einer Schrift zum 15. Jahrestag der Bischofsweihe von Lorenz Jaeger:[138]

1941 hatte der neue Erzbischof – wie auch andere seiner Amtsbrüder – den Krieg gegen die Sowjetunion interpretiert als Kampf „für die Bewahrung des Christentums in unserem Vaterland, für die Errettung der Kirche aus der Bedrohung durch den antichristlichen Bolschewismus"[139]. Nazi-Deutschland im Kampf für die „Errettung der Kirche"! Mit Blick auf Russland hatte Lorenz Jaeger im Fastenhirtenbrief 1942 geschrieben: „Ist jenes arme, unglückliche Land nicht der Tummelplatz von Menschen, die durch ihre Gottfeindlichkeit und ihren Christushass fast zu Tieren entartet sind?"[140] Sind solche Äußerungen Zeichen dafür, dass auch der Erzbischof der Kriegspropaganda jener Jahre erlegen war? War er ähnlich verblendet wie der Feldbischof Rarkowski?[141] – Doch auch dann, wenn derartige Aussprüche heute noch schwerer zu verstehen sind als damals, sind unkommentierte Auslassungen peinlicher und ärgerlicher Entgleisungen nicht zu rechtfertigen.

Im Nachwort zu dieser Sammlung der „geistigen Früchte" des Pontifikates von Lorenz Jaeger hat Hengsbach zwar geschrieben: „Für die heute so vergesslichen und oft nur dem Tage zugewandten Menschen von heute ist es heilsam, sich zu erinnern und den Weg vom Gestern ins Heute gut zu kennen, damit der Weg ins Morgen richtig gefunden

---

[138] *Leben und Frieden.* Hirtenbriefe, Predigten und Ansprachen des Erzbischofs von Paderborn, Dr. theol. Lorenz Jaeger, Thronassistent Sr. Heiligkeit des Papstes. Zum 15. Jahrestag seiner Bischofsweihe am 19. Oktober 1941 gesammelt und herausgegeben vom Erzbischöflichen Seelsorgeamt Paderborn, Paderborn, o.J. (1956), 1-11 (Auslassung 4); 136-144 (Auslassung 137). Derselbe Satz aus der Predigt am Tag der Bischofsweihe fehlt auch – ebenfalls ohne Kenntlichmachung – in: Lorenz JAEGER, Einheit und Gemeinschaft. Stellungnahmen zu Fragen der christlichen Einheit, hg. vom Johann-Adam-Möhler Institut, Paderborn 1972, 2.

[139] Kirchliches Amtsblatt für die Erzdiözese Paderborn, Stück 19, 30. Oktober 1941, Nr. 322, 103.

[140] Ebd., St. 3, 11. Februar 1942, Nr. 3, 17.

[141] Christoph Allroggen berichtet, dass Lorenz Jaeger noch Anfang 1944 „an eine Wende glaubte, wenn die ‚Wunderwaffe' bald käme, die im Bau sei". *Priester in Uniform*, a.a.O., 41.

wird."[142] Doch die Erinnerung durfte offensichtlich nicht zu intensiv und vor allem nicht vollständig sein. Hengsbach war wohl nicht bewusst, dass auch ein selektives Gedächtnis zu einer Verfälschung der Erinnerung führt. Wenn aber aufgrund (gezielter) lückenhafter Erinnerung ehemalige Irrwege in Vergessenheit geraten, wächst die Gefahr, dass solche Irrwege auch in Zukunft nicht auszuschließen sind. Die Warnungen vor dem Vergessen, Verdrängen und Vertuschen sind also nicht unberechtigt oder überflüssig, und sie gelten nicht nur für gewisse unbelehrbare politische Gruppen in unserer Gesellschaft. –

Wir haben gelernt, dass auch honorige, kluge und gewissenhafte Menschen nicht vor schweren und verhängnisvollen Irrtümern gefeit sind – Intellektuelle und Arbeiter, Politiker und Kirchenmänner. Diese Tatsache allein ist weder verwunderlich noch besonders aufregend. Irren ist menschlich, und jeder Mensch hat ein Recht auf Irrtum. Fatal ist es allerdings, wenn diejenigen, die sich trotz vielleicht bester Absichten geirrt und andere Menschen infolge dieses Irrtums in die Irre geführt haben, sich nicht zu diesem Irrtum bekennen und dafür entschuldigen. Fatal ist es auch, wenn nach Erkenntnis dieses Sachverhalts nicht offen über die Grenzen des Rechts auf Gehorsamsforderung auf der einen Seite und über das Recht bzw. die Pflicht zum Widerspruch und zur Gehorsamsverweigerung auf der anderen Seite gesprochen wird. Eine Diskussion über einen theologisch begründeten Gehorsam sowie über die Grenzen der Kompetenz von Amtsträgern ist in der katholischen Kirche längst überfällig. –

Die Apostolische Konstitution „Spirituali militum curae" vom 21. April 1986, das Rahmengesetz für die Militärseelsorge im gesamten Bereich der römisch-katholischen Kirche, stellt fest, die katholische Kirche habe für die Militärseelsorge „stets mit außerordentlicher Bedachtsamkeit Sorge getragen"[143]. Das mag u.a. daran liegen, dass eine gewisse Ähnlichkeit der Systeme – in beiden Fällen handelt es sich bei den Führungsgremien um Männerbünde; hier wie dort findet sich eine klare hierarchische Struktur, die zudem in einer bestimmten Kleiderordnung

[142] *Leben und Frieden*, a.a.O., 373.

[143] *Päpstliche Dokumente für die Militärseelsorge in der Deutschen Bundeswehr.* Sonderheft 1990 der Zeitschrift „Militärseelsorge", hg. vom Katholischen Militärbischofsamt, Bonn, 24.

ihren augenfälligen Ausdruck findet; in beiden Großorganisationen spielt für deren Funktionsfähigkeit der Gehorsam eine entscheidende Rolle – zur Sympathie füreinander führt. Bis heute findet jedenfalls das Militär in der römischen Kirche mehr Anerkennung und Unterstützung als jene Menschen und Gruppen, die aufgrund der geschichtlichen Erfahrungen eine militärkritische Einstellung vertreten, die sich für gewaltfreie Konfliktlösungen einsetzen und statt militärischer Kontingente den Ausbau und die Förderung von zivilen Friedensdiensten anstreben. Pazifisten und Kriegsdienstverweigerer werden in der römischen Kirche bis heute eher toleriert als gefördert. Die wenigen katholischen Kriegsdienstverweigerer des Zweiten Weltkriegs, welche die Verweigerung ihrer Teilnahme an Hitlers verbrecherischem Krieg aus Gewissensgründen mit dem Leben bezahlt haben, sind den meisten Katholiken bis heute unbekannt. Dass ihnen bisher auch eine kirchliche Anerkennung versagt wurde, obwohl sie sowohl den Lehren der kirchlichen Moral als auch ihrem Gewissen folgten, ist nicht gerade rühmlich für die katholische Kirche Deutschlands.

VIII.
Nachwort

Als der Krieg begann, war ich ein dreizehnjähriger Junge, wenige Tage nach meiner Entlassung aus der Kriegsgefangenschaft wurde ich 20 Jahre alt. Ich gehöre also zu jener Generation, die belogen, betrogen, verführt und auf eine ungeheuerliche Weise missbraucht worden ist. Den ersten Toten sah ich als 16-jähriger: Der Luftdruck einer Fliegerbombe hatte einem Klassenkameraden – Luftwaffenhelfer wie ich – die Lunge zerrissen. Ein Freund, mit dem ich mehrere Monate als Rekrut und auf der Erd- und Nahkampfschule zusammen gewesen war, wurde aufgrund eines simplen Abzählungsvorgangs an die Ostfront kommandiert – und fuhr direkt in den Tod; ich musste die deutsche Westgrenze „schützen" und habe überlebt.

Nach 1945 hat keiner meiner verehrten Lehrer und geliebten Seelsorger je wieder den Krieg thematisiert; ich kann mich auch nicht erinnern, dass während meiner Studien- und Ausbildungszeit oder später auf einer Priesterkonferenz oder -tagung jemals über den Krieg und unseren Einsatz im Krieg gesprochen worden wäre. Keiner meiner Lehrer, kein Personalchef und erst recht kein Bischof hat je danach gefragt, was ich im Krieg erlebt habe oder wie ich jene Jahre – und unser christlich motiviertes Engagement im Krieg! – im Nachhinein beurteile. Waren es Gleichgültigkeit oder Hilflosigkeit, Desinteresse oder Verdrängung, die keine Fragen über jene Jahre zuließen? Mir ist auch keine pastoraltheologische Arbeit bekannt, in welcher der Frage nachgegangen wird, welche Auswirkungen die Weisungen der Bischöfe und Seelsorger oder die Kriegspredigten während des Ersten und Zweiten Weltkriegs auf die Menschen gehabt haben, welche Irritationen und Verletzungen dadurch verursacht worden sind, wie viel Vertrauen in die kirchlichen Amtsträger und in die Verkündigung der Kirche dadurch für immer verloren gegangen ist. Nur am Rande sei vermerkt, dass die Mütter und Ehefrauen, die Schwestern und Freundinnen der Soldaten nirgendwo Erwähnung finden, sie durften und dürfen weiterhin beten und opfern – und schweigen.

Während das Verstummen in den ersten Jahren nach dem Krieg damit erklärt werden kann, dass die Menschen so kurz nach der Beendigung der Kriegsschrecken und dem Bekanntwerden des ungeheuerlichen Ausmaßes der von Deutschen begangenen Verbrechen ihre Sprache noch nicht wieder gefunden hatten, so reicht diese Interpretation für das Schweigen in späteren Jahren und Jahrzehnten nicht aus. Welche Unsicherheiten, Besorgnisse und Ängste mögen da im Spiel sein, die eine ehrliche Erörterung aller mit der Kriegsproblematik zusammenhängenden Fragen so schwer, wenn nicht gar unmöglich gemacht haben? Welche Gründe aber auch immer für das bis heute andauernde Verstummen der Verantwortlichen in der Kirche vorgebracht werden mögen – keiner ist so gewichtig, dass er von der Pflicht zu einer Bitte um Entschuldigung entbindet.

In ihren „Orientierungen zur Bußpastoral" haben die deutschen Bischöfe mit Recht festgestellt, dass „Einsicht in Schuld und deren Annahme zum Schwersten im Menschenleben (gehören). Deshalb besteht die Versuchung, dem Eingeständnis und der Aufarbeitung von Schuld auszuweichen. Schuld wird verdrängt, bis sie möglicherweise tatsächlich vergessen ist. Sie wird verkleinert, bagatellisiert oder ‚wegerklärt'."[144] Sobald es um Versagen und Schuld der Kirche geht, scheinen die Verantwortlichen in der Kirche dieser Versuchung immer wieder zu erliegen.

Ehrliches Gedenken der Opfer verlangt das Eingeständnis, dass auch unsere Kirchen in Hitlers Krieg verstrickt gewesen sind. Die damaligen Soldaten, die ihre Pflicht erfüllen wollten und die im Vertrauen auch auf ihre geistlichen Führer alle Schrecken durchlitten haben; die Toten, die Opfer eines gezüchteten Fehlglaubens geworden sind; nicht zuletzt diejenigen, die der deutschen Aggression auf dem ganzen Kontinent zum Opfer gefallen sind – sie und unzählige andere haben ein Anrecht auf das Bekenntnis unserer Kirche, dass auch Christen und kirchliche Amtsträger geirrt haben und für das Geschehen im Krieg mitverantwortlich

[144] Die deutschen Bischöfe 58. Umkehr und Versöhnung im Leben der Kirche. Orientierungen zur Bußpastoral, hg. vom Sekretariat der Deutschen Bischofskonferenz, 1997, 19.

sind. Jedes Gedenken der Toten bleibt problematisch, wenn diese unheilvolle Verstrickung nicht offen ausgesprochen wird, wenn nicht eine Mitschuld bekannt wird. – Die japanischen Bischöfe haben mit ihrem Mut zu einem solchen Bekenntnis ein Beispiel gegeben.

Papst Johannes Paul II. hat „zur Vorbereitung auf das Jubeljahr 2000" u.a. geschrieben: Die Kirche „kann nicht die Schwelle des neuen Jahrtausends überschreiten, ohne ihre Kinder dazu anzuhalten, sich durch Reue von Irrungen, Treulosigkeiten, Inkonsequenzen und Verspätungen zu reinigen".[145].

Trotz dieser päpstlichen Mahnung scheint die Sorge nicht unbegründet, dass die Verantwortlichen in der Kirche auch heute wieder – 60 Jahre nach Beginn des Zweiten Weltkriegs – nur unverbindliche Worte finden werden. Doch selbst dann, wenn es zu einem ehrlichen Eingeständnis von Irrungen und Fehlern kommen sollte, muss damit gerechnet werden, dass die Menschen ein solches Bekenntnis nicht mehr wahr- und ernstnehmen. Zu oft sind Hoffnungen, die durch schön klingende kirchliche Dokumente und Erklärungen geweckt worden sind, nicht erfüllt worden. Die daraus resultierenden Enttäuschungen verbinden sich bei vielen mit der schmerzlichen Erinnerung daran, dass die katholische Kirche zweimal in unserem Jahrhundert dem Staat allzu bereitwillig Soldaten für seine Kriege zugeführt hat. Darüber hinaus haben hohe und höchste Amtsträger in den letzten Jahrzehnten viel dazu beigetragen, die Autorität des kirchlichen Amtes zu korrumpieren und verlorene Autorität durch autoritäres Handeln zu ersetzen: die fragwürdigen Versuche, neben der jurisdiktionellen auch die lehramtliche Kompetenz des Papstes in unzulässiger Weise zu überziehen; problematische römische Bischofsernennungen; die Verweigerung der Lehrerlaubnis für unliebsame Theologen; eine fortschreitende Entmündigung sowohl der Teilkirchen als auch der „ Laien" in der Kirche usw. – das alles und manches mehr hat mit dazu beigetragen, dass die katholische Kirche seit einiger Zeit einen ungeheuren Vertrauensverlust zu verzeichnen hat und bei der

---

[145] Apostolisches Schreiben *„Tertio Millennio Adveniente"* von Papst JOHANNES PAUL II. an die Bischöfe, Priester und Gläubigen zur Vorbereitung auf das Jubeljahr 2000, 10. November 1994, in: Verlautbarungen des Apostolischen Stuhls 119, hg. vom Sekretariat der Deutschen Bischofskonferenz, Bonn (1994), 29.

Frage nach der Wertschätzung von Institutionen unter allen gesellschaftlichen Gruppen einen der letzten Plätze einnimmt.[146]

Es bleibt die Befürchtung, dass es für eine Rückgewinnung der Glaubwürdigkeit der Kirche zu spät ist.

[146] Michael N. EBERTZ, Kirche im Gegenwind. Zum Umbruch der religiösen Landschaft, Freiburg, 2. Aufl. 1998, 60. Vgl. auch die 12. Shell Jugendstudie: JUGENDWERK DER DEUTSCHEN SHELL, Jugend '97 (Hg), Zukunftsperspektiven – Gesellschaftliches Engagement – Politische Orientierung, Opladen 1997, 297f.

Heinrich Missalla (1926-2018), geboren in der Arbeiterstadt Wanne-Eickel, gehörte von 1986 bis zum Jahr 2000 dem Präsidium der deutschen Sektion der Internationalen Katholischen Friedensbewegung pax christi an und ist 1987-1996 auch Geistlicher Beirat der Bewegung gewesen. Er musste als junger Katholik selbst Krieg und Kriegsgefangenschaft (bis Juni 1946) miterleben. Seit seiner Entlassung aus dem berühmten, von Franz Stock geleiteten „Stacheldrahtseminar" für deutsche Kriegsgefangene in Chartres hat ihn die Frage nach dem Frieden nicht mehr losgelassen. Wie tief sein Ringen noch nach sieben Jahrzehnten von den Schrecken und Widersprüchen der Vergangenheit bestimmt war, konnten wir auf dem Katholikentag 2014 in Mannheim beim pax christi-Podium *„Weltkriege: Verpasste Friedenschancen der Kirche"* auf sehr menschliche Wiese spüren.

Die Prägungen des katholischen Milieus zielten auch im „Dritten Reich" auf eine vaterländische Grundhaltung, gespeist unter anderem aus frommen Heldengestalten und populären Versatzstücken der sogenannten Reichstheologie. Heinrich Missalla schreibt dazu in seinen autobiographischen Erinnerungen[1]:

> Mit dem 15. Februar 1943 – kurz nach dem Ende der Schlacht um Stalingrad – wurde ich gezwungen, bei der leichten Flak-Abteilung 839 als Luftwaffenhelfer anzutreten. Mit 16 Jahren mussten wir Schüler Soldaten ersetzen, die an der Front gebraucht wurden. […] Wenn ich für einige Stunden „Ausgang" hatte, traf ich mich mit einigen Freunden zu Gesprächen bei unserem Jugendseelsorger. Ich kann mich nicht erinnern, dass der Krieg jemals problematisiert oder dass darüber gesprochen wurde, dass im Krieg getötet wird. Das Wichtigste war nicht das fünfte, sondern das sechste Gebot. (Nach 1945 schien sich für lange Zeit auch in diesem Punkt nicht viel geändert zu haben. Eine der ersten hektographierten „Arbeitsskizzen" des Bundes der

[1] Heinrich MISSALLA: „Nichts muss so bleiben, wie es ist". Mein katholisches Leben im 20. Jahrhundert. Oberursel: Publik-Forum 2009, S. 47 und 52-53.

Deutschen Katholischen Jugend „für die Arbeitskreise der Vorbereitungsaktion" für den 1956 wieder eingeführten Wehrdienst lautete „Die Laterne vor der Kaserne. Wehrdienst und die Beziehung der Geschlechter".) Das Hauptanliegen unseres Vikars schien darin zu bestehen, uns auf die Kirche stolz zu machen und unser katholisches Selbstbewusstsein zu stärken – was ihm bei mir zweifellos gelungen ist. Es gab für uns keinen Zweifel, dass Deutschland bedroht wurde und dass wir als Deutsche und zumal als Katholiken unsere Pflicht gegenüber unserem Vaterland zu erfüllen hatten, schon um verleumderischen Angriffen der Nazis auf die Kirche den Boden zu entziehen. Neben dem schon erwähnten Merksatz gab es einen anderen: Ein katholischer Junge lässt sich von niemandem an Tapferkeit übertreffen. Zur Mahnung und Erinnerung daran hatten viele von uns über ihren Betten ein Bild des Bamberger Reiters, von Sankt Georg oder von Sankt Michael hängen – Bilder der Tapferkeit und des Kampfes gegen das Böse. Michael war zudem seit Jahrhunderten der Schutzpatron der Deutschen. Diese Einstellung war wohl vor allem die Reaktion auf das Bemühen der NS-Propaganda, Kirchen und Christentum als schwächlich und dekadent darzustellen. Demgegenüber wurde in der katholischen Jugend der Stolz auf das Christ- und Katholischsein gestärkt: Uns brauchte niemand zu erzählen, was es heißt, gut deutsch zu sein. Wir wussten, wer den Germanen die Kultur gebracht, wer den deutschen Osten besiedelt und dort die Dome gebaut hatte.

Das Wort „Reich" hatte eine seltsame, fast magische Wirkung auf meine Fantasie: Da gingen Gottesreich und Christi Reich, Heiliges Römisches Reich deutscher Nation und „Drittes Reich" ineinander über. Für uns war „Christus Herr der neuen Zeit", und was jetzt noch nicht christlich, ja sogar heidnisch geprägt war, das würde ihm eines Tages dienen. Jetzt war nur eines wichtig: Dass wir tapfer und treu unsere Pflicht erfüllten, gleichgültig, was um uns herum passierte. Und je unbegreiflicher im Verlauf des Krieges alles Geschehen wurde, umso wichtiger war der Glaube: Gott wird alles zum guten Ende führen. Mir kommt es vor, als sei der Glaube an die Bedeutung des „Opfers" und die Möglichkeit einer Art von sakramentaler „Wandlung" auch der Geschichte nie so stark gewesen wie in jenen Jahren:

> Wenn wir nur treu sind und auch in den schwierigsten Situationen des Krieges und der Gefangenschaft uns „bewähren" – Bewährung war das in der katholischen Jugend vielleicht am häufigsten gebrauchte Wort –, wenn wir unser Leben und Schicksal Gott anbieten, wird er es annehmen und verwandeln wie das eucharistische Brot. Unser Opfer – das war meine, unsere Überzeugung – war nötig für die Neuwerdung Deutschlands.

Doch wie reimte sich dies alles etwa zusammen mit dem Wissen, dass im NS-Staat die Nationalsozialisten die Juden verfolgten, unbequeme Katholiken und Leutepriester ins Konzentrationslager oder unter das Fallbeil schickten ...? Heinrich Missallas Erinnerungen zeigen, dass man auf mysteriöse Weise an einer Unterscheidung zwischen dem obersten Kriegsherr der deutschen Wehrmacht und dem Führer der „Feinde Christi" festhielt – ohne dies letztlich irgendwie begründen zu können[2]:

> Erst später habe ich erfahren, dass Hans Niermann, der letzte Reichsführer der „Sturmschar" – dem profiliertesten Verband junger katholischer Deutscher vor seiner Auflösung –, der kurz vor Ende des Frankreichfeldzugs gefallen ist, von seinen Kameraden auf einem weißen Betttuch auf die Stufen des Altars einer französischen Kirche gelegt worden ist – nach seinem Selbstverständnis ein Opfer für ein neues Deutschland. Auch später habe ich im Gespräch mit älteren Priestern immer wieder erfahren, wie sehr für sie der Glaube bestimmend gewesen ist, Gott werde auch das wandeln, was wir nicht mehr zu durchschauen vermögen, sofern wir nur unsere „Pflicht" tun und uns „bewähren". Dieser Glaube führte zu einer großen Gelassenheit und ließ alle schwierigen äußeren Umstände des Soldatenlebens und der Gefangenschaft leichter ertragen; waren doch Hunger, Krankheit und Todesgefahr „nur" das leibliche Leben betreffende Faktoren, die das „Eigentliche", den Glauben an und das Verhältnis zu Gott, nicht tangierten.
> Das Thema „Politik" wurde sowohl unter den Luftwaffenhelfern als auch später beim Militär gemieden. Es gab gelegentlich Äußerungen

[2] Ebd., S. 53-55.

wie: „Der wird abgeholt, dich holen sie auch." Es gab also ein irgendwie geartetes Wissen um mysteriöse und gefährliche Vorgänge, bei denen die Geheime Staatspolizei, die Gestapo, eine beängstigende Rolle spielte. Aber es blieb immer bei Andeutungen und allgemeinen Redewendungen. Es herrschte das Gefühl vor, sich bei diesem Thema auf unsicherem und heiklem Gelände zu bewegen, und niemand traute sich, Fragen zu stellen. Ich habe mich selber oft gefragt, was hier im Spiel war, habe aber keine eindeutige Antwort gefunden. Ich wusste, dass die Nazis gegen Juden, Christentum und Kirchen waren, und darum konnte ein Christ kein Nazi sein. Aber der Einsatz für Deutschland und der Dienst in der Wehrmacht hatte für mein Empfinden mit der Partei nichts zu tun, und diese Ansicht fand sich bei vielen Soldaten auch lange nach dem Ende des Krieges. Erst während der Kriegsgefangenschaft dämmerte mir, dass diese Unterscheidung zwischen dem Nein zur Partei und dem Ja zur Wehrmacht konstruiert war, vielleicht, um sich nicht der bitteren Realität stellen zu müssen, aus der man keinen Ausweg sah. Denn die Wehrmacht war Hitlers Wehrmacht, der Krieg war sein Krieg, und wenn wir auch die HJ-Armbinden von unseren Uniformen entfernten – wir trugen trotzdem Hitlers Uniform.

Gehorsam gegenüber der staatlichen Obrigkeit und Gehorsam als erste Soldatentugend, diese beiden Punkte waren gleichsam Bestandteile des ‚Katechismus'; auch die Wahnidee eines christlichen Opfertodes auf den Schlachtfeldern wurde von niemandem hinterfragt. Daran hatte sich nach 1918 nichts geändert. Auch deshalb müssen wir – fast acht Jahrzehnte nach Niederwerfung des deutschen Faschismus – von den Abgründen „deutsch-katholischer" Kriegstheologie und Kriegsassistenz in *zwei* (!) Weltkriegen sprechen. Heinrich Missalla wollte den Widersprüchen seiner zutiefst kirchlich geprägten Jugendzeit auf den Grund gehen. Er hat als Theologe den ganzen Komplex zunächst in einer Studie zur deutschen katholischen Kriegspredigt 1914-1918[3] und dann in drei

---

[3] Heinrich MISSALLA: „Gott mit uns". Die deutsche katholische Kriegspredigt 1914-1918. München: Kösel 1968. – Neu ediert in: Peter Bürger (Hg.): Katholizismus und Erster Welt-

weiteren Büchern dargestellt. Seiner gründlichen, bereits 2021 neu edierten Untersuchung zur *„Kirchlichen Kriegshilfe“*[4] im zweiten Weltkrieg stehen eine Dokumentation der Schriften von *„Hitlers Feldbischof“* Franz Justus Rarkowski[5] und die Erschließung ausgewählter „Briefe von katholischen Theologen und Predigttexte von Kriegspfarrern aus den Jahren 1940 bis 1944“[6] zur Seite, zuletzt ein kompakter Überblick zur Unterstützung des „Hitlerkrieges“ durch die deutschen Bischöfe“[7]. All diese Arbeiten basieren auf der Überzeugung, dass es am allerwenigsten uns Christinnen und Christen gestattet ist, die historische „Wahrheit“ zugunsten geschönter Selbstbilder („Kirche als Religion“) unter den Tisch fallen zu lassen. – Je frömmer ein Kirchenhistoriker ist, desto radikaler sollte er bei der Erhebung der Fakten das Handwerk des kritischen Geschichtswissenschaftlers betreiben.

Ein offenes und ehrliches Bekenntnis zum problematischen Verhalten der Bischöfe der Jahre 1939-1945 zu Hitlers Krieg forderte Missalla in einem kurz vor seinem Tod am 3. Oktober 2018 verfassten fünfseitigen Brief an die deutschen Bischöfe, den die deutsche Sektion der Internationalen katholischen Friedensbewegung *pax christi* und die KirchenVolksBewegung *Wir sind Kirche* unterstützten.[8]

---

krieg. Forschungen und ausgewählte Quellentexte. (= Kirche & Weltkrieg, Band 4). Norderstedt: BoD 2020.

[4] Heinrich MISSALLA: Für Volk und Vaterland. Die Kirchliche Kriegshilfe im Zweiten Weltkrieg. Königstein: Athenäum Verlag 1978.

[5] Heinrich MISSALLA: Wie der Krieg zur Schule Gottes wurde. – Hitlers Feldbischof Rarkowski. Eine notwendige Erinnerung. Oberursel: Publik-Forum 1997.

[6] Heinrich MISSALLA: Für Gott, Führer und Vaterland. Die Verstrickung der katholischen Seelsorge in Hitlers Krieg. München: Kösel 1999 (vorliegende Neuedition). – Vgl. ebenfalls H. MISSALLAS Vorwort in Hans Prolingheuer / Thomas Breuer: Dem Führer gehorsam: Christen an die Front. Die Verstrickung der beiden Kirchen in den NS-Staat und den Zweiten Weltkrieg. Oberursel: Publik-Forum 2005, S. 154-157.

[7] Heinrich MISSALLA: Erinnern um der Zukunft willen. Wie die katholischen Bischöfe Hitlers Krieg unterstützt haben. Oberursel: Publik-Forum 2015.

[8] Der Wortlaut dieses Brief ist dokumentiert in: „ERFÜLLT EURE PFLICHT GEGEN FÜHRER, VOLK UND VATERLAND!“ Römisch-katholische Kriegsvoten aus den deutschen Bistümern und der Militärkirche Arbeitshilfe zum 80. Jahrestag des Überfalls auf Polen. Redaktion: P. Bürger. (Digitales Sonderheft – edition pace.) Düsseldorf 28.08.2019. https://www.lebens haus-alb.de/magazin/012466.html

Heinrich Missalla (1926-2018), Theologe und langjähriger Geistlicher Beirat von pax christi
(Foto privat: Dr. Magdalene Bußmann)

In einem Antwortschreiben zeigte sich Kardinal Reinhard Marx, damals Vorsitzender der Deutschen Bischofskonferenz, die den Brief Anfang Februar 2019 erhalten hatte, später überzeugt, dass die Veröffentlichung dieses Briefes zum 80. Jahrestag des Kriegsbeginns am 1. September 2019 Anstoß geben werde, von Neuem über die Kriegsverbrechen des Nationalsozialismus und das Verhalten der verantwortlichen Bischöfe nachzudenken. Zumindest ein erster Schritt in diese Richtung war dann das 2020 vorgelegte Wort der Bischöfe zum 75. Jahresgedenken des Weltkrieg-Endes.[9]

Peter Bürger

---

[9] SEKRETARIAT DER DEUTSCHEN BISCHOFSKONFERENZ (Hg.): Deutsche Bischöfe im Weltkrieg. Wort zum Ende des Zweiten Weltkriegs vor 75 Jahren. Bonn: DBK 2020. Online: https://www.dbk.de/fileadmin/redaktion/diverse_downloads/presse_2020/2020-075d-DB_107-Deutsche-Bischoefe-im-Weltkrieg.pdf

Reihe
Kirche & Weltkrieg

Band 1
Katholische Diskurse über Krieg und Frieden vor 1914.
Ausgewählte Forschungen nebst Quellentexten
Norderstedt 2020 – ISBN: 978-3-7526-7268-8

Band 2
Protestantismus und Erster Weltkrieg.
Aufsätze, Quellen und Propagandabilder
Norderstedt 2020 – ISBN: 978-3-7526-0414-6

Band 3
Frieden im Niemandsland.
Die Minderheit der christlichen Botschafter
im Ersten Weltkrieg – Ein Lesebuch
Norderstedt 2021 – ISBN: 978-3-7534-0205-5

Band 4
Katholizismus und Erster Weltkrieg.
Forschungen und ausgewählte Quellentexte
Norderstedt 2021 – ISBN: 978-3-7534-2805-5

Band 5
Franziskus Maria Stratmann O.P.: *Weltkirche und Weltfriede.*
Katholische Gedanken zum Kriegs- und Friedensproblem
Norderstedt 2021 – ISBN: 978-3-7534-3993-8

Band 6
Adolf von Harnack: *Schriften über Krieg und Christentum.*
„Militia Christi" (1905) und Texte mit Bezug zum Ersten Weltkrieg
Norderstedt 2021 – ISBN: 978-3-7534-1759-2

Band 7
Dietrich Kuessner
Die Deutsche Evangelische Kirche und der Russlandfeldzug
Norderstedt 2021 – ISBN: 978-3-7526-7109-4

Band 8
Heinrich Missalla
Die Kirchliche Kriegshilfe im Zweiten Weltkrieg.
Eine Organisation des Deutschen Caritasverbandes
Norderstedt 2021 – ISBN: 978-3-7534-9221-6

Band 9
Kriegsworte von Feldbischof Franziskus Justus Rarkowski.
Edition der Hirtenschreiben und anderer Schriften 1917 – 1944
Norderstedt 2021 – ISBN: 978-3-7543-2454-7
(Fester Einband ISBN: 978-3-7543-2143-0)

Band 10
Dietrich Kuessner
Der christliche Staatsmann
Ein Beitrag zum Hitlerbild in der Deutschen
Evangelischen Kirche und zur Kirchlichen Mitte
Norderstedt 2021 – ISBN: 978-3-7543-2629-9

Band 11
Werner Neuhaus, Marco A. Sorace (Hg.)
August Pieper und das Dritte Reich.
Ein katholischer Annäherungsweg hin zum Nationalsozialismus
Norderstedt 2021 – ISBN: 978-3-7543-4708-9

Band 12
Wolfgang Stüken:
Hirten unter Hitler.
Die Rolle der Paderborner Erzbischöfe Caspar Klein
und Lorenz Jaeger in der NS-Zeit
Norderstedt 2021 – ISBN: 978-3-7557-6020-7

Band 13
Peter Bürger – Ron Hellfritzsch (Hg.)
Das Bistum Münster und Clemens August
von Galen im Ersten Weltkrieg
Forschungen – Quellen
Norderstedt 2022: ISBN: 978-3-7562-2428-9

Band 14
Heinrich Missalla
Rundbriefe und Predigtskizzen für die deutsche katholische Wehrmachtseelsorge.
Eine Dokumentation zu Angeboten der „Kirchlichen Kriegshilfe“ 1940-1944

Verlag: Books on Demand
https://www.bod.de/buchshop/

Internetseite zum Editionsprojekt:
https://kircheundweltkrieg.wordpress.com/